Allen Kinderherzen, die sich von Buddhas Liebe
und Weisheit berühren lassen wollen.

Bibliografische Information der Deutschen Nationalbibliothek:
Die Deutsche Nationalbibliothek verzeichnet diese Publikation in der
Deutschen Nationalbibliografie; detaillierte bibliografische Daten
sind im Internet über http://dnb.dnb.de abrufbar.

© 2024 Guntram Franz Ferstl

Buchgestaltung, Grafiken (Icon, Landkarten, Robe): Michele Keck
Umsetzung Illustrationen und Grafikelemente:
Grafikcollagen und Ki-generierte Illustrationen mit Bezahlversion Canva Pro
Johanna-Michelle Breuß, 2024
Nutzungsrechte liegen bei Guntram Ferstl

Verlag: BoD · Books on Demand GmbH, In de Tarpen 42,
22848 Norderstedt, bod@bod.de
Druck: Libri Plureos GmbH, Friedensallee 273, 22763 Hamburg
ISBN: 978-3-7597-8851-1

Guntram Franz Ferstl

Geschichten aus dem Leben Buddhas

Buddhistisches Schulbuch für die Primarstufen

Das Buch: Der Hauptteil dieses ersten deutschsprachigen Schulbuches beinhaltet gut fünfzig inspirierende Geschichten aus dem Leben Buddhas, die in erster Linie für Schulkinder gedacht sind. Zusätzlich stellt dieses Buch zu allen Geschichten Arbeitsvorschläge bereit, die zur Vertiefung dienen. Über die Schulkinder hinaus können die Geschichten aus dem Leben Buddhas allen Altersklassen eine Inspiration sein. Die Meditationen zu den Geschichten und die wichtigen Lehrpunkte sind von grundlegend heilsamer Natur, die keine Altersgrenze kennen.

Der Autor: Guntram Franz Ferstl ist buddhistischer Religionspädagoge und arbeitet als wissenschaftlicher Mitarbeiter am Buddhistischen Institut der KPH-Wien/Krems, wo seine religionspädagogischen Schwerpunkte Buddhismus und Mystik der Weltreligionen sind. Er ist buddhistischer Religionslehrer in Vorarlberg/Österreich und als Mentor der buddhistisch konfessionell anerkannten FMS-Altach tätig. Er ist Autor von „Buddhismus aus der Mitte – Lehren Schulen MystikerInnen Wissenschaft". Näheres auf seiner Homepage http://www.guntramferstl.at/

Danksagung: Die Entstehung dieses ersten deutschen buddhistischen Schulbuches ist dem Zusammentreffen vieler günstiger Umstände zu verdanken, aber auch vieler aufgeschlossener Personen, die das Buch bei seiner Verwirklichung unterstützt haben.

Eine erste Anregung und Unterstützung dazu kam von Heinz Vettermann, dem leider bereits verstorbenen Generalsekretär der Österreichischen Buddhistischen Religionsgesellschaft (ÖBR). Ferner erfuhr ich Unterstützung bei diversen Schritten von der KPH-Wien/Krems durch die Institutsleiterin für Buddhistische Religion Mag.ª Karin Ertl und Institutsleiter für Forschung Dr. Thomas Plotz. Wertvolle Anregungen lieferte Mag.ª Anissa Strommer während der Entwurfsphase. Ganz großer Dank geht an das Präsidium der ÖBR, das für die Kosten der Buchherstellung, Layout und Illustration aufgekommen ist und in vielerlei Hinsicht Unterstützung leistete. Herzlichen Dank für das Vertrauen und die Unterstützung in das Projekt gilt Präsident Dr. Gerhard Weißgrab und der Vizepräsidentin Mag.ª Erika Erber, die in der Schlussphase der Fertigstellung des Buches etliche wertvolle Hinweise und Anregungen beisteuerte.

Für die äußere Schönheit zeichnet Michele Keck verantwortlich, die mit viel Geschick und Geduld das Buch in seine endgültige ästhetische Form gebracht hat – ein herzliches Danke! Ferner ist der einfühlsamen Illustratorin Johanna Breuß sehr zu danken, die die Leser:innen mit ihren Bildern in die Zeit Buddhas versetzt und vor allem die Kinderherzen anrührt.

Vorwort

Die Erklärung der buddhistischen Religion überwiegend an Hand von Geschichten aus dem Leben ihres Begründers Buddha Shakyamuni vorzunehmen, ist sicher ein sehr spannender Zugang und zugleich auch eine schöne Methode. Umso mehr, als diese Geschichten auch noch mit Bildern begleitet werden, die in besonderem Stil entworfen sind. Dem Autor des Buches, Guntram Franz Ferstl, und der Künstlerin dieser Bilder, Johanna Breuß, sei hier meine große Wertschätzung und Dankbarkeit ausgedrückt.

Dieser Zugang ist vor allem auch sehr fordernd, weil zur Lebenszeit des Buddhas, vor mehr als 2500 Jahren, weder schriftliche Aufzeichnungen seines Wirkens gemacht wurden, noch Bilder überliefert sind. Wir haben es daher mit Geschichten und Legenden zu tun, wie sie immer dann entstanden sind, wenn große weltbedeutende Ereignisse stattgefunden haben. Wir dürfen sie daher nicht wörtlich nehmen, sondern müssen sie in unterschiedlichen Kontexten zu interpretieren versuchen, wie zum Beispiel im Kontext ihres geschichtlichen und kulturellen Umfeldes des Entstehens. So stellt sich in diesen Erzählungen der Alltag der handelnden Personen ganz im Zusammenhang seiner Zeit dar. Besonders gut ablesbar wird das an den Rollenbildern der Geschlechter, vor allem der Rolle der Frau. Diese Darstellung steht sehr oft auch im Widerspruch zu den Grundaussagen der Buddha-Lehre, die zwar in ihren Texten meist pragmatisch dem Ist der Zeit folgt, aber am Ende des Weges niemals eine wertende Unterscheidung trifft. Daher ist zum Verständnis der Inhalte immer eine Transformation ins Heute sinnvoll, dabei aber nicht zu vergessen, dass auch das wieder nur ein neues Ist darstellt. Ich hoffe und wünsche mir, dass dieses Abenteuer des ständigen Öffnens der nächsten, einer wieder neuen Tür, gerade für jugendliche Menschen eine verlockende und befriedigende Inspiration wird.

Es braucht wohl einen schrittweisen Umstieg von unserem Entweder-oder-Denken in ein Weltbild des Sowohl-als-auch!

Mit dem Satz „Es ist eine ungewöhnliche Geschichte aus einer dem Westen nach wie vor fremden Weltreligion" beginnt der Hinweis auf einen Dokumentationsfilm über Bhutan, einem buddhistischen Königreich im Himalaya, und er trägt den provokanten Titel: „Was will der Lama mit dem Gewehr?" Das habe ich gelesen, als ich gerade an diesem Vorwort gearbeitet habe. Ungewöhnliche Geschichten stehen auch in diesem Buch, und es erfüllt mich mit Hoffnung und Zuversicht, dass der zweite Teil dieses Satzes, über eine fremde Religion, in einer Reihe von Jahren keine Gültigkeit mehr hat.

Liebe Schülerinnen, liebe Schüler, liebe Leserinnen und Leser, wenn ihr den Inhalt dieses Buches mit offenem Geist durchgegangen seid, dann mag euch diese Weltreligion Buddhismus nicht mehr fremd sein und ihr versteht sicher auch das Anderssein dieser Lehre, zum Beispiel im Vergleich zum Christentum, Judentum oder Islam. Und wirklich verstanden ist es dann, wenn ihr diese vier Weltreligionen keiner Beurteilung unterzieht, welche denn die Bessere oder Schlechtere von ihnen sein mag.

Mögen alle Wesen wohlauf und glücklich sein, mögen sie frei sein von Leid und dessen Ursachen!

Dr. Gerhard Weißgrab, Präsident der ÖBR

Inhaltsverzeichnis

B.

C.

Einleitung

Dieses buddhistische Schulbuch handelt in erster Linie vom Leben Buddhas, das seit über zweitausend Jahren den Menschen eine große Quelle der Inspiration ist. Es verfolgt das Ziel, vor allem die jüngeren Schüler:innen in die Welt des Buddhismus einzuführen. Es ist vom Wunsch beseelt, dass die Kinder und Jugendlichen nicht nur die wichtigsten Geschichten aus dem Leben Buddhas kennen lernen, sondern auch von ihrer spirituellen Strahlkraft berührt werden. Dieses Buch hält zudem zu den jeweiligen Geschichten Diskussionsfragen, Meditationen oder Malaufgaben als Vertiefungsaufgaben bereit, um die Schüler:innen näher an die Inhalte heranzuführen. Manche Geschichten bieten sich bestens an, als kleine Theaterstücke aufgeführt zu werden. Die Vertiefungsaufgaben sind einerseits als praktische Werkzeuge für Lehrkräfte zu verstehen, die Geschichten den Schüler:innen verständlicher zu machen, sollen aber anderseits den Geschichten den Weg ins Langzeitgedächtnis der Schüler:innen erleichtern. Die inspirierenden Geschichten sind nicht auf das Kindesalter beschränkt, sondern alle Altersklassen können profitieren, denn das Buch verzichtet auf fragwürdige Ausschmückungen, wartet dafür aber mit Hintergrundinformationen auf, die man sonst in buddhistischen Kinderbüchern nicht findet. Ferner begegnen uns im Leben Buddhas Themen, die die elementarsten Dinge der Menschen berühren, wie zum Beispiel die Liebe, die Familie, die Freundschaft, den Vaterstolz oder verletzte Ehre, die Suche nach dem wahren Glück oder dem Umgang mit den leidvollen Aspekten des Lebens. Im Zentrum dieser Geschichten steht die außergewöhnliche Gestalt Gautama Buddha, der ca. vor 2500 Jahren in Indien lebte und den Weg zur Befreiung gezeigt hat.

Sofern die Quellentexte zu den Geschichten aus dem Leben Buddhas die nötigen Informationen lieferten, wurden die Geschichten chronologisch geordnet, wobei die Wiedergeburtsgeschichten, die Jatakas, erst im zweiten Geschichtenteil zu finden sind. Manche Jatakas werden von den Kindern besonders geschätzt, weil sie sehr an Fabeln oder Märchen erinnern. Wichtige Lehrpunkte werden im Anschluss stichwortartig angeführt, die den Religionlehrer:innen als Besprechungsgrundlage dienen. Zudem befinden sich einige Meditationsanleitungen, Mantren und fertig ausgearbeitete Theaterstücke in den nachfolgenden Kapiteln. Für buddhistische Lehrkräfte sind im Schlussteil wichtige Hinweise zur Handhabung des Buches für den Unterricht zu finden. Den Abschluss des Buches bilden Kopiervorlagen mit buddhistischen Motiven, die vor allem für Kinder gedacht sind.

Die richtige Aussprache von wichtigen Begriffen, Personen und Orten sind auf Seite 216 zu finden.

A.
Geschichten aus dem Leben Buddhas

1. Wer wir sind und woher wir kommen:

Hallo, es freut mich sehr, dass du dieses Buch in die Hand genommen hast. In diesem Buch begegnen dir nämlich Geschichten, die ich sehr liebe und schätze. Da kommen Liebespaare, Helden, Familien und Weise vor, aber alle Geschichten hängen mit Buddha zusammen. Bevor ich dir die Geschichten erzähle, möchte ich mich ein wenig vorstellen. Mein Name ist Ananda. Das ist ein sehr alter Name und bedeutet Glückseligkeit.

Ich bin ein buddhistischer Mönch, der diesen Namen von seinem Lehrer bekommen hat. Zufällig trug ein wichtiger Schüler Buddhas diesen Namen. Ananda war nicht nur der Cousin Buddhas, sondern zeichnete sich auch durch seine Liebenswürdigkeit und Fürsorge für Buddha aus. Eine besondere Stärke Anandas war sein Gedächtnis. Da es zur Zeit Buddhas noch nicht üblich war, die wichtigen Dinge in Büchern aufzuzeichnen, musste man sich alles gut merken. Ananda stand für ca. 25 Jahre Buddha als enger Begleiter liebevoll zur Seite. So hatte er die Gelegenheit, viele Lehrreden Buddhas zu hören und sich gut einzuprägen. In diesem Sinne fühle ich mich auch ein wenig berufen, die Geschichten aus Buddhas Leben bestmöglich interessierten Kindern wie dir weiterzugeben. Ich verstehe mich irgendwie als Reiseführer, der dich zu den wichtigsten Stationen im Leben Buddhas geleitet. Ich hoffe, das wird für dich eine sehr interessante und berührende Reise, die dir stets gut in Erinnerung bleibt.

Die Geschichte über Buddha hat sich ungefähr vor 2500 Jahren im alten Indien zugetragen. Solltest du diese Zahl noch nicht verstehen, ist das nicht weiter schlimm. Stell dir einfach vor, dass es sehr, sehr lange her ist. Wahrscheinlich ist dir das Land Indien nicht bekannt. Indien liegt in Asien und ist von Österreich aus mit dem Flugzeug in ca. acht bis neun Stunden erreichbar. Stammen deine Eltern vielleicht auch aus Asien? Auf der kleinen Karte rechts sind die wichtigsten buddhistischen Länder eingezeichnet. Vielleicht entdeckst du das Land deiner Eltern.

Aber wenden wir uns den Eltern von Buddha zu. Buddhas Vater hieß Shuddhodana und regierte weise über das kleine Königreich der Sakyer. Er war sehr großzügig und achtete gut auf das Wohl seiner Untertanen, was auch die Bedeutung seines Namens andeuten soll – „reiner Reis". Die Mutter Buddhas hieß Maya, was die „wundersam Schöne" bedeutet. Maya stammte ebenfalls vom Stamm der Sakyer ab und war nicht nur wunderschön, sondern hatte auch eine äußerst liebevolle und vorbildliche Wesensart.

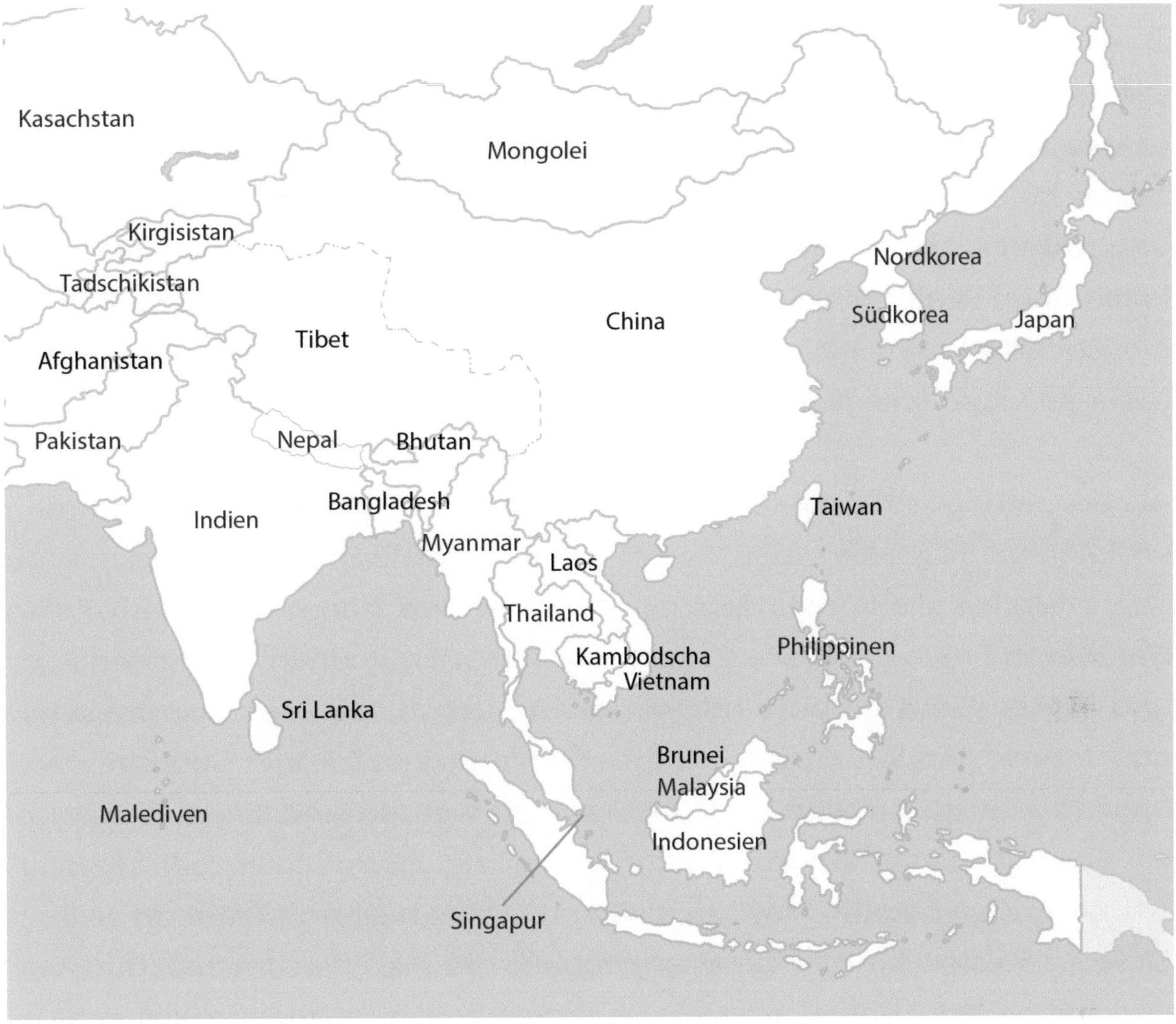

Kasachstan

Mongolei

Kirgisistan

Tadschikistan

Nordkorea

Afghanistan

Tibet

China

Südkorea

Japan

Pakistan

Nepal

Bhutan

Indien

Bangladesh

Taiwan

Myanmar

Laos

Thailand

Philippinen

Kambodscha
Vietnam

Sri Lanka

Brunei
Malaysia

Malediven

Indonesien

Singapur

Woher kommen deine Eltern und wie heißen sie? Weißt du, was dein Name bedeutet? Gibt es einen Namen, den du gerne hättest und gibt es auch einen Grund dafür?

Male ein Bild mit all deinen Familienmitgliedern, auch die Haustiere kannst du mit dazunehmen, wenn du möchtest!

2. Mayas Traum und Buddhas Geburt

Die Geschichte Buddhas beginnt schon längst vor seiner Geburt. Bevor er von Königin Maya auf die Welt gebracht wurde, weilte er als Bodhisattva im Tushita-Götterhimmel, wo die Wesen wesentlich freundlicher und weiser als die Menschen sind. In diesem Himmel herrschen viel mehr leuchtende Schönheit, Freude und Glück, als das auf Erden möglich wäre. Ein Bodhisattva ist ein erleuchtetes Wesen, das im Laufe der Zeit immer mehr an Liebe und Weisheit zugenommen hat.

Als der richtige Zeitpunkt für ein weiteres Leben auf Erden gekommen und Königin Maya als beste Mutter für den künftigen Buddha auserkoren war, erwachte die Königin aus einem seltsamen Traum mit einem tiefen Gefühl von Freude. Maya weckte ihren Gemahl mit einem zärtlichen Kuss und sagte: „Liebster, bitte hör mir gut zu. Ich hatte einen wunderschönen Traum, den ich dir unbedingt erzählen muss." König Shuddhodana brauchte einige Augenblicke, um wach zu werden und sagte: „Jetzt bin ich aber gespannt, wenn du mich schon aus dem Schlaf reißt. Erzähl!" Ganz ergriffen begann Maya zu erzählen: „Ich sah einen leuchtend weißen Elefanten vom Himmel herabschweben, der wundersam mächtig war und mit seinem Rüssel eine weiße Lotusblüte hielt. Als er mich schlussendlich an der rechten Seite des Bauches sanft berührte, verschmolz er mit mir, und ich wachte voller Glückseligkeit auf. Was denkst du, hat dieser Traum etwas Wichtiges zu bedeuten?" König Shuddhodana zog voller Verwunderung die Augenbrauen hoch und erwiderte: „Oh Maya, das hat sicher etwas zu bedeuten. Lass uns gleich in der Früh nach den weisen Priestern und Traumdeutern rufen. Sie sollen uns erklären, wie der Traum zu verstehen ist."

Wenige Stunden später waren die Priester und Traumdeuter im königlichen Palast versammelt und lauschten allen Ausführungen der Königin. Nachdem sie ihren Traum fertig erzählt hatte, erwiderten die Traumdeuter einmütig: „Hochverehrter König und edle Königin, ihr könnt euch glücklich schätzen, denn dieser Traum deutet auf die Geburt eines sehr hohen

Wesens hin. Euer Kind wird mit großer Sicherheit den Menschen viel Segen bringen." Königin Maya und König Shuddhodana waren höchsterfreut über die Traumdeutung und waren überglücklich.

In der Zeit als der Bodhisattva in Mayas Schoß heranwuchs, schwelgte sie Tag für Tag in großer Seligkeit. Buddha selbst erklärte später, dass Königin Maya über die ganze Schwangerschaft hin von unsichtbaren Wesen beschützt worden war. In dieser Zeit lebte Maya vollkommen tugendhaft und hatte einen starken Drang anderen zu helfen und Bedürftigen mit Spenden zu unterstützen. Ihr Geist war so ruhig und klar, dass sie selbst ihr Kind im Schoß sehen konnte.

Als Maya im zehnten Schwangerschaftsmonat die Geburt nahen spürte, machte sie sich mit ihren Dienerinnen und einigen Soldaten in einer goldenen Sänfte zu ihrer Mutter nach Devadaha auf. Auf halbem Wege wünschte aber Maya bei einem Wäldchen haltzumachen, um sich ein wenig die Beine zu vertreten. Da drängte plötzlich das heilige Kind zur Geburt. Der Ast eines Salbaumes bot ihr Halt, so dass Maya stehend entbinden konnte. Und da ein künftiger Buddha ein dermaßen außergewöhnlich heiliges und mächtiges Wesen ist, sind die Geschehnisse um die Geburt als höchst wundersam zu bezeichnen. In den Lehrreden wird nämlich erzählt, dass Maya ohne Schmerzen geboren habe und Wesen aus der Götterwelt den kleinen Bodhisattva auf Erden willkommen geheißen hätten. Als er den Boden berührt habe, richtete er sich gegen Norden aus, machte sieben Schritte und verlautbarte: „Für ein letztes Mal werde ich auf Erden wandeln und endgültig das Leid überwinden." Auch die Natur spürte die Ankunft des außergewöhnlich heiligen Wesens, indem der Himmel das Kind und seine Mutter mit einem kühlen und warmen Regenguss benetzte. Eine sanfte Brise wehte durch das Wäldchen und die Blumen blühten frühzeitig, und selbst die Erde erschauerte mit einem leichten Beben. Eine Woge des Glücks breitete sich nach allen Seiten in alle Welten aus, so dass alle Wesen in allen Welten für geraume Zeit wunschlos glücklich waren.

Maya kehrte nun unverzüglich voller Glück in die Königsstadt Kapilavatthu zurück. Soldaten waren vorausgeeilt, sodass der König alle Vorbereitungen treffen konnte, um seinen Sohn und die Königin Maya voller Freude zu empfangen.

Hast du jüngere Geschwister?
Weißt du noch, wie es war, als deine Schwester oder
dein Bruder zur Welt kam?
Wie gefällt dir die Geschichte?
Kannst du dir vorstellen, dass es Wunderkinder gibt?
Kennst du Wolfgang Amadeus Mozart?
Glaubst du, dass ein sechs Jahre altes Kind ein Musikstück komponieren
kann oder Chopin als dreijähriger geheim Klavier spielen lernte?

Dankbarkeitsmeditation für unsere Mütter. Eine Zeitreise von der
Schwangerschaft bis zum heutigen Zeitpunkt. Die Lehrperson zählt
die wichtigsten Aufgaben auf, die von Müttern für ihr Kinder tagtäglich
im Laufe der ganzen Entwicklung eines Kindes erfüllt werden müssen.

3. Der Seher Asita

Zu jener Zeit weilte ein großer Heiliger namens Asita in den Bergen und war tief in Meditation versunken. Sein Geist war so voller Klarheit und Ruhe, dass er sehen und hören konnte, was in der Götterwelt vorging. An jenem Tag hörte er einen großen Jubel aus der Götterwelt erschallen. Als er die Götter nach dem Grund fragte, erklärten sie, dass dem Königshause der Sakyer der künftige Buddha geboren worden sei. Unverzüglich verließ er seine Meditationshöhle und suchte den Palast Shuddhodanas auf. Asitas Heiligkeit war dem königlichen Hofe gut bekannt, so dass König Shuddhodana den Seher Asita hocherfreut empfing. Voller Stolz stellte das Königspaar seinen drei Tage alten Sohn vor. Asita betrachtete das schöne Kind genau und fand alle 32 Körpermerkmale, die sich an Weltenherrschern oder Buddhas zeigen. Asitas Gesicht leuchtete hell auf, und er sank auf die Knie, um das heilige Kind zu ehren.

Da sprach Asita zum König: „Dieser Knabe wird den Weg zum Erwachen beenden und das wahre Reich mit geklärtem Auge begründen, das vielen Leuten Freude und Erbarmen bringen wird." Doch dann verfinsterte sich sein Antlitz und Tränen rannen über seine Wangen: „Zu alt bin ich schon. Längst werde ich verstorbenen sein, wenn dein Sohn im Mannesalter zu lehren beginnt." In des Königs Ohren hallten aber nur die Worte „das wahre Reich begründen" nach, weil er sich nichts Sehnlicheres wünschte, als dass sein Sohn eines Tages ein mächtiger Herrscher werden würde. Die restlichen Worte Asitas und seine Trauer waren ihm gänzlich entgangen. Der König sah sich durch Asitas Worte bestätigt und ging ebenfalls vor dem Kind auf die Knie, weil er glaubte, eines Tages würde sein Sohn über die Welt herrschen.

Asita hingegen verließ das Königshaus und suchte seinen Neffen Nalaka auf. Diesem legte er mit aller Dringlichkeit ans Herz, er möge alles daransetzen, sich für die Lehre des künftigen Buddhas vorzubereiten. Nalaka beherzigte alles, was ihm Asita einschärfte. Bestens vorbereitet kam er 35 Jahre später tatsächlich in den Genuss, die Lehren des Buddha zu hören und wurde sehr schnell zum Nirvana geführt. Was Nirvana bedeutet, wirst du später noch genau erfahren. So viel kann ich dir jetzt schon verraten: es ist ein Zustand höchsten Glücks.

König Shuddhodana hingegen ließ am fünften Tag ein großes Fest zur Namensgebung seines Sohnes ausrichten, bei dem auch 108 Priester geladen waren, die man in Indien Brahmanen nennt. Bei diesem bunten und fröhlichen Fest wurden die acht herausragendsten Gelehrten gebeten, das Kind genau auf seine außergewöhnlichen Körpermerkmale zu untersuchen. Wie Asita fanden sie die 32 Merkmale, jedoch sieben Priester hoben zwei Finger und erklärten: „Mit diesen 32 Körpermerkmalen stehen diesem Kind im Mannesalter zwei Wege offen. Sofern der Prinz den Königshof nicht verlässt, wird er ein Weltenherrscher werden. Geht er aber in die Hauslosigkeit, wird er ein Buddha." Nur der jüngste Priester namens Kondanna hob nur einen Finger und meinte wie Asita, dass das

Kind nur für die Buddhaschaft bestimmt sei. Angesichts der Vorhersagungen der Priester und Seher nannte König Shuddhodana seinen Sohn Siddhartha. Das bedeutet so viel wie „der, der das Ziel erreicht hat" oder „erreichter Zweck". Für Shuddhodana stand außer Zweifel, dass sein Sohn als Weltenkaiser seinen Zweck erfüllen würde.

Der König hatte ja genaue Vorstellungen, was sein Sohn als Erwachsener werden sollte. Hast du vielleicht schon einen Traumberuf oder gibt es etwas, was du werden willst, wenn du groß bist? Redet miteinander darüber, was man da vielleicht bedenken sollte! Vergesst aber nicht, einander gut zuzuhören und bei Kommentaren freundliche Worte zu benutzen!

Verteilt die Rollen und versucht die Geschichte von Asita, in ein kleines Theaterstück zu verwandeln.

4. Der Tod Mayas

Kaum war der kleine Prinz Siddhartha sieben Tage alt geworden, fühlte sich seine Mutter Königin Maya sehr schwach. Ihre Kraft war fast vollständig gewichen, und das Atmen fiel ihr immer schwerer. Sie ahnte, dass ihr noch wenige Stunden bleiben würden. So ließ sie nach ihrer Schwester Pajapati rufen. Pajapati eilte unversehens zur Königin und setzte sich zum Bett Mayas, die mit schwacher Stimme sprach: „Oh meine liebe Schwester, ich spüre, dass mir nicht mehr viel Zeit auf Erden bleibt und ich meinem Sohn nicht mehr Mutter sein kann. Pajapati, ich bitte innigst, kümmere dich um meinen Sohn, als wäre er dein eigner. Du hast gehört, ihm ist Großes bestimmt, und deshalb bitte ich dich, dass du ihn als liebende Mutter aufziehst. Bitte, versprich es mir!" Pajapati standen Tränen in den Augen und legte ihre Hand auf das Herz der schwachen Königin und antwortete ihr: „Geliebte Schwester Maya, sei unbesorgt. So wie ich dich immer geliebt habe, werde ich auch für deinen Sohn mit all meiner Liebe da sein. Aber streng dich nun nicht mehr an und finde deinen Frieden." Maya war nun sehr erleichtert und bedankte sich aus tiefsten Herzen.

In derselben Nacht noch schlief sie sanft ein und wenige Stunden später hauchte sie ihr irdisches Leben unbemerkt aus. Als sie erwachte, befand sie sich bereits im Götterhimmel. Pajapati war Shuddhodanas zweite Frau, was für Könige jener Zeit nicht ungewöhnlich war. Sie gebar bald danach die Zwillinge Nanda und Nando. So wuchs der Prinz Siddhartha mit seinen Halbgeschwistern wohlbehütet im königlichen Palast auf.

Später, als Siddhartha schon ein Buddha war, erklärte er seinem Cousin Ananda, dass alle Mütter der Buddhas am siebten Tag nach der Geburt sterben würden, aber aufgrund ihrer Verdienste direkt in den Götterhimmel gelangen.

 Hast du schon jemanden verloren, den du sehr gerne hattest? Möchtest du davon erzählen, wer das war und wie es dir dabei ergangen ist?

 Stell dir die Person vor, die du verloren hast und vermisst (auch Tiere kannst du für diese Meditation nehmen). Sie befindet sich an einem sehr schönen Ort, wo sie ein leuchtendes und fröhliches Gesicht hat. Sie freut sich sehr, dass du an sie denkst. Umgeben von sehr freundlichen und liebevollen Lichtwesen fühlt sich diese Person wohl und beschützt. Dann kommt auch noch Buddha auf Besuch. Er sieht diese Person freundlich an und hält achtsam und freundlich ihre Hände. Große Ruhe und Frieden breiten sich aus. Vom Herzen Buddhas fließt warmes heilsames Licht zum Herz dieser Person, sodass sie Glück, Freude und Sicherheit spürt. Diese Person ist sehr glücklich, dass du Verbindung aufgenommen und ihr Buddha geschickt hast.

5. Die Kindheit Siddharthas

Wie du dir vorstellen kannst, wuchs der kleine Prinz unter wunderbaren Bedingungen im königlichen Palast auf. Jeder im Palast war bemüht, dem Prinzen nach bestem Vermögen behilflich zu sein, zu einem stattlichen und klugen Mann heranzuwachsen. In seiner Gegenwart fühlte man sich einfach wohl und jeder freute sich, ihm zu Diensten zu sein. Das war weiter nicht schwer, denn der kleine Siddhartha war in vielerlei Hinsicht sehr talentiert und sehr liebenswürdig. Gab es etwas zu lernen, verstand er auf Anhieb. Auch seine Spielgefährten fanden es höchst vergnüglich, mit Siddhartha Spaß zu haben, denn es ging ihm nicht darum, anderen zu zeigen, was er alles gut konnte, sondern dass man sich wohl fühlte. Gab es Wettkämpfe, ließ er nicht selten die anderen gewinnen. Gab es Rätsel zu lösen, drängte er sich nicht mit der richtigen Antwort auf. Standen aber die Chancen gut, dass die Kinder unüberlegterweise Dummheiten machen wollten, hatte Siddhartha ein gutes Gespür, das Richtige zu tun. In einer Sache schien er sich aber von den anderen Kindern besonders zu unterscheiden. Siddhartha liebte es nämlich, alleine zu sein, im königlichen Park den Tieren zuzusehen, den Wind zu spüren und dem Plätschern des Baches zu lauschen.

 Wie verbringst du deine Zeit, wenn du nicht in der Schule bist? Gibt es so manches, was auch Siddhartha gerne gemacht hat?

 Stell dir vor, du wärest in einem schönen Park. Dort gibt es mächtige Bäume und wunderschöne Blumen. Du suchst dir ein passendes Plätzchen und findest einen schönen flachen Felsbrocken. Dort lässt du dich nieder und schaust dir das Bächlein an, das an dir vorbeifließt und genießt die Laute, die dich umgeben. Stell dir vor, wie ein Kätzlein zu dir kommt und sich neben dich legt. Es lässt sich gerne von dir streicheln und ihr genießt miteinander die friedliche Stimmung.

 Male ein Bild, wie du mit Tieren in einem schönen Park die Natur genießt.

6. Der verletzte Schwan

Diese Geschichte trug sich ebenfalls im Garten des Palastes zu und wird sehr gerne erzählt. Man weiß nicht genau, wie alt Siddhartha war, aber er dürfte ca. zwölf oder dreizehn Jahre alt gewesen sein. Als Siddhartha eines Tages wie so oft im Garten die Schönheit und Stille der Natur genoss, hörte er ein lautes Zischen am Himmel, worauf ein seltsamer Schrei folgte. Wenige Augenblicke später sah er einen weißen Vogel vom Himmel fallen. Er rannte sofort zu dem Vogel und fand einen großen Schwan auf dem Rücken liegend vor. Ein Pfeil steckte in seinem rechten Flügel. Siddhartha redete dem Schwan gut zu und näherte sich vorsichtig. Er setzte sich zum Schwan so auf den Boden, dass er ihn gut streicheln konnte. Ganz vorsichtig entfernte Siddhartha den Pfeil und wickelte den Schwan in seine Jacke ein, dass dieser geschützt war.

Währenddessen hörte er seinen Cousin Devadatta laut rufen. „Helft mir den Schwan zu suchen. Irgendwo muss er runtergekommen sein. Mit Sicherheit habe ich getroffen. Mit dem Pfeil ist er nicht weit gekommen." Wenige Momente später stand Devadatta in Sichtweite im Park und rief: „Siddhartha, hast du hier vielleicht einen Schwan gesehen, der von einem Pfeil getroffen wurde?" Als er näherkam, meinte Devadatta zudem: „Du Siddhartha, was ist das in deiner Jacke? Das ist mein Schwan, nicht? Da liegt mein Pfeil. Du hast dir also meinen Schwan unter den Nagel gerissen. Das geht ja wohl gar nicht. Gib ihn mir her. Ich habe den Schwan getroffen, also gehört er mir." Siddhartha erwiderte ruhig aber bestimmt: „Nein, nein, ich habe den Schwan gefunden und ihn vom Pfeil befreit. Schau ihn dir an! Er braucht nur ein bisschen Ruhe und Pflege, dann kann man ihn wieder in die Freiheit entlassen." Devadatta erwiderte: „Sicher nicht, der Schwan ist meine Jagdbeute. Ich habe ihn erledigt, also gehört er mir." „Devadatta, du kannst sagen, was du willst, aber solange der Vogel nicht gesund ist, gebe ich ihn nicht heraus", erwiderte Siddhartha.

So ging es eine Zeit lang hin und her und keiner der beiden wollte nachgeben, bis Siddhartha eine Idee hatte. „Gut, es scheint so, dass wir auf keinen grünen Zweig kommen. Machen wir es doch wie die Erwachsenen. Wenn sich zwei Leute nicht einig werden, suchen sie einen Richter auf. Lass uns zu meinem Vater gehen und den Kronrat befragen. Vielleicht können sie klären, wem der Schwan gehört." „Na, meinetwegen. Vielleicht glaubst du dem Richter mehr als mir", gab Devadatta zurück.
Unverzüglich marschierten die beiden zum Gerichtssaal, wo König Shuddhodana meistens seine Audienzen und Gerichtsfälle abhielt. Auf dem Wege dorthin begannen sie wiederum, die Diskussion anzufachen, so-

dass ihr Disput sogar bis in den Gerichtssaal hineinzuhören war. Verwundert erkannte der König die kräftige Stimme seines Sohnes und befahl, seinem Sohn Einlass zu gewähren. All die anwesenden Minister waren sehr erstaunt, dass die Jungen mit einem Schwan eintraten. König Shuddhodana fragte seinen Sohn: „Siddhartha, was ist so wichtig, dass ihr unsere Ratssitzung stört?" „Lieber Vater, verehrte Minister, verzeiht vielmals, aber Devadatta und ich können uns nicht einigen, und dabei geht es um das Leben dieses Schwanes. Wir bitten die Erwachsenen um ihren Rat", erklärte Siddhartha. „Das ist eine gute Gelegenheit für unsere jungen Prinzen, etwas über die Rechtsprechung zu lernen. Tragt uns euer Problem vor!", entgegnete der König. Devadatta zeigte den Ministern einen blutigen Pfeil und sprach siegessicher: „Seht ihr diesen blutigen Pfeil? Das ist mein Pfeil, mit dem ich den Schwan im freien Flug getroffen habe. Das ist mein Beutetier, der Schwan gehört also mir." Die Blicke richteten sich auf Siddhartha. „Das mag ja alles so sein, aber ich habe einen verwundeten Schwan gefunden und ihn vom Pfeil befreit. Ich werde den Vogel erst wieder hergeben, wenn er wieder gesund ist. Ich bewahre sein Leben, Devadatta nicht."

Nun begannen die Minister untereinander zu diskutieren. Einige der Minister verstanden Devadatta, weil sie selbst Jäger waren. Andere wiederum hatten viel für die Heilberufe übrig und fanden Siddharthas Argument richtig. Es schien aber so, dass sich die Mehrheit für Devadattas Ansicht entschieden hatte. König Shuddhodana beobachtete alles aufmerksam und räusperte sich einige Male kräftig. Die Minister verstanden sofort, was der König wollte und fanden plötzlich Siddharthas Argument besser. Einer der älteren Minister ergriff das Wort: „Wir befinden, dass der Schwan Siddhartha gehören soll, weil er das Leben des Schwanes bewahrt. Es ist besser das Leben zu bewahren, als es zu nehmen."
Devadatta stampfte wütend aus dem Gerichtssaal. Siddhartha hingegen war froh, dass der Schwan gerettet war. Er war aber auch ein wenig traurig, weil er spürte, dass die Mehrheit der Minister nicht seiner Meinung war, sondern dem König zuliebe für ihn stimmte.

Welche Meinung vertrittst du? Wer hatte Recht, Siddhartha oder Devadatta und versuche zu erklären, warum?

Was denkst du? Ist es in Ordnung Schwäne zu jagen? Oder soll man Hirsche oder Löwen jagen dürfen?

 Nimm dir Zeit, deinen Körper zu spüren, deinen Atem zu beobachten und ganz ruhig zu werden. ...
Stell dir vor, wie du ein verletztes Tier auf deinem Spaziergang findest! Vielleicht ein Kätzchen oder ein Hündchen oder eine Krähe. Vielleicht hast du ein anderes Tier im Sinn. Such dir eines aus! Stell dir vor, du nimmst das Tier nach Hause und bringst es zum Tierarzt. Er kann dem Tier gut helfen, aber es braucht noch weitere Pflege. Du nimmst das Tier darauf zu dir nach Hause, du fütterst es und hilfst ihm wieder gesund zu werden. Ihr werdet richtig gute Freunde, und das Tier wird allmählich wieder gesund. Stell dir vor, wie das Tier nun ganz gesund ist und sich sehr darüber freut. Jetzt spüre in dich hinein, wie du dich fühlst!

 Verteilt die Rollen und versucht die Geschichte als Theaterstück aufzuführen! Im Anhang findest du den Text auf Seite 201 dazu.

 Lest die Geschichte mit verteilten Rollen!

7. Unter dem Rosenapfelbaum

Eine andere Geschichte aus der Kindheit Siddharthas erzählt ebenfalls von seinem Mitgefühl, aber sie geht noch viel tiefer. Das ist auch der Grund, warum ich dir die Schwangeschichte zuerst als Vorbereitung erzählt habe, obwohl Siddhartha bei der Geschichte unter dem Rosenapfelbaum ungefähr sieben Jahre alt war. König Shuddhodana vollzog wie jedes Jahr im Frühling die Pflugzeremonie. Das Bestellen der Felder gehörte zur wesentlichen Lebensgrundlage jener Zeit. Das war so wichtig, dass der König selbst in einer großen Zeremonie den Pflug führte, während die Priester wichtige Rituale ausführten und viele Zuschauer Beifall klatschten. In diesem Jahr sollte auch Siddhartha mit auf das Feld, um der Pflugzeremonie beizuwohnen. Königin Pajapati erklärte dem kleinen Prinzen, wie wichtig die Pflugarbeit für die Menschen war: „Schau Siddhartha, der Pflug bricht die Erde auf und machte eine Furche hinein. So kommen die weicheren und feuchteren Bodenschichten nach oben. Jetzt können die Bauern leichter ihr Saatgut einbringen. Schau genau hin, wie das dein Vater macht." Interessiert verfolgte der Prinz die Arbeit seines Vaters, die vom Jubel des Volkes begleitet wurde. Doch an diesem Tag hatte die Sonne bereits eine so unangenehme Hitze entwickelt, dass Siddhartha sich nach einem kühleren Plätzchen umschaute. „Mutter, darf ich mich dort drüben unter diesen Rosenapfelbaum in den Schatten setzen? Es ist so heiß geworden." „Das ist eine gute Idee. Ich begleite dich dort hin. Bleib du solange dort, bis die Zeremonie vorbei ist", antwortete die Königin.

Im Schatten des Rosenapfelbaumes erholte sich Siddhartha bald und ließ seinen Blick über die angrenzenden Ackerfelder schweifen. Ein Bauer führte einen alten Plug, der von einem schnaubenden Ochsen gezogen wurde. Siddhartha fiel auf, dass die Arbeit viel beschwerlicher aussah als bei der königlichen Zeremonie. Schweiß rann über den Rücken des Bauern und der Ochse schien ziemlich abgemagert. Geriet der Ochse ins Stocken, knallte die Peitsche. Das war für Siddhartha schwer mitanzusehen. Stattdessen wollte er lieber die geöffneten Pflugfurchen untersuchen, die sich vor ihm in unzähligen Reihen auftaten. Vom grünen Gras aus beugte er

sich nach unten und entdeckte in einer Furche, wie sich Würmer und Käfer tummelten. Ein ganzer Ameisenstamm war in Aufruhr, weil der Pflug den Bau zerstört hatte. „Das ist nicht zu fassen", dachte sich Siddhartha. „Wie viele Tiere kommen zu schaden, wenn man etwas anbauen will?" Er setzte sich auf und wenige Sekunden später huschte eine Eidechse über das Gras in die Furche und schnappte sich einen Wurm. Flink und wendig rannte die Eidechse mit ihrer Beute über die angrenzenden Furchen, bis plötzlich eine Schlange den kleinen Vierbeiner packte. Am Himmel kreiste ein Adler seit geraumer Zeit, der nun pfeilgerade herabstürzte und sich mit seinen Klauen die Schlange samt Echse krallte.

Siddhartha war einerseits tief erschüttert, aber andererseits war ihm ein Licht aufgegangen. Denn er verstand, dass die Nahrungsbeschaffung oft mit Leid verbunden war. Um Saatgut in die Erde zu bringen, müssen die Bauern und Ochsen schuften. Dabei geraten viele Kleinlebewesen in Gefahr oder ihr Lebensraum wird zerstört. Ferner verstand er, dass die Kräfte der Raubtiere wie zum Beispiel der Schlangen oder der Adler zwar imposant sind, aber ihre Jagd den Tod mit sich bringt. Über den leidvollen Kreislauf des Lebens nachsinnend, wurde er von tiefem Mitgefühl ergriffen. Er fühlte sich mit all den Wesen in ihrem Leid tief verbunden, dass er sein glückliches Leben als Prinz ganz vergaß und deren Erlösung wünschte. Dabei erfuhr er eine tiefe meditative Versenkung. Die ganz Welt um ihn herum verschwand, und er badete für geraume Zeit in einem unbeschreiblichen Glück.

Als die Ammen nach Siddhartha sahen, fanden sie ihn unter dem Baum sitzend vor und spürten das himmlische Glück, das er nach allen Seiten verstrahlte. Als auch König Shuddhodana seinen Sohn Siddhartha so ungewöhnlich meditieren sah, beugte er ein zweites Mal sein Knie vor dem heiligen Kind.

Das Erlebnis unter dem Rosenapfelbaum hinterließ bei Siddhartha tiefe Spuren. So tauchten in Siddharthas Geist immer wieder schwierige Fragen auf. Er selbst genoss alle nur erdenklichen Freuden des irdischen Lebens im Palast, aber er wusste, dass die Menschen und Tiere außerhalb der Mauern oft viel Leid ertragen mussten, um nur an das Lebensnotwendige zu kommen. Was könnte er tun, um das Leid anderer zu lindern? Angetrieben von dieser Frage, verwickelte er seinen Vater in so manches Gespräch.

Weißt du, was Siddhartha Wichtiges verstanden hat?

Wie können andere Lebewesen betroffen sein, wenn man zum Beispiel Getreide anbaut? Wie geht es dir mit dem „Kreislauf des Lebens"?

Hast du auch schon etwas Ähnliches beobachtet wie Siddhartha unter dem Rosenapfelbaum?

Versuch dir vorzustellen, wie dein Vater oder deine Mutter fleißig bei der Arbeit sind. Manchmal müssen sie sich sehr anstrengen. Schicke ihnen deine Liebe und Dankbarkeit. Stell dir vor, wie du ihnen für all ihre Arbeit dankst und sie sich darüber freuen.

Male deinen Eltern ein schönes Bild oder bastle eine Karte, um ihnen deine Dankbarkeit zu zeigen. Sie freuen sich sicher, wenn du ihnen auch einen lieben Dankesspruch schreibst.

Verteilt die Rollen und versucht den Text als Theaterstück aufzuführen!

8. Die Brautschau und der Brautkampf

Während Siddhartha allmählich zu einem stattlichen Mann heranwuchs, wurde er in der vedisch-brahmanischen Religion jener Zeit unterrichtet und bekam zunehmend mehr von den Staatsgeschäften und Aufgaben seines Vaters mit. Er beobachtete, wie die Leute des Volkes mit Hungersnöten und Krankheiten zu kämpfen hatten, wie Gericht gehalten wurde und welche Möglichkeiten ein Herrscher hatte, um seinem Volk behilflich zu sein. König Shuddhodana war aber besorgt, dass Siddhartha sich zu sehr für die Probleme der Menschen interessierte und sich mehr dem religiösen Leben zuwenden könnte. Er beriet sich deshalb mit seinen Ministern, die meinten, der Prinz müsse nur vermählt werden, dann käme er sicher auf andere Gedanken.

Um eine geeignete Frau für Siddhartha zu finden, wurde ein großes Fest im Palast veranstaltet, zu dem die schönsten jungen Frauen im Heiratsalter geladen waren. Dem Königspaar war es aber wichtig, dass Siddhartha seine künftige Braut aus Zuneigung findet. Bei diesem Fest konnte er die hübschen Frauen bei Spielen und Tanz beobachten und sich mit ihnen austauschen. Den Ministern und dem Königspaar fiel aber auf, dass sich Siddhartha nicht wirklich für eine bestimmte Frau zu interessieren schien. Gegen Ende des Festes wurden all die geladenen Anwärterinnen mit Geschenken verabschiedet. Jede trat an Siddhartha leicht verlegen und schüchtern heran und bekam etwas Wertvolles überreicht. Doch keine der lieblichen Schönheiten schien Siddharthas Aufmerksamkeit zu erregen. Als letzte Schönheit sollte Prinzessin Yashodhara ein Geschenk bekommen. Mit anmutigen Schritten bewegte sich Yashodhara leichtfüßig auf den Prinzen zu, während er etwas Vertrautes in sich spürte. Mit einem kleinen Knicks verbeugte sich Yashodhara vor dem Prinzen und schenkte ihm ein Lächeln. Ihre Blicke trafen sich und für wenige Sekunden vergaßen sie den ganzen Hofstaat um sich. Als ob Siddharthas Zunge plötzlich gelockert worden wäre, fragte er Yashodhara: „Wie hat dir das Fest gefallen, hast du dich gut amüsiert? Wie ist dein Name? Ich würde gerne mehr von dir wissen." „Oh mein Prinz, das Fest war wunderschön und ich habe mich bestens amüsiert. Mein Name lautet Yashodhara, mein Prinz", erwiderte sie. „Oh welch betörender Name. Ich hoffe, es bietet sich bald wieder eine Gelegenheit, bei der ich noch mehr von dir erfahren kann. Aber jetzt möchte ich dir noch ein Abschiedsgeschenk mit auf den Weg geben", sagte Siddhartha. Als er sich nach dem Gabentisch drehte, fand er aber kein Geschenk mehr vor. Alles war schon vergeben. „Tut mir sehr leid, Yashodhara, irgendetwas ist schiefgelaufen. Wenn du nichts dagegen hast, möchte ich dir meine Halskette überlassen", fragte Siddhartha. Wenige Momente später trug Yashodhara einen funkelnden Edelstein um ihren Hals. Yashodhara strahlte über das ganze Gesicht und verabschiedete sich überglücklich.

Niemand war entgangen, mit welcher Vertrautheit sich Siddhartha und Yashodhara unterhielten, und es bestand kein Zweifel, dass die beiden bestens zueinander passten. Jetzt musste nur noch König Suprabuddha, der Vater Yashodharas, einer Vermählung zustimmen.

Der Brautkampf

König Suprabuddha freute sich über den Besuch aus dem Nachbarkönigreich und konnte sich gut vorstellen, seine Tochter Siddhartha zur Frau zu geben. Er erklärte aber König Shuddhodana, dass sich etliche Prinzen für die Prinzessin Yashodhara interessieren würden. „Mein lieber Freund, es ist mir eine Freude, dass sich dein Sohn für meine Tochter interessiert, aber unsere Tradition verlangt es, dass in einem Wettkampf der Stärkste und Beste ermittelt werden muss, und nur dieser die Hand der Prinzessin bekommen darf. Also kommen wir leider nicht umhin, dass sich dein Sohn im Wettstreit beweisen muss. Was denkst du, geht das für dich in Ordnung?" Nebenbei wusste Suprabuddha, dass Siddhartha ein Grübler war, und er hatte Zweifel, ob er überhaupt für das Herrschen und Regieren geeignet war. Dafür bedarf es ja einer aktiven und kriegerischen Wesensart. „Nun denn König Suprabuddha, dann lass uns doch einen Wettstreit veranstalten, in dem sich die stärksten Edelmänner unter Beweis stellen können. Wir werden es so halten, wie es eure Tradition verlangt", sagte Shuddhodana.

König Shuddhodana war besorgt, denn er wusste, welch sanfter Wesensart Siddhartha war und dass ihm das Siegen in Wettkämpfen wenig bedeutete. Siddhartha dachte sich schon, dass sein Vater Zweifel haben würde, weshalb er ihn mit den Worten zu beruhigen suchte: „Vater, mach dir bitte keine unnötigen Sorgen. Es ist mir wichtig bei diesem Wettstreit als der Beste hervorzugehen, denn ich möchte unbedingt Yashodhara für mich gewinnen."

In den nächsten Wochen wurde das Wettkampfstadion der Sakyer vorbereitet und herrlich geschmückt, denn viele Besucher wurden aus nah und fern erwartet. Am Wettkampftag waren nun alle Plätze dicht gedrängt von den Besuchern belegt worden, die ganz gespannt auf die Kampfspiele warten und die Prinzen ihres Landes anfeuern wollten. Alle starken adeligen Männer, die die schöne Prinzessin Yashodhara zur Frau haben wollten, hatten sich zum Wettkampf eingefunden.

Als erste Disziplin stand das Bogenschießen auf dem Programm. Auch Devadatta war unter den Wettkämpfern. Den kennen wir als Bogenschützen schon von der Geschichte mit dem Schwan. Viele der Bogenschützen trafen ins Schwarze der Zielscheibe, auch Devadatta, dessen Pfeil sogar die Scheibe genau in der Mitte durchschlug. Yashodhara war sehr nervös. „Wie kann Siddhartha diesen Schuss noch übertreffen? Devadattas Frau werden? Nein, nein! Das wäre wohl das Letzte", dachte sie sich.

Als nun Siddhartha an der Reihe war, jubelten und applaudierten die Zuseher voller Freude. Auf seinen Wunsch wurde die Zielscheibe aber viel weiter entfernt aufgestellt, was die Spannung erheblich steigerte. Wie konnte ein Pfeil auf eine so große Entfernung noch das Ziel erreichen, dachte sich jeder. Dynamisch und sicher zog Siddhartha die Bogensehne nach hinten, aber der Bogen hielt der Kraft nicht stand und brach. Das wiederholte sich noch zweimal mit anderen Bögen, bis dem König einfiel, dass es im Schloss einen mächtigen Bogen hatte, den seit Generationen niemand mehr spannen konnte. Eilig wurde dieser Bogen herbeigebracht und die Menge staunte, als Siddhartha mühelos die Sehne in die Einkerbung am Bogenende brachte. Als Siddhartha den Pfeil einnockte und die Sehne zu spannen begann, hielten alle Zuschauer den Atem an. Kein Ton war zu hören. Jetzt hielt der Bogen, und der Pfeil flog mit einem schrillen Pfeifen mitten ins Schwarze der Zielscheibe. Aber die Wucht des Pfeiles durchschlug die Scheibe und ließ den Pfeil noch etliche Meter weiterfliegen, bis er an einer Stelle unauffindbar im Boden verschwand. Die Zuseher waren ganz aus dem Häuschen und Yashodhara sehr erleichtert.

Als nächster Wettbewerb stand die „Schwertprobe" auf dem Programm. Den Wettkämpfern musste es gelingen, mit nur einem Schwerthieb einen Baumstamm zu durchtrennen. Die kräftigen Adelsmänner schlugen immer dickere Stämme durch. In Führung lag Siddharthas Halbbruder Nanda, der landesweit als der beste Schwertkämpfer bekannt war. Als Letzter war Siddhartha an der Reihe. Um Nanda zu übertreffen, musste er einen noch dickeren Stamm bewältigen. Siddhartha brachte sich in Position, hielt kurz inne und schlug so schnell zu, dass der Schlag nicht zu sehen war. Nur ein dumpfes Klockgeräusch war zu hören, aber der Baum rührte sich nicht. Ein Rauen ging durch die Zuschauerreihen, und im ersten Moment glaubte jeder, dass die Aufgabe nicht bestanden war. Erst als ein Windhauch durch die Äste des Baumes fuhr, kippte er zur Seite. Die Menge jubelte und applaudierte stürmisch, und Yashodharas besorgtes Herz war um vieles leichter geworden.

Jetzt war das Reiten als Wettkampfdisziplin dran. Die Männer mussten ihren Mut und ihren geschickten Umgang mit wilden Pferden unter Beweis stellen. Als wildestes und stärkstes Pferd wurde Kanthaka, das Lieblingspferd Siddharthas, ins Stadion geführt. Ziel war es, Kanthaka zu besänftigen und auf ihm umherzureiten. Außer Siddhartha gelang es niemandem, das prachtvolle und ungestüme Pferd zu besteigen und zu reiten. Die adeligen Männer protestierten lauthals und befanden, dass es nicht fair sei, wenn Siddhartha den Wettkampf mit dem eigenen Pferd bestreiten dürfe. Die Schiedsrichter gaben klein bei und ließen einen anderen sehr wilden ungezähmten Hengst herbeibringen. Die verschiedenen Wettstreiter versuchte sich dem wilden Pferd zu nähern, aber der Vierbeiner schlug so kräftig aus, dass keiner etwas ausrichten konnte. Verschiedenste Tricks wurden versucht: man klatsche, flüsterte, andere wiederum versuchten den Hengst mit Peitschenhieben zu bändigen. Nichts half. Bisher war es niemandem gelungen, das Pferd zu zähmen. Als Siddhartha dran war, besann er sich der Worte seines Reitlehrers: „Die Pferde spüren, wenn du Angst hast und werden unruhig. Spüren sie hingegen innere Ruhe und Entschlossenheit, folgen sie dir auf Schritt und Tritt. Auf dein ruhiges Herz kommt es an." So spürte Siddhartha seinen ganzen Körper, ließ den Atem ruhig fließen und verband sein Herz mit dem Herzen des Hengstes. Mit sanfter und sicherer Stimme sagte Siddhartha: „Hooh, alter Freund, du brauchst keine Angst zu haben. Ich tue dir kein Leid an, alles ist gut und du bist wunderschön." Siddharthas ruhige Stimme und geschmeidige Art sich zu bewegen, besänftigten das wilde Ross. Es dauerte nicht lange, und es neigte den Kopf und ließ sich streicheln. Wenige Momente später saß Siddhartha auf dem Rücken des prächtigen Tieres und ließ sich von Siddhartha bereitwillig führen. Nachdem Siddhartha den Hengst bedächtig vor die Tribüne gelenkt hatte, auf der Yashodhara mit ihrem Vater saß, neigte der Hengst sein Haupt und die Zuschauer standen applaudierend und jubelnd von ihren Plätzen auf.

Alle Zweifel waren nun ausgeräumt. Als Sieger der Wettkämpfe konnte Yashodharas Vater seine Tochter nun getrost Siddhartha als Gemahlin zur Frau geben. Bald wurde Hochzeit gefeiert und die beiden waren ein überglückliches Paar. Buddha erzählt später, dass sie in höchster Fülle und Sorglosigkeit in drei Palästen gelebt hätten – in einem für die Winterzeit, die Sommerzeit und in einem für die Regenzeit. König Shuddhodana wollte für seinen Sohn den Himmel auf Erden schaffen. Er sollte nicht im geringsten daran denken, den Palast zu verlassen. Überall, wo man hinsah, war Schönheit und lagen betörend schöne Musik und wohltuende Düfte in der Luft.

 Wünscht du dir manchmal, ein Prinz oder eine Prinzessin zu sein? Was würdest du dann tun? Tauscht euch dazu aus!

 Such dir eine Szene aus, die dir gut gefallen hat und male dazu ein schönes Bild.

 Verteilt die Rollen und spielt die Begegnung von Siddhartha und Yashodhara nach. Mit ein bisschen Fantasie könnt ihr auch den Brautkampf nachspielen versuchen.

9. Die vier Ausfahrten von Prinz Vipassi

Die Rechnung Shuddhodanas schien aufzugehen, denn für 13 Jahre genossen der Prinz und seine Gemahlin himmlisches Glück auf Erden. Doch bei allem persönlichen Glück entging Siddhartha nicht, was außerhalb der Palastmauern vor sich ging. Er pflegte nämlich seinem Vater mit Rat und Tat in so manchen Regierungsgeschäften beizustehen und musste mitansehen, wie den Menschen Ungerechtigkeit widerfuhr und Hungersnöte sie plagten. Das Leid der Menschen berührte Siddhartha sehr stark, und am liebsten wollte er außer Haus ziehen, um herauszufinden, wie dem Leid ein Ende bereitet werden könnte. Auch wenn ihn viele Zweifel plagten, war die Zeit noch nicht reif für seine große Reise. Vielmehr war er noch an sein Elternhaus und seine Frau Yashodhara gebunden.

Um zu verdeutlichen, wie Wohlstand und Reichtum einen leicht verleiten, für das Leid anderer unempfindlich zu werden, erzählte Buddha später einmal die Geschichte von Buddha Vipassi, der viele Zeitalter vor ihm gelebt hatte. In diesem Zeitalter wurden die Menschen viel älter und blieben viel länger gesund. Das ist wichtig zu wissen, weil es verständlich macht, warum Buddha Vipassi kein Alter und keine Krankheit kannte. Damit es keine Verwechslung gibt: bisher habe ich dir die Geschichte von Buddha Shakyamuni erzählt, der Weise aus dem Stamm der Sakyer, der als Prinz Siddhartha aufwuchs.

Die vier Ausfahrten erzählen hingegen die Geschichte von Buddha Vipassi. Sein Vater, König Bandhuma, wollte genauso wie Shuddhodana, dass sein Sohn ein Weltenkaiser wird und nicht ein Heiliger. Aus diesem Grund sorgte er dafür, dass sein Sohn im Palast keine kranken und keine alten Menschen zu Gesicht bekam. Zudem sorgte er dafür, dass der Prinz niemals vom Tod erfuhr. So wuchs der Prinz im Glauben auf, dass es keine Krankheit, kein Alter und keinen Tod gibt. Eines Tages hatte der Prinz jedoch große Sehnsucht, eine Ausfahrt in die Stadt zu machen. Das gefiel dem Vater, weil er glaubte, der Sohn könnte sich nun vielleicht mehr für sein Land und die Leute interessieren. Zugleich fürchtete er, sein Sohn könnte dort dem Leid begegnen. Aus diesem Grund veranlasste er, dass die Straßen wunderschön geschmückt werden sollten und dass keine Kranken oder alten Menschen auf der Straße sein durften. Mit großem Jubel und mit Blumenblüten empfing man den Prinzen, als er durch die Straßen fuhr, und die Welt schien ihm in der Stadt ebenfalls wunderschön. Doch plötzlich schweifte sein Blick in eine Seitengasse, wo er eine seltsam gebückte Figur wahrnahm. Gebannt von dem unbekannten Anblick sprang er vom Wagen und wollte sich das genauer ansehen. Voller Verwunderung stellte der Prinz fest: „Dieser Mann hat so faltige Haut und bewegt sich so zitternd und langsam, sein Rücken ist ja völlig gekrümmt und seine Haare ausgedünnt und weiß. Was ist nur los mit diesem Mann?" „Das ist das Alter, mein Prinz. Das ist völlig normal", erklärte der Wagenlenker. „Was meinst du mit normal? Betrifft dieses Alter nicht nur diesen Mann?", fragte der Prinz. „Nein, mein Prinz, das Alter betrifft jeden, mich, euch, mein Prinz und auch euren Vater. Alle Menschen erleiden nach ihrer Zeit den Verfall ihres Leibes und Geistes. Das ist der Lauf der Dinge", erklärte der Wagenlenker. Der Prinz war entsetzt und verstört und befahl die sofortige Rückkehr in den Palast.

Als der König von diesem unerwünschten Zwischenfall erfuhr, ließ er den Wagenlenker rufen, der ihm alles genau schildern musste. Der Wagenlenker machte König Bandhuma deutlich, dass sein Sohn voller Entsetzen die Tragweite des Alterns verstanden habe. Um eine weitere Ausfahrt in die Stadt und das umliegende Land zu verhindern, sorgte König Bandhuma für noch mehr ausgefallene Sinnesfreuden, die ihn von der Welt außerhalb des Palastes ablenken sollten.

Doch nach langer Zeit verlangte es den Prinzen erneut, die Stadt zu erkunden. Jetzt wollte der Prinz unangemeldet in die Stadt reiten und sein Äußeres sollte ihn nicht verraten. So besuchte er nur in Begleitung seines Wagenlenkers unauffällig gekleidet die Stadt und wanderte durch verschiedene Gassen, wo er Handwerkern und Verkäufern bei ihren Arbeiten zusah. Er war begeistert von der Vielfalt und dem Geschick, das die Menschen an den Tag legten. Voller Begeisterung wollte er wieder zurückkehren, wenn sein Blick nicht auf eine stöhnende Person gelenkt worden wäre. Das Geräusch kam von einem Mann, der in einer gewissen Entfernung auf einer Bahre lag. Der Prinz wurde sehr neugierig und wollte sich das von der Nähe ansehen. Jetzt sah er, wie der Mann auf der Bahre an geschwollenen Armen und eiternden Blasen litt. Sein Gesicht war verzerrt, und er stöhnte vor lauter Schmerzen. Vom hässlichen Anblick des Kranken ganz entsetzt, fragte der Prinz seinen Begleiter: „Sag mir bitte sofort, was ist mit diesem Mann los? Warum sieht er so abscheulich aus?" Der Wagenlenker antwortete: „Mein Prinz, es tut mir sehr leid, aber dieser Mann ist sehr krank. Er leidet fürchterlich. Er verdient unser Mitleid und unsere Anteilnahme." „Krank? Was bedeutet krank? Gibt es noch andere Menschen, die krank werden, mein lieber Wagenlenker?", fragte der Prinz. „Leider ja, es ist nichts Außergewöhnliches, krank zu werden. Man ist dann einfach einige Stunden oder Tage außerstande, den alltäglichen Pflichten nachzukommen und muss manchmal schlimme Schmerzen ertragen. Auch ihr müsst damit rechnen, immer wieder mal krank zu werden", erklärte der Wagenlenker. „Ich muss damit rechnen, dass ich auch so schlimme Schmerzen ertragen muss? Das ist schwer vorzustellen. Lass uns wieder zum Palast zurückkehren. Ich habe für heute genug gesehen", meinte der Prinz.

Es dauert nicht lange, bis König Bandhuma vom Ausflug in die Stadt und der Begegnung mit dem Kranken hörte. Und wiederum war seine Sorge groß, der Prinz könnte den Palast verlassen und die Heiligkeit als Pilger suchen. Um ihn von einer solchen Überlegung abzulenken, sorgte er für neue raffinierte sinnliche Freuden und Ablenkungen.

Es vergingen wieder einige Jahre, bis der Prinz ein weiters Mal einen Ausflug in die Stadt unternehmen wollte. Wie beim letzten Mal streifte er unauffällig gekleidet durch die Straßen der Hauptstadt und bewunderte all die Sehenswürdigkeit, bis er plötzlich einen Leichenzug erblickte. Viele Menschen schritten mit traurigen Gesichtern und gesenkten Häupter hinter einer mit Blumen geschmückten Bahre her, auf der ein in Leinen eingewickelter Mensch lag. Priester gingen voran und sangen befremdliche Lieder. Der Prinz war ganz erstaunt und fragte seinen Begleiter: „Sag mir bitte, was singen die Priester für eigenartige Lieder über den Tod? Was bedeutet dieses Wort Tod eigentlich?" Der vertraute Kammerdiener erklärte: „Mein Prinz, das ist das Traurigste, was die Menschen erleiden. Eines Tages muss jeder Mensch seine irdische Hülle aufgeben und sterben. Der Tod ist das Ende des Lebens, niemand kann ihm entrinnen." „Was tun die jetzt mit diesem Menschen da auf der Bahre?", wollte der Prinz wissen. „Sie bringen den Leichnam zur Verbrennungsstätte, mein Prinz", antwortete sein Begleiter. „Das muss ich mir näher ansehen. Komm, folgen wir der Trauergemeinde, und lass uns die Verbrennung genau beobachten", sagte der Prinz. Gespannt und höchst erstaunt war der Prinz über die Rituale und Gesänge, die beim Leichnam von den Priestern vollzogen wurden. Er sah, wie der Leib in Flammen aufging und allmählich nur noch die Knochen in der Glut leuchteten. Tief berührt von der Trauer der Menschen, war auch der Prinz zu Tränen gerührt.

Als der Prinz wieder im Palast war, suchte er schnurstracks seinen Vater auf und blickte ihn mit Tränen in den Augen an. „Vater, warum hast du mir die Wahrheit des Todes vorenthalten? Wenn der Tod dich mir nimmt, alle meine Lieben und selbst ich sterben muss, wozu soll ich dann noch weiterleben? Was hat das alles für einen Sinn? Vater, sag es mir", fragte der Prinz. „Mein lieber Sohn, warum sollte ich dein Herz mit etwas beschweren, das uns noch lange nicht betrifft. Jeder Vater wünscht sich nur das Beste für seinen Sohn und will ihn vor allem Unglück bewahren. Du sollst mit aller Stärke und Kraft eines Tages meinen Platz einnehmen und mit Weisheit den Menschen dienen. Das wird dir viel Glück einbringen", meinte der König. „Ich weiß nicht, ob ich das noch will, Vater", erwiderte der Prinz betrübt und verließ des Königs Privatgemächer. Der König hingegen griff auf die alte Strategie zurück und überhäufte seinen Sohn mit allen erdenklichen Genüssen, die das Leben zu bieten hatte.

So zogen wieder einige Jahre ins Land, bis der Prinz erneut eine Erkundungsreise unternehmen wollte. Als er in einem Park einen kahlgeschorenen Mann mit fahlem Gewand erblickte, fragte er seinen Wagenlenker: „Hat dieses Aussehen etwas zu bedeuten? Warum ist sein Kopf kahlgeschoren und warum trägt dieser Mann ein solch seltsames Gewand?" „Mein Prinz, das ist ein Pilger. Er ist in die Hauslosigkeit gezogen, ist voller Erbarmen für die Wesen und will nur Heilsames tun", erklärte der Wagenlenker. „Führe unseren Wagen zu diesem Pilger! Ich möchte ihm einige Fragen stellen", befahl der Prinz aufgeregt. Je näher sie kamen, desto mehr fiel dem Prinzen die friedliche Ausstrahlung des Pilgers auf. „Seid gegrüßt Pilger. Hättet ihr die Güte, mir einige Fragen zu beantworten?", fragte der Prinz. „Eure Majestät, sehr gerne gebe ich euch Auskunft auf eure Fragen", antwortete der Pilger. „Könnt ihr mir verraten, warum ihr solchen Frieden ausstrahlt und warum ihr dieses ungewöhnliche Gewand tragt?", fragte der Prinz. „Das ist einfach zu erklären. In der Hauslosigkeit hat man die Sorgen um den Besitz losgelassen. So ist man frei, aus Erbarmen Heilsames zu tun, mein Prinz. Das schenkt mir tiefen Frieden und Gelassenheit", erklärte der Pilger mit ruhiger Stimme. „Ich danke euch von Herzen. Ihr habt mir die Augen geöffnet. Jetzt weiß ich, wofür es sich lohnt zu leben. Innerer Frieden und unverrückbare Gelassenheit sind es, was ich suche", erwiderte der Prinz.

Nachdem Prinz Vipassi in den Palast zurückgekehrt war, setzte er seinen Vorsatz unverzüglich in die Tat um. Er scherte sich das Haupthaar und zog sich ein fahles Gewand an. Er verabschiedete sich von seinen Eltern und begann seine Pilgerschaft.

 Kannst du die zwei Buddhas auseinanderhalten?
Was ist bei Buddha Vipassi anders als bei Buddha Shakyamuni?

Hast du den Eindruck, dass deine Eltern dich vor Gefahren und hässlichen Dingen bewahren wollen?

Interessierst du dich vielleicht für kranke und alte Personen oder für verstorbene Leute? Kennst du vielleicht kranke oder alte Personen und was empfindest du, wenn du sie triffst?

Hast du schon mal einen Mönch oder eine Nonne getroffen? Hattest du dabei das Gefühl, dass sie irgendwie anders sind? Versuche zu erklären, was der Unterschied zu gewöhnlichen Personen ist!

10. Der Auszug

Aber zurück zu Prinz Siddhartha, der bald Vater werden sollte, denn Yashodhara war hochschwanger. Siddhartha pflegte der Hauptstadt Kapilavattu gelegentlich einen Besuch abzustatten. Zu jener Zeit gehörten Pilger und Asketen zum gewohnten Stadtbild Indiens, doch das Aussehen der meisten schien wenig darauf hinzudeuten, dass sie glücklich mit ihrem Schicksal waren. Siddhartha hatte schon viele Mönche gesehen, doch dieses Mal sollte es ihm ähnlich gehen wie Buddha Vipassi. Siddhartha fiel ein Mönch besonders auf, denn dieser strahlte Ruhe und Gelassenheit aus. Er schritt, unberührt von der Geschäftigkeit der Leute, völlig entspannt durch die Menschenmassen. Das machte Siddhartha so neugierig, dass er direkt auf den Mönch zuging und ihn ansprach: „Ehrwürdiger Mönch, gestattet mir eine Frage. Was sucht ihr und wonach verlangt es euch am meisten?" Mit ruhiger und sanfter Stimme antwortete der Mönch: „Mein Herr von edler Geburt, das höchste Gut ist für mich Gemütsruhe und das Erlangen der Erlösung – nichts anderes ist von wahrem Wert." Diese Worte drangen tief in Siddharthas Herz, und er wusste jetzt, was er wirklich wollte. Frohen Herzens kehrte er in den Palast zurück und ging schnurstracks zu seinem Vater, um seinen Entschluss mitzuteilen. König Shuddhodana strahlte vor Freude, als er Siddhartha zu Gesicht bekam: „Siddhartha, mein Sohn. Geh in die Gemächer deiner Frau, denn ein Sohn ist dir geboren worden. Er und Yashodhara sind wohlauf. Ein großes Glück für unser Königshaus!" Siddhartha vergaß augenblicklich, was er eigentlich seinem Vater mitteilen wollte und war überglücklich. „Vater, das ist ja wunderbar. Das muss ich mir ansehen." Unverzüglich suchte er das Gemach von Yashodhara auf und bewunderte seinen Sohn. Voller Zärtlichkeit küsste er die beiden, aber in seinem Herzen wurde der Entschluss nun umso mehr bekräftigt, seine große Suche zu beginnen. Siddhartha nannte seinen Sohn Rahula, was so viel wie „kleiner Riese" bedeutet. Jetzt gab es für Siddhartha kein Zurück mehr. Er musste einen Weg finden, wie Krankheit, Alter und Tod zu überwinden waren. Als er seinen unerschütterlichen Entschluss seinem Vater mitteilte, den Hof zu verlassen und in die Hauslosigkeit zu ziehen, wurde dieser verärgert und versuchte ihn mit einem schlechten Gewissen von seinem Vorhaben abzubringen: „Siddhartha, du bist nun Vater geworden, übernimm deine Pflicht, sei ein guter Vater und erzieh deinen Sohn gemäß der Tradition unseres Volkes. Du bist zum Herrschen geboren. Wenn du in die Jahre gekommen bist, kannst du die Robe der Büßer anziehen." „Lieber Vater, versteh doch. Meine Verantwortung als Vater ist es, meinem Sohn einen neuen Weg zu zeigen, der den Tod überwindet. Ihr müsst mich ziehen lassen. Es ist zu wichtig", erwiderte Siddhartha. König Shuddhodana und seine Frau Pajapati waren traurig und betrübt, waren voller Sorge um ihren Sohn und den frischgeborenen Enkel Rahula. Siddhartha empfand das Leben im Palast nun noch viel stärker als zuvor als ein Gefängnis, das ihn nur davon abhielt, wahre Befreiung für sich und seine Familie zu finden.

Rahula war gerade sieben Tage alt geworden, als Siddhartha seinen Entschluss mitten in der Nacht in die Tat umsetzte. Ein letztes Mal bewunderte er seinen kleinen Sohn Rahula und die schöne Yashodhara beim Schlafen. Am liebsten hätte er den beiden noch einen zärtlichen Kuss aufgedrückt, so friedlich und wunderschön sahen die beiden aus. Aber um jede Aufregung zu vermeiden, ließ er davon ab und begnügte sich mit einem liebevollen Blick.
Unbemerkt schlich er zum Schlafgemach von Channa, seinem geliebten Leibdiener: „Channa, wach auf. Wir unternehmen einen nächtlichen Ausritt. Sattle mir Kanthaka, aber lass alles lautlos geschehen. Niemand darf aufgeweckt werden", flüsterte Siddhartha. Wenige Minuten später waren sie schon in Richtung Palasttor unterwegs und kamen selbst an den Wachposten unbemerkt vorbei, denn die waren eingenickt.

Nachdem die Palastmauern einige Kilometer hinter ihnen lagen, wollte Channa wissen, warum sie nachts ausritten: „Mein Prinz, welche Bewandtnis hat es, dass wir in tiefster Dunkelheit ausreiten?" Siddhartha erwiderte: „Channa, hast du bemerkt, wie still es im Palast war? Alle schliefen, selbst die Wachen. Die Menschen träumen, aber nicht nur nachts, sondern immerzu verlieren sie sich in Träumereien und merken nicht, was wirklich geschieht. Seit mein Sohn auf der Welt ist, wurde ich noch mehr aufgerüttelt und muss die Todlosigkeit finden." Channa verstand kein Wort. Sie ritten die Nacht hindurch, bis sie an die Landesgrenze gekommen waren. Siddhartha stieg von seinem prächtigen Pferd und wandte sich an Channa: „Von hier an muss ich alleine weiterziehen. Channa, bring meinen Schmuck und Kanthaka nach Hause. Grüße mir meine Familie und lass sie wissen, dass ich nicht eher wiederkehre, bis ich die Todlosigkeit gefunden habe." Channa konnte nicht glauben, was er da hörte: „Aber mein Prinz, ihr könnt doch nicht ohne Begleitung losziehen. Es ist viel zu gefährlich. Bitte schickt mich nicht weg. Ich werde euch getreu dienen und beschützen." Doch Siddhartha ließ sich nicht erweichen und erwiderte: „Lieber Channa, ich danke dir für all deine Dienste, aber jetzt muss ich als Pilger ohne Ablenkungen all meine Kraft der Suche widmen. Für die Pilgerschaft bist du noch nicht bereit. Geh nun und überbringe die Botschaft dem Königshaus." Channa konnte nicht an sich halten und musste bitterlich weinen und auch Kanthaka spürte, dass der Abschied gekommen war.

Von tiefer Trauer bewegt, ritt Channa den langen Weg mit Kanthaka zurück und berichtete dem König, was geschehen war. Kanthaka aber konnte die Trennung nicht verkraften und starb später an Kummer. Daraufhin wurde seine Psyche als Gott im Götterhimmel wiedergeboren, berichtet das Buch Vimana-Vatthu 81 im Palikanon.

 Wie geht es dir damit, dass Siddhartha den Palast verlassen will, obwohl sein Sohn erst auf die Welt gekommen ist?

Verstehst du seinen Entschluss ein bisschen?

Hast du eine Idee, warum gerade das Pilgerleben helfen soll,
die Wahrheit zu finden?

 Male eine Szene, die dir dazu einfällt!

 Verteilt die Rollen und versucht die Geschichte als Theaterstück
aufzuführen!

 Lest die Geschichte mit verteilten Rollen!

11. Das Leben als Bettler

Siddharthas Weg führte direkt nach Rajagaha, der Hauptstadt Magadhas, die zu jener Zeit als Zentrum des geistigen Lebens galt. Zunächst
schnitt er sich seine prächtigen schwarzen Haare ab, ein Zeichen seiner
Königswürde. Als Siddhartha auf einen Bettler traf, bat er um einen Klei-
dertausch, denn seine königlichen Kleider wären für einen Pilger unpas-
send gewesen. Schwierigkeiten traten bei Siddhartha bei seinem ersten
Almosengang auf, denn sein Gaumen und Magen waren nur erlesene
und köstliche Gerichte gewohnt. Nur schon der Anblick der gespendeten
Almosenspeise drehte ihm beinahe den Magen um. Aber es half nichts,
und so gewöhnte er sich daran, sich auch mit unansehnlichen und schwer
genießbaren Almosen zu begnügen. Und dafür entwickelte er bald Dankbarkeit.

Nach wenigen Wochen der Wanderschaft war er in Rajagaha angekommen. Auch wenn Siddhartha wie die anderen Pilger kahlgeschoren und im
Bettlergewand für den Almosengang durch die Straßen zog, so war doch
augenscheinlich, dass der Neuankömmling alles andere als gewöhnlich
war. Sein stattliches Aussehen, die Körpersprache, die Ausdrucksweise
und seine Ausstrahlung: alles verriet seine edle Herkunft. Es dauerte nicht

Karte zur Zeit Buddhas

✳ Pilgerorte

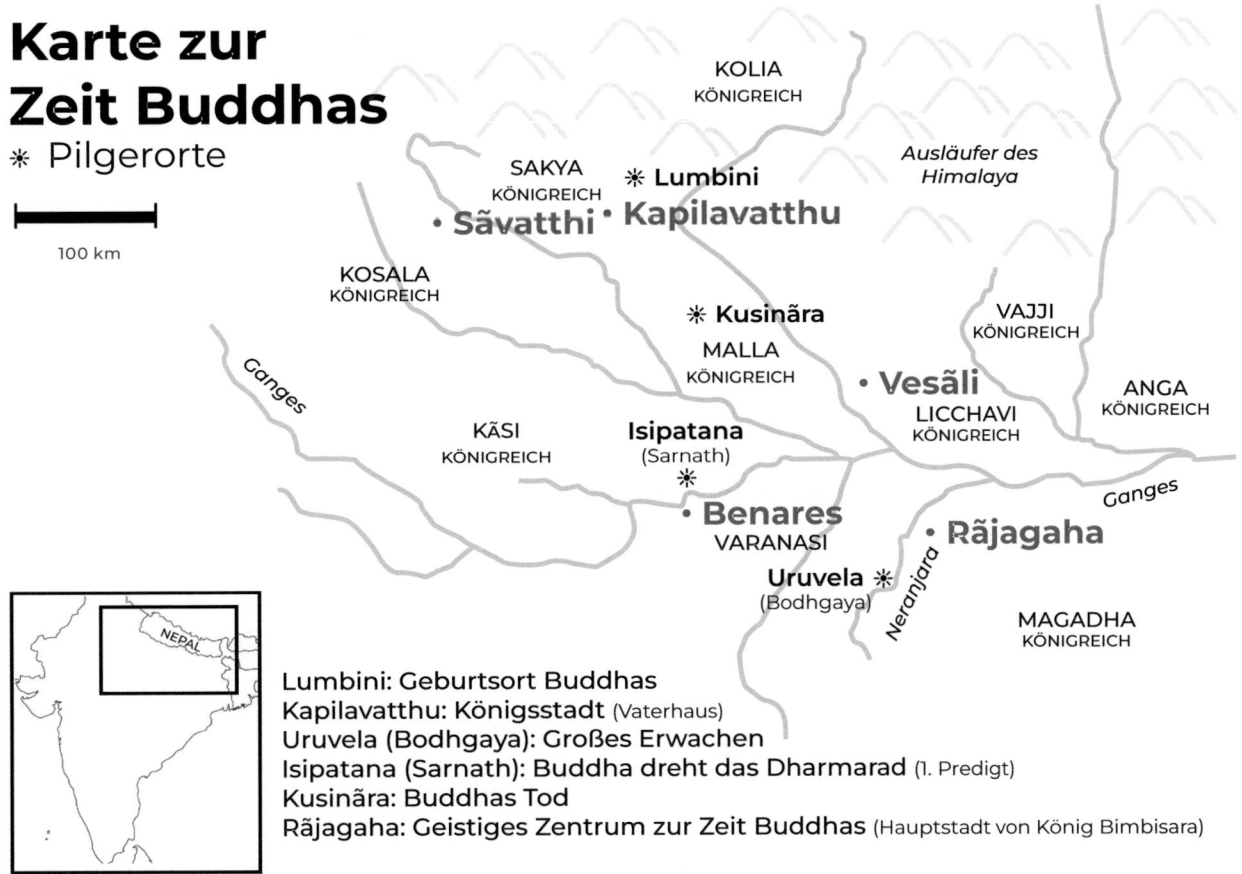

├─────┤
100 km

KOLIA
KÖNIGREICH

Ausläufer des
Himalaya

SAKYA
KÖNIGREICH

✳ **Lumbini**

• **Sãvatthi** • **Kapilavatthu**

KOSALA
KÖNIGREICH

✳ **Kusinãra**

VAJJI
KÖNIGREICH

MALLA
KÖNIGREICH

Ganges

• **Vesãli**

ANGA
KÖNIGREICH

LICCHAVI
KÖNIGREICH

KÃSI
KÖNIGREICH

Isipatana
(Sarnath)

✳

Ganges

• **Benares**
VARANASI

• **Rãjagaha**

Uruvela ✳
(Bodhgaya)

Neranjara

MAGADHA
KÖNIGREICH

NEPAL

Lumbini: Geburtsort Buddhas
Kapilavatthu: Königsstadt (Vaterhaus)
Uruvela (Bodhgaya): Großes Erwachen
Isipatana (Sarnath): Buddha dreht das Dharmarad (1. Predigt)
Kusinãra: Buddhas Tod
Rãjagaha: Geistiges Zentrum zur Zeit Buddhas (Hauptstadt von König Bimbisara)

lange, bis die Soldaten auf den neuen Pilger aufmerksam wurden und sie König Bimbisara davon in Kenntnis setzten. König Bimbisara horchte interessiert auf, denn er war ein glühender Verehrer der Religion und wollte baldmöglichst den ungewöhnlichen Pilger kennen lernen. Als reicher Kaufmann verkleidet, wollte er sich selbst überzeugen, ob die Beschreibung der Soldaten zutraf. Und es stimmte, denn obschon Siddhartha genauso wie andere Pilger nur mit seiner Almosenschale auf eine großzügige Gabe wartete, zog er alle Blicke auf sich.

König Bimbisara ließ dann bald darauf eine Einladung an Siddhartha ergehen. Als Siddhartha im Palast auf den König traf, entspann sich sofort ein sehr vertrauliches Gespräch wie unter alten Freunden. König Bimbisara wollte wissen, woher er stammt und was ihn nach Rajagaha geführt habe. Nach Siddharthas Schilderungen machte Bimbisara ein ungewöhnliches Angebot: „Siddhartha, ich sehe, du bist mit allen Talenten ausgestattet. Für dich ist es ein Leichtes, mein Reich zu regieren. Dich an meiner Seite zu wissen, das wäre ein großer Segen für mein Königreich. Du müsstest erst gar nicht darauf warten, bis dein Vater als König abdankt. Du könntest sofort deine Fähigkeiten unter Beweis stellen. Ich und mein Volk wären dir äußerst dankbar." „Großer König, verzeiht mir, aber wenn ich es genau bedenke, scheint mir der Unterschied zwischen Sklaven und König nicht allzu groß. All die Pflichten und Sorgen, die ein König zu tragen hat, legen ihm ein schweres Joch um und dennoch kann er sein Volk nicht wirklich vor so vielem Unheil beschützen, weil es nicht in seiner Hand liegt. Nein, mein Entschluss ist unumstößlich, ich werde nicht eher ruhen, bis ich die Todlosigkeit und das bleibende Glück gefunden habe", erwiderte Siddhartha mit einer freundlichen und bedächtigen Stimme. „So gewährt mir die Erfüllung eines Wunsches, mein Freund. Falls ihr euer Ziel erreicht habt, kehrt zu mir zurück und lasst mich an eurer Weisheit teilhaben", bat König Bimbisara.

Gerne versprach Siddhartha wiederzukehren, denn er verspürte ein tiefes freundschaftliches Band, aber er wusste noch nicht, dass sie im früheren Leben gemeinsam im Tushita-Himmel geweilt hatten.

 Kannst du dir vorstellen, wie es sich anfühlt, als Prinz in einem Palast aufgewachsen zu sein und plötzlich als Bettler in alten Kleidern herumzulaufen? Wenn ja, erzähl ein bisschen davon!

Hast du schon mal einen Freund oder eine Freundin kennen gelernt, und ihr hattet von Anfang einfach viel Spaß miteinander? Erzähl davon!

 Versuch ein Bild zu malen, das Siddhartha als edel aussehende Bettlergestalt darstellt!

 Verteilt die Rollen und versucht, die Geschichte als kleines Theaterstück zu spielen!

12. Siddharthas Lehrer

Weil Rajagaha das geistige Zentrum jener Zeit war, kam Siddhartha leicht mit den verschiedensten Schulen und Lehren in Kontakt. Bald stellte er fest, welch unterschiedliche Formen von Büßern es gab. Manche glaubten mit Selbstquälereien etwas zu bewirken, indem sie sich zum Beispiel in dorniges Gestrüpp legten oder sich lange der Hitze oder dem Wasser aussetzten. Andere Asketen wiederum liebten es, viel Zeit auf komplizierte Gedankenspielereien zu verlieren.

Schnell erkannte Siddhartha, dass diese verschiedenen Formen sinnlose Zeitverschwendung waren, aber bei Yogi Alara Kalama lernte er sehr wichtige Dinge. Zum einen verstand Siddhartha, dass nicht Dinge auf Dauer glücklich machen, wie zum Beispiel gutes Essen, schöne Musik, Unterhaltung und anderes mehr. Er verstand vielmehr, dass derjenige glücklich ist, der diese Dinge losgelassen hat. Wie sein Lehrer erfuhr er das große Glück, als er alles losgelassen hatte und in den Bereich des „Nichts" vorgedrungen war. Alara Kalama erkannte die Geistesgröße seines Schülers und wollte ihn als gleichwertigen Partner in seiner Schule einsetzten. Dennoch lehnte Siddhartha ab, weil er erkannte, dass mit der Lehre des „Nichts" noch nicht das wirkliche Heil gefunden war.

Dankend verließ er Alara Kalama und traf auf Uddaka Ramaputta, dessen Lehre noch tiefer ging. Uddaka hatte seine Lehre von seinem Vater übertragen bekommen, war aber nicht in der Lage, sie selbst in der Meditation zu verwirklichen. Siddhartha hingegen gelang es bald, auch diese tiefe Ebene zu erreichen. Er erfuhr, dass auch das Ich loszulassen war, das noch das Nichts erkannte. Uddaka bat Siddhartha darauf seine Schule als Lehrer zu übernehmen, weil Siddhartha ihm bereits auf allen Ebenen überlegen war. Siddhartha lehnte aber auch in diesem Fall ab, weil er das Nirvana noch nicht gefunden hatte. Er verließ auch Uddaka und zog weiter.

Siddharthas Lehrer sind in meditative Ebenen vorgedrungen, die schwer verständlich sind. Vielleicht hast du in Träumen oder sonst während eines Erlebnisses Dinge erfahren, die sich schwer beschreiben lassen. Wenn du möchtest, kannst du gerne davon erzählen.

Stell dir vor, du wärest auf einem hohen Berg. Du siehst unter dir Täler, Schluchten mit Flüssen und einen schönen See. Weiter entfernt hat es ein kleines Dorf. Viele Bergketten reihen sich hintereinander in die Ferne. Über den Bergen siehst du den wolkenlosen kristallklaren blauen Himmel. Ein Adler zieht seine Kreise und gibt gelegentlich einen Schrei von sich. All die Schönheit, die dich umgibt, öffnet dein Herz und du spürst die Natur um dich. Du wirst dir bewusst, auf welch großem Berg du sitzt, der ruhig und mächtig ist. Zugleich nimmst du deinen Körper mit seiner Ruhe wahr. In der Ferne hörst du das Rauschen eines Baches und stellst dir vor, wie in dir ständig Flüssigkeit bewegt wird. Die Wärme der Sonnenstrahlen öffnen alle Poren und du spürst, wie dich das entspannt. Ein zarter Wind streicht durch deine Haare und fächelt dir kühle Luft zu. Dein Atem fließt ruhig und tief. Die grenzenlose Weite des Himmelraumes umgibt dich und du spürst Freude und inneres Glück. Nimm deinen Atem und deinen Körper wahr und kehre ins Hier und Jetzt zurück.

13. Die Schmerzaskese und der Mittlere Weg

Nachdem Siddhartha auch seinen zweiten Lehrer verlassen hatte, war er gänzlich auf sich gestellt. In der Nähe vom Dorf Uruvela, das heute als Bodhgaya bekannt ist, fand er ein schönes ruhiges Fleckchen Erde mit Wald und Fluss. Dort leuchteten ihm drei Gleichnisse auf, die auf seinem Weg der inneren Arbeit sehr wichtig wurden. So wie ein durchnässtes Holz kein rauchfreies Feuer und kein klares Licht zu erzeugen vermag, so kann keine Klarsicht und kein wirkliches Erwachen entstehen, wenn der Geist durch die Sehnsucht nach Befriedigung der sinnlichen Lust getrübt wird. Siddhartha wusste, dass die Hingabe an die Lust sehr tief saß. Zuerst ging er mit Willensanstrengung gegen sein Gemüt vor. Aber statt ruhiger zu werden, zitterte und bebte sein Körper vor Aufregung. Seine zweite Methode unterdrückte gewaltsam den Atem, aber auch bei dieser Übung musste Siddhartha fürchterliche Schmerzen ertragen. Der ersehnte Erfolg blieb aber aus. Bei seinem letzten Angriff gegen seine Sehnsüchte verzichtete Siddharta gänzlich auf feste Nahrung. Mit der Zeit blieben von Siddhartha nur noch Haut und Knochen übrig. Statt überirdisches Glück und Wissensklarheit zu finden, wurde Siddhartha bis zur Ohnmacht geschwächt. Während all dieser Zeit der schmerzhaften Kasteiungen lebten fünf Asketen in der Nähe Siddharthas, weil sie seinen stählernen Willen bewunderten und ihn als Vorbild betrachteten. Sie glaubten, er würde als Erster die Befreiung erlangen und ihnen den Weg weisen. Siddhartha aber musste feststellen, dass mit der Härte gegen sich selbst, die Lust nach den sinnlichen Begierden in aller Tiefe nicht beseitigt war, sondern nur Körper und Geist geschwächt wurden.

Nachdem er diesen Kampf losgelassen hatte, tauchte in seinem Gemüt plötzlich eine sehr beglückende Erinnerung auf. Er dachte an die himmlische Seligkeit, die er als Kind unter dem Rosenapfelbaum erfahren hatte. Jetzt war ihm klar geworden, dass die meditativen Versenkungen das passende Mittel waren, das Begehren nach sinnlichem Vergnügen aufzulösen. So wie die Sonne allmählich feuchtes Holz trocknet und zu einem geeigneten Brennmaterial macht, wird das geneigte Herz durch die meditativen Versenkungen von der unstillbaren Gier nach Sinneslust befreit. Siddhartha hatte den Mittleren Weg beschritten. Er verstand, dass zu viel Nahrung träge und faul macht. Zu wenig Nahrung hingegen schwächt den Körper so sehr, dass die Kraft zur Meditation fehlt. Jetzt tauchte Mara, der buddhistische Teufel und Verführer, auf, weil er spürte, dass Siddhartha auf dem Mittleren Weg nun alle Weichen zur letzten Erkenntnis gestellt hatte. Er glaubte, Siddhartha in diesem geschwächten Zustand am besten vom richtigen Weg abzubringen, indem er ihm Mitleid vorheuchelte: „Edler Prinz, völlig abgemagert und blass siehst du aus. Wenn du wieder bei Kräften bist, wirst du den Menschen wohl damit am besten dienen, wenn du ihnen Gutes tust. Das wird dir viele Verdienste einbringen." Siddhartha ließ sich aber nicht beirren: „Die Menschen bedürfen weit mehr als gute Taten, die nur für kurze Dauer nützlich sind. Vielmehr weiß ich jetzt, was zu tun ist, dass ich der Wahrheit näherkomme." Mara merkte, dass Siddhartha nicht von seinem Entschluss abzubringen war und verschwand. Siddhartha begann von da an wieder feste Speise zu sich zu nehmen und konnte so gut meditieren. Die fünf Asketen aber fühlten sich von Siddhartha verraten und wanderten nach Benares, wo sie sich im Gazellenhain niederließen. Jetzt hatte Siddhartha sogar die Anerkennung der Asketen verloren.

Siddhartha ging daran, verschiedenste Meditationen und Untersuchungen anzustellen, die sein Herz immer reiner werden ließen. Sein Gefallen an Sinnesfreuden nahm immer mehr ab und seine Ängste lösten sich gänzlich auf. Sein Geist wurde zunehmend klarer, so dass er mit seinem inneren Auge selbst die Geistwesen anderer Welten wahrnahm. Seine Versenkungen gingen immer tiefer und wurden zunehmend beglückender. Er spürte, dass der letzte Schritt zur Erkenntnis unmittelbar bevorstand.

 Hast du schon einmal gefastet oder durftest für einige Zeit nichts essen? Wie ging es dir dabei?
Was hältst du vom Mittleren Weg?
Hast du eine Idee, wie das gehen könnte, dass man keine Angst mehr vor dem Tod hat?

 Vielleicht hast du Lust, Siddhartha als abgemagerten Asketen zu malen.

 Schreibt ein kleines Theaterstück zu der Geschichte und führt es miteinander auf!

14. Siddharthas letzte Mahlzeit vor dem großen Erwachen

Bevor Siddhartha die großen Wahrheiten zur Befreiung vom Leid erfuhr, ging er zum Almosengang ins Dorf. Um sich ein wenig auszuruhen, nahm er unter einem prächtigen Baum Platz. Wenig später kam eine Frau namens Sujatha und fand Siddhartha unter dem Baum sitzend vor. Sie wollte bei diesem Baum eine Opfergabe darbringen, wo die Ortsgottheit angebetet wurde, um ihr Versprechen einzulösen.

Sie schwor nämlich den Göttern ein großes Opfer darzubringen, wenn sie einen guten Mann und ein Kind bekommen würde. Da zur großen Freude ihre Herzenswünsche in Erfüllung gegangen waren, wollte sie nun ihre Dankbarkeit an die Götter mit einer außerordentlichen Opfergabe zum Ausdruck bringen. Sie überlegte lange, wie sie eine köstliche und außerordentliche Speise kochen könnte. Keine Mühen scheute sie, den besten Reis und die seltensten Gewürze zu finden und sich viel Zeit für die Zubereitung der Speise zu nehmen. Mit Freude im Herzen und Dankbarkeit bereitete sie die Opferspeise zu und gab alles in ein kostbares Gefäß. Beschwingt und voller Hingabe suchte sie den Baum auf, wo Siddhartha gerade meditierte. Als Sujatha dort Siddhartha so strahlend und erhaben sitzen sah, glaubte sie eine Gottheit zu sehen. Sie verneigte sich tief und gab freudig ihre Opfergabe unwissend dem künftigen Buddha. Siddhartha schenkte ihr ein Lächeln und freute sich sehr über das Glück, das ihr dadurch zuteilwurde. Dann genoss er die mit aller Liebe und Hingabe zubereitete Mahlzeit, während Sujatha tiefes inneres Glück und Frieden fühlte. Nachdem sich Siddhartha mit der köstlichen Opferspeise von Sujatha gestärkt hatte, nahm er in einem naheliegenden Fluss ein Bad und suchte sich einen geeigneten Platz zur Meditation.

 Hast du deiner Mama oder deinem Papa auch schon mal ein Frühstück oder etwas Ähnliches zubereitet? Wie ging es dir dabei, ihnen eine Freude zu machen?

Stell dir vor, du würdest Buddha in seinem Kloster besuchen. Du hast einen Korb mit Früchten dabei und möchtest ihn Buddha als Geschenk überreichen. Du betrittst den Meditationssaal, wo Buddha mit den Mönchen und Nonnen meditiert. Es herrscht eine wundersame Stille und der Raum ist erfüllt von Kraft und Liebe. Buddha hat dich entdeckt und schlägt sanft eine Klangschale, um die Meditation zu beenden. Er winkt dir und du schreitest auf ihn zu. Vor Buddha legst du deine Hände zusammen und verbeugst dich tief. Buddha lächelt dir zu und fragt dich, wie es dir geht und warum du ihn besuchst. Du erzählst ein bisschen von dir, wie es dir geht, und erklärst, dass du ihm den Korb mit Früchten schenken möchtest. Buddha freut sich sehr und nimmt den Korb gerne entgegen. Dann reicht er dir eine Tasse Tee. Du nimmst einen Schluck und spürst, dass der Tee besonders gut schmeckt und dir ganz gut tut. Du entspannst dich und fühlst, wie dich der Tee belebt und heilt. Du bedankst dich und verabschiedest dich. Voller Glück kehrst du heim und erzählst zuhause, was passiert ist.

 Male die Szene, wie Sujatha Siddhartha die Opferspeise überreicht!

15. Maras Angriffe

Siddhartha entschied sich für jenen Baum, der heute als Bodhi-Baum verehrt wird. Dieser Baum gehört zu einer Baumart, die schöne große herzähnlich geformte Blätter trägt, deren Spitzen schweifartig einen langen Bogen ziehen. Heute noch pilgern viele Menschen zu dieser Stelle, wo der Urenkel des ursprünglichen Bodhi-Baumes steht und der Mahabodhi-Tempel zu bewundern ist. Vielleicht reist du auch einmal nach Bodhgaya, das frühere Uruvela.

Als sich Siddhartha unter diesem schönen Baum niedersetzte und in Meditation begab, fühlte er sich sehr wohl und war voller Vertrauen. Er spürte, dass nur noch wenig fehlte, bis er die Wahrheit erfahren durfte. Er fasste den Entschluss nicht eher aufzustehen, bis er sein Ziel erreicht hatte. Das unerschütterliche Vertrauen Siddharthas rüttelte aber Mara wach, der merkte nämlich, dass seine Macht am Schwinden war. Im Nu war er bei Siddhartha und setze alles daran, ihn von seinem Siegeszug abzuhalten. Bei seinem ersten Angriff schickte Mara gut getarnt das Heer der Sinnesfreuden aus. Siddhartha sollte durch die Schönheiten des Lebens, wie köstliche Speisen, betörende Düfte, liebliche Gesänge und schöne Frauen von der Meditation abgelenkt werden. Die Frauen flüsterten ihm die süßesten Schmeichelein ins Ohr und tanzten zu betörender Musik: „Siddhartha, mächtiger Prinz, leg dich doch zu uns auf das Ruhekissen und genieße mit uns all die Schönheiten der Welt. Alle lieben dich, du brauchst nichts mehr zu tun. Lass dich von uns verwöhnen. Du bist der König der Welt, unsere höchste Lust", sangen die hübschesten Frauengestalten mit lieblicher Stimme.

Siddhartha hingehen ließ sich nicht beirren, denn sofort erkannte er die List Maras. Vielmehr genoss Siddhartha weit größeres Glück in der Meditation. Die irdischen Genüsse Maras konnten da nicht mithalten. Auf Maras Versuchungen antwortete Siddhartha lediglich mit einem sanften Lächeln. Das machte Mara zornig. Jetzt entfesselte er die elementaren Naturgewalten und schickte tosende Wasserfluten, lodernde Feuersbrünste, polternde Erdbeben und eisige Stürme, um Siddhartha zu vertreiben. Siddhartha aber war längst Herr über die Elemente geworden, dass nur wenige Augenblicke später wieder friedliche Stille herrschte. Maras Hass stieg ins Unermessliche, und er entsandte ein Heer mit feurigen und giftigen Pfeilen, um Siddhartha zu töten oder zumindest in die Flucht zu schlagen. Doch in Siddharthas Geist war kein Fünkchen Todesangst oder Lebenssucht zu finden. Stattdessen war sein Herz voller Liebe und Mitgefühl, sodass sich all die heranfliegenden Wurfgeschosse in Blüten verwandelten.

Mara spürte, dass er nur in den luftleeren Raum geschlagen hatte. Auf allen Ebenen hatte er verloren, aber er konnte sich seine Niederlage nicht eingestehen, und so stellte er Siddharthas Machtanspruch in Frage: „Wer bist du schon? Du bist allein, niemand dient dir. Die Erde, auf der du sitzt, gehört mir. Ich habe sie erschaffen." Siddhartha streckte seine rechte Hand gegen die Erde und erwiderte: „Du hast nur den Deinigen gegeben, ich aber gab allen Wesen großzügig und ohne Geiz. Die Erde kann es bezeugen." Und es stimmte. Über die vielen Leben hatte der Bodhisattva den Lebewesen Großzügigkeit und Liebe erwiesen, war stets bestrebt, das Leid der anderen zu lindern. Kaum hatte die Erde mit einem leichten Beben Siddharthas Behauptung bestätigt, wurde Mara mit einer letzten Bemerkung in die Flucht geschlagen: „Viel wichtiger aber, lass dir gesagt sein Mara, du Böser! Alles ist leer. Der Gedanke an „Ich" oder „Du" sind leer. Die Welt, Mara und Siddhartha, alles ist leer und bedingt. So hast du keine Macht. Es gibt dich nicht wirklich!" Diese Wahrheit ertrug Mara gar nicht und verschwand augenblicklich. Stattdessen kamen himmlische Wesen herbei, weil sie spürten, dass Großes im Gange war.

Hast du eine Idee, warum Mara wunderschöne Frauen zu Siddhartha schickte?

Hast du eine Idee, warum Mara es nicht ertragen konnte, als nicht existent bezeichnet zu werden?

Such dir eine bestimmte Szene der Geschichte aus, die dir besonders gut gefällt und male sie!

Zeichne ein Bodhibaumblatt!

Überlegt, wie ein Theaterstück zu dieser Geschichte aussehen könnte, verteilt die Rollen und führt das Stück auf!

16. Das große Erwachen

Die Dämmerung hatte sich über das Land gelegt, und Siddhartha sah an jenem Mai-Abend den Vollmond aufgehen. Ein sanftes Licht sorgte für eine liebliche Stimmung. Es war ähnlich wie jene Nacht vor Siddharthas Geburt, als der Vollmond im Mai wunderschön leuchtete. Jetzt aber, nachdem er Maras letzte Angriffe siegreich abgewehrt hatte, war sein Herz völlig still und klar. Er durchschritt die verschiedenen Versenkungsstufen, ließ die Sinnesdinge los, die Gedanken, ließ selbst die Verzückung los und die Körperwahrnehmung. Ferner ließ Siddhartha nun alle Ebenen von Raum, Bewusstsein und Zeit hinter sich. Sein Geist war frei von aller Begrenztheit. Jetzt richtete er seinen Blick auf die Vergangenheit, weil er wissen wollte, warum die Dinge sich so verhalten, wie sie sind. Dabei sah er seine früheren Lebensformen. Er sah, wie er ein Löwe war, ein Wal, ein Papagei, wie er als König oder Gottheit lebte. Er sah Tausende seiner früheren Leben, mit wem er zusammenlebte und wen er immer wieder traf. Er sah aber auch, wie Welten untergingen und wieder entstanden. Er wurde gewahr, wie unfassbar oft er schon gelebt hatte und wie das endlos weitergehen könnte.

Im zweiten Abschnitt der Nacht untersuchte Siddhartha, wie die vielen Lebewesen in ihren verschiedenen Existenzen lebten und wie sich ihre Lebensweisen auswirkten. Er beobachtete, wie jene Wesen in selige und beglückende Gefilde gelangten, die Gutes taten und großzügig waren. In diesen Bereichen erfuhren sie weit größeres Glück, als sie es auf Erden kannten. Auf der anderen Seite sah er Wesen nach dem Tod in die unteren Welten gelangen, wenn sie zu Lebzeiten oft Schlechtes und Verwerfliches taten. In diesen unteren Welten erfuhren sie das Leid, das sie anderen früher angetan hatten. Unmissverständlich erkannte Siddhartha den Zusammenhang von Taten und ihren Wirkungen auf das nächste Leben, einen Zusammenhang, den man Karma nennt.

Im dritten Abschnitt dieser Vollmondnacht wollte Siddhartha wissen, wie man dem schier ewigen leidvollen Kreis von Geburt – Leben – Tod – Wie-

dergeburt entkommen und wie man das Leid für immer besiegen kann. Siddhartha sah, wie alle die Dinge sich gegenseitig bedingen und nichts für sich selbst besteht, sondern alles zusammenhängt. Er verstand, wie im Menschen sich der Körper, die Gefühle und die Gedanken einander bedingen und alles in Bewegung ist. Nichts bleibt, wie es ist. Alles ist vergänglich in einem kosmischen Tanz der gegenseitigen Abhängigkeit verwoben. Ohne die Liebe der Mutter zum Kind wächst das Kind nicht heran. Ohne Nahrung stirbt die Mutter. Für das Wachstum der Pflanzen braucht es Erde, Sonne und Wasser. Ohne Wind werden keine Wolken für den Regen herangeweht. Alle Elemente sind für das Leben wichtig. Alles steht in einem komplizierten Zusammenhang und der Mensch kann einfach nur dieses große Schauspiel mit Bewunderung beobachten.

Aus den vorangegangenen Erfahrungen und Einsichten erkannte Siddhartha nun die Vier Edlen Wahrheiten, die zur endgültigen Leidbefreiung führen. Er überdachte die Situation des Menschen wie ein Arzt. Als erste edle Wahrheit erkannte Siddhartha, dass die Menschen an großen ernstzunehmenden Problemen leiden. Als zweite edle Wahrheit erkannte er den Grund für das Leiden der Menschen. Aber als dritte edle Wahrheit stellte er fest, dass es eine endgültige Befreiung von diesen leidvollen Problemen gibt. Die vierte edle Wahrheit beinhaltet die Behandlungsmethode zur Beseitigung der Leiden. Diese Behandlungsmethode lehrte er später als den Achtfachen Pfad. Und nachdem Siddhartha den Achtfachen Pfad als den alten Weg der Buddhas erkannt hatte, vollzog sich eine endgültige Wandlung seines Wesens. Er war nicht mehr Siddhartha der Prinz. Jetzt war er der vollkommen Erwachte, der Buddha. Die Todlosigkeit war erlangt, er hatte die Wahrheit zur Leidbefreiung für sich und alle Wesen gefunden. Jetzt weilte Buddha im Nirvana, die vollständige Befreiung von Gier, Hass und Unwissenheit – die endgültige Befreiung vom Leid. Buddha schwelgte in unfassbarer Glückseligkeit und der Frieden seines Herzens kannte von da an kein Ende mehr.

Buddha sieht, was er alles in früheren Leben war. Wärst du vielleicht gerne einmal ein bestimmtes Tier gewesen oder vielleicht eine wichtige Persönlichkeit?

Hast du manchmal das Gefühl, früher einmal ein anderes Leben geführt zu haben?

Tauscht euch dazu aus, aber hört einander achtsam zu!

Stell dir vor, du selbst wärest Buddha und sitzt unter dem Bodhibaum. Du fühlst dich leicht und überglücklich. Dann geht es in der Zeit zurück und du siehst plötzlich dein früheres Leben. Vielleicht warst du ein Bäcker oder eine Geschäftsfrau. Lass es einfach laufen. Im nächsten Leben bist du vielleicht ein Tier. Welches Tier fällt dir da ein? Dann kommt noch ein früheres Leben, vielleicht warst du eine Prinzessin oder ein Ritter. Lass deiner Fantasie freien Lauf. Dann stell dir vor, wie dir Buddha in einem Leben begegnet und du bei ihm meditieren lernst. Du bist äußerst dankbar und wünscht dir auch einmal Buddha zu werden.

Male ein Bild, wie Buddha in der Vollmondnacht unter dem Bodhibaum das totale Erwachen erlangt hat!

Vielleicht gibt es ein Tier oder eine Persönlichkeit, die du gerne malen möchtest.

17. Nach dem großen Erwachen

Unzählige Weltzeitalter hat der Bodhisattva geübt, gesucht und unermüdlich gekämpft. Was er aber jetzt im Nirvana erreicht hatte, war nicht von dieser Welt und war unbekannt für seinen Körper und Geist. So wundert es auch nicht, dass der frischgebackene Buddha einige Zeit brauchte, mit dieser Verfasstheit vertraut zu werden. Zuerst verweilte Buddha die ersten sieben Tage in tiefster Versenkung und durchstrahlte jede Zelle seines Körpers und seinen Geist mit lebendiger Glückseligkeit. Dabei benötigte er nicht das Geringste und rührte sich kein bisschen von der Stelle. Kein Gedanke trübte diese beglückende Stille. Dann aber öffnete er das Buddha-Auge und überblickte die Welt und erkannte in noch größerer Deutlichkeit in welch leidvollem Traum all die Wesen gefangen sind.

Am nächsten Tag setzte sich Buddha unter einen Feigenbaum, um für weitere sieben Tage höchstes Glück zu erfahren. Als er in Gedanken war, tauchte erstmals wieder Mara auf und versuchte Buddha erneut zu verführen. Dabei wandte er vergeblich die alten Tricks an. Mal schickte er einen furchteinflößenden Elefanten, mal verführerische Schönheiten. Doch die Stille in Buddhas Herz konnte nicht mehr gestört werden. Am Ende der sieben Tage kam ein Brahmane, ein Priester jener Zeit, des Weges und sprach den Buddha an. Er glaubte, als Priester stehe er über Buddha, weil Siddhartha als Prinz der Kriegerkaste angehörte. Buddha gab ihm aber zu verstehen, dass nicht die Herkunft, sondern das moralische Handeln und ein gütiges Herz von Bedeutung sind und nicht die Abstammung.

Dann erhob Buddha sich von seinem Sitz und vertrat sich ein wenig die Beine, bis er unter dem Mucalinda-Baum Platz nahm. Dort trat er erneut in die tiefste Versenkung ein und schwelgte im höchsten Glück, ohne nur im geringsten von äußeren Einflüssen berührt zu werden. Bei dieser Gelegenheit dachte sich Mara: „Buddhas Geist ist unerschütterlich. Aber sein Körper gehört noch zu meiner Welt. Wenn er so in tiefster Versenkung weilt, merkt er gar nicht, was mit seinem Körper geschieht. Das ist doch die Gelegenheit, die Naturgewalten auf Buddha zu richten. Ich öffne die Himmelsschleusen, lass es ohne Unterbrechung auf ihn niederprasseln und schicke ihm die schlimmsten Stürme. Wollen wir doch mal sehen, wie das sein Körper auf die Dauer wegsteckt." Zur selben Zeit spürte der Naga-Fürst Mucalinda, ein Mischwesen aus der Götterwelt mit schlangenähnlichem Unterleib, wie sich plötzlich ein unvergleichlicher Frieden und eine ungekannte Wonne in seinem Reich ausbreiteten. Als er nach der Quelle des Friedens suchte, fand er Buddha unter seinem Baum in tiefer Versenkung sitzend vor. Gleichzeitig regnete es in Strömen und Blitze zuckten am Himmel. Er dachte sich: „Welch wundersames Wesen sitzt hier in Meditation, dass selbst mein ganzes Reich in Seligkeit badet? Und dennoch tobt und bebt die Natur hier. Welch finstere Macht ist hier am Werk? Dieses seltene heilige Wesen scheint in einer anderen Welt zu weilen. Es ist wohl an mir, den Körper dieses edlen Wesens vor den bösen Angriffen zu schützen." Da umwand Mucalinda Buddhas Körper siebenmal mit seinem schlangenähnlichen Unterleib und bedeckte sein Haupt mit seiner kobraartigen Haube. Als Buddha nach sieben Tagen aus seiner Versenkung auftauchte, legte sich das scheußliche Wetter und der Himmel lichtete sich. Unmittelbar darauf verwandelte sich Mucalinda in einen hübschen Jüngling und verneigte sich vor Buddha. Buddha erkannte augenblicklich, was sich zugetragen hatte und bedachte den schützenden Mucalinda mit segensreichen Weisheiten.

Nachdem sich Buddha ein wenig die Beine vertreten hatte, fand er unter dem Baum „Königsstätte" Platz und versank erneut für sieben Tage in höchste Glückseligkeit. Als diese Tage vorbei waren, kamen zwei fromme Kaufleute mit ihrer Karawane in die Nähe. Die Spitze der Karawane wurde von feinsinnigen Ochsen angeführt, die schon öfters unbeweglich stehen blieben, wenn Gefahr drohte. Als sie sich in der Nähe Buddhas nicht mehr vom Fleck rührten, kamen die beiden Kaufleute Tapussa und Bhallika, die auch Brüder waren, zu den Ochsen nach vorne, um die mögliche Ursache ausfindig zu machen. Als sie unweit von den Ochsen den Buddha in seiner Heiligkeit und Heiterkeit sitzen sahen, waren sie tief bewegt und brachten dem Buddha eine Nahrungsspende dar. Kaum hatte Buddha ihre Speise entgegengenommen und seinen Segen dafür ausgesprochen, nahmen sie beim Buddha als erste Laienanhänger Zuflucht. In späterer Zeit trafen die beiden Brüder wieder auf Buddha, wobei Bhallika als Mönch die Heiligkeit erlangte und sein Bruder als Laienanhänger nicht mehr von der Lehre abfiel.

Für ein weiteres Mal erhob sich der Buddha und nahm jetzt unter dem Ziegenhüterfeigenbaum Platz. Dort dachte er über seinen langen und mühsamen Weg zum Erwachen nach. Dabei kam ihm der Gedanke, dass die Lehre zur Befreiung vom Leid außerordentlich schwierig sei, weil die Menschen zu stark an den sinnlichen Vergnügungen hängen und die Lehre nicht mit gewöhnlichem Denken zu erfassen ist. Möglicherweise wäre jede Anstrengung vergebens, den Menschen die Lehre zur Befreiung beizubringen. Da neigte sein Geist dazu, nicht mit der Lehrtätigkeit zu begin-

nen. Eine Gottheit namens Brahma Sahampati, der bei Buddhas Vorgänger, Buddha Kassapa, gelernt hatte, erkannte die Neigung Buddhas zur Selbstgenügsamkeit. Er verließ augenblicklich den Götterbereich, um vor Buddha zu erscheinen und sprach: „Oh Erhabener, ihr seid ein Buddha und habt die Welt bezwungen. Erbarmt euch der leidenden Wesen und offenbart die Wahrheit über das Gesetz des Lebens! Es gibt Wesen edler Art, die ernsthaft nach der Wahrheit suchen. Aber es gibt so viele Irrlehren, die ins Verderben führen. Sie benötigen einen Lehrer, der die Wahrheit selbst geschaut hat. Erweise ihnen dein Erbarmen und verkünde die Wahrheit!" Buddhas Herz war zwar einerseits durch das Erwachen wunschlos glücklich, aber andererseits war er voller Erbarmen für die fühlenden Wesen. In Buddhas Herz war jeder Egoismus ausgelöscht. Das heißt, es interessierte ihn nicht im geringsten, anderen seine Ansichten aufzudrängen. Aber wenn Buddha um Hilfe gebeten wird, hilft er auf beste Weise. Kaum war die Bitte Brahma Sahampatis ausgesprochen, öffnete Buddha sein Weisheitsauge und überblickte die Welt. Dabei suchte er nach Wesen, die seine Lehre verstehen und für sich zur Befreiung nutzen könnten. Er befand, dass es drei Arten von Wesen gibt, die er mit Lotusblüten verglich.

Die erste Gruppe verglich er mit Lotusblumen, deren Blütenköpfe unter der Wasseroberfläche stehen. Jene Wesen waren für ihn zu sehr von dunklen Emotionen und sinnlichen Wünschen behaftet, als dass sie zum Licht aufsteigen könnten und die Lehre Buddhas verstünden. Die zweite Gruppe verglich Buddha mit Lotusblumen, deren Blütenköpfe an der Wasseroberfläche stehen. Die Wesen dieser Gruppe waren ausreichend verständig und hatten die ausreichend spirituelle Veranlagung, aus seiner Lehre Nutzen zu ziehen. Die letzte Gruppe verglich Buddha mit Lotusblüten, die über der Wasseroberfläche stehen. Wesen dieser Gruppe waren nicht mehr von den dunklen Emotionen gefangen und konnten selbst zur Befreiung gelangen. Für Buddha war nun klar, dass er sinnvollerweise die Wesen der zweiten Gruppe lehren sollte, denn diese waren ausreichend befähigt und gewillt. Buddha antwortete: „Ich habe die Tore zur Todlosigkeit jenen geöffnet, die hören wollen und vertrauen können. Von

Mitgefühl bewegt, komme ich deiner Bitte nach und werde die Lehre den befähigten und gewillten Wesen weitergeben." Bevor Brahma Sahampati wieder in seinen Götterbereich verschwand, verneigte er sich tief und erwiderte: „Ich danke dem vollkommen Erwachten, dem Buddha, von Herzen, dass er meiner Bitte nachkommt. Welch grenzenloses Glück und Geschenk er damit der Welt macht."

 Versucht miteinander die einzelnen Erlebnisse zusammenzufassen! Welcher Abschnitt gefällt dir am besten und erkläre warum?

 Male ein Bild, wie Mucalinda Buddha vor dem Unwetter beschützt!

 Versucht die Geschichte in ein kleines Theaterstück zu verwandeln! Verteilt die Rollen und führt das Stück auf!

18. Buddha dreht das Rad der Lehre

Nachdem der Buddha den Entschluss zur Weitergabe der Lehre gefasst hatte, überlegte er, wem er als erstes die Lehre übertragen könnte. Da dachte er an seine beiden Lehrer Alara Kalama und Uddaka Ramaputta, denn diese hatten bereits eine große geistige Reife erreicht. Doch von Gottheiten erfuhr er, dass diese erst kürzlich verstorben waren. Nun dachte er an die fünf Asketen, die für geraume Zeit seine Anhänger waren. Als er mit seinem geistigen Auge deren Aufenthaltsort erkundigte, entdeckte er sie bei Benares im Gazellenhain. Auf dem Weg dorthin traf Buddha auf einen Brahmanen namens Upaka, der Buddhas ruhige und heilige Ausstrahlung bemerkte. Upaka sprach Buddha direkt an und fragte: „Wer ist dein Lehrer, und wessen Lehre folgst du? Denn Bruder, deine Erscheinung ist rein und klar und dein Asketengang muss von Erfolg gekrönt sein." Buddha antwortete: „Niemand ist mein Lehrer, und was ich zu verkünden habe, stammt nicht von einem anderen. Selber habe ich die Welt bezwungen und das Begehren für alle Zeit besiegt. Keiner ist mir gleich, der vollkommen Erwachte bin ich, ganz erloschen. Ich mache mich nach Benares auf, um das Rad der Lehre in Bewegung zu setzen. In der blind gewordenen Welt schlage ich die Trommel der Unsterblichkeit." Upaka war sehr überrascht und hakte nach: „Dann bist du der Sieger über das Unbegrenzte, stimmt das wirklich?" „Ja richtig, und alle, die die Sehnsüchte vollständig austilgen, werden mir gleich werden. Besiegt habe ich alles Böse, darum bin ich der Sieger." Upaka schüttelte den Kopf und meint nur: „Wenn es doch nur wahr wäre!" Zu groß war noch sein Zweifel, um sich Buddha anzuschließen. Sonderbar fand er zudem, dass man ihm gleich werden könne. War er doch gewohnt, dass man als Schüler immer unter dem Lehrer bleiben müsse. Ohne weiter von Buddha zu lernen, ging Upaka einen anderen Weg. Nach einiger Zeit verließ er den Asketenpfad und gründete eine Familie. Dennoch hatte Buddha in Upakas Herz den Samen der Wahrheit erweckt, der einige Jahre später aufging. Denn er und seine Frau nahmen beim Buddha Zuflucht und erlangten das Nirvana.

Als Buddha im Gazellenhain bei Benares angekommen war, sah er in der Ferne seine früheren Gefährten. Als sie Buddha erkannten, kamen sie überein, ihn weder zu begrüßen noch freundschaftlich aufzunehmen. Je näher er aber kam, desto mehr verflüchtigte sich ihre abwehrende Haltung, sodass einige ihm sogar entgegen gingen und ihm die Schale und Robe abnahmen. Einer richtete ihm einen Platz zurecht, ein anderer bereitete ein Fußbad vor. Als sie ihn mit Namen und Bruder ansprachen, erwiderte er aber: „Sprecht mich nicht mit Namen und Bruder an, denn ich bin nicht mehr der Asket von früher. Mein Wesen hat sich grundlegend gewandelt, denn ich bin ein vollkommen Erwachter geworden. Die Todlosigkeit habe ich gefunden und die Lehre zur Befreiung werde ich darlegen." Da erwiderten die fünf Asketen: „Wie soll das gehen? Schon als Asket, als du allem entsagt hattest, fandest du nicht die Wahrheit. Viel weniger wird es dir gelungen sein, als du der Askese abgeschworen hast." Buddha ließ sich aber nicht abwimmeln, sondern erklärt ihnen: „Schenkt mir euer Gehör! Wenn ihr euch meiner Führung anvertraut, werdet ihr in kurzer Zeit jenes Ziel erreichen, um dessen Willen ihr eure Familien verlassen habt." Zuerst

wollten die Asketen nicht recht einlenken, aber je länger sie Buddha reden hörten, desto mehr löste sich ihr Misstrauen auf. Letztlich hörten sie Buddha ausführlich zu, der sagte: „Ich möchte euch den Mittleren Weg aufzeigen. Denn es ist unheilsam, sich Extremen hinzugeben. Es ist weder gut sich ganz den Sinnesvergnügungen zu widmen, noch ist es gut, sich selbst mit Verzicht zu quälen. Vielmehr muss dem Körper ausreichend Nahrung und Schutz gewährt werden, dass er sich in den Versenkungen üben kann. Dem Mittleren Weg folgend habe ich das Ziel erreicht und die Vier Edlen Wahrheiten erkannt."

Buddha legte ihnen nun die Vier Edlen Wahrheiten dar. Er erklärte ihnen, mit welchen Schwierigkeiten die Menschen zu kämpfen haben, wie das Leiden entsteht und dass es eine endgültige Befreiung vom Leiden gibt. Die Vierte Edle Wahrheit beschreibt den Achtfachen Pfad. Er sagte: „Der Achtfachte Pfad beinhaltet: rechte Anschauung, rechtes Denken, rechte Rede, rechtes Handeln, rechte Lebensführung, rechtes Bemühen, rechte Achtsamkeit und rechte Meditation." Dann erklärte er ihnen ausführlich, was die einzelnen Elemente des Achtfachen Pfades zu bedeuten haben. Kondanna, der am kleinen Prinzen Siddhartha schon die 32 Merkmale erkannt hatte, verstand als Erster mit aller Klarheit die Lehren Buddhas. Diesen Vorgang bemerkten auch die Götter der verschiedenen Götterbereiche und verkündeten, dass Buddha das Rad der Lehre in Bewegung gesetzt hatte. Darauf erschien in allen Weltensphären ein unermesslich großes Licht und eine Woge der Glückseligkeit durchdrang die Welt. Buddha bestätigte Kondannas Einsicht und sagte: „Kondanna, du hast die Wahrheit verstanden und wirst nicht mehr von der Befreiung abfallen." Da bat Kondanna als Jünger angenommen zu werden, worauf Buddha erwiderte: „Komm Mönch, führe von nun an ein Leben der Reinheit, um alles Leiden für alle Zeit zu beenden." Damit war Kondanna ordiniert. Wenig später erlangten auch die anderen vier Asketen das Verständnis für die Lehre und wollten auch ordiniert werden. Und es dauerte nur wenige Tage, bis alle fünf Mönche die vollkommene Befreiung im Nirvana erlangt hatten.

Ist dir eine oder sind dir mehrere Edle Wahrheiten in Erinnerung geblieben?
Zusammen werdet ihr vielleicht alle Vier Edlen Wahrheiten aufzählen können.
Habt ihr eine davon verstanden und könntet dazu etwas sagen?

 Male die Szene, wie Buddha mit den fünf Asketen spricht!

 Spielt die Szene, wie Buddha die fünf Asketen aufsucht, mit ihnen spricht und sie für den Dharma gewinnen kann!

19. Der reiche Kaufmannssohn Yasa

Während jener Tage lebte in Benares in der Nähe des Gazellenhains ein sehr reicher Kaufmann, der seinen Sohn Yasa so sehr liebte, dass er ihm drei Paläste schenkte. Wie Prinz Siddhartha war er aber mit all dem Luxus nicht wirklich glücklich. Irgendetwas Grundlegendes fehlte ihm zu seinem Glück. Als er eines Nachts aufwachte, schritt er durch den Palast und fand einige Tänzer und Tänzerinnen im Festsaal schlafend vor. Das nächtliche Schauspiel war für ihn abstoßend, denn einige schnarchten und so mancher wälzte sich stöhnend auf dem Divan. Der ganze Anblick erinnerte ihn an ein Leichenfeld. Er musste sich Luft verschaffen und zog sich für einen nächtlichen Spaziergang seine goldenen Sandalen an.

Ohne genaues Ziel ließ sich Yasa einfach treiben, und wie von magischer Kraft gezogen, war er bald außerhalb der Stadttore. Sein nächtlicher Spaziergang führte ihn in den Gazellenhain, wo er auf Buddha traf, der in Meditation auf und ab ging. Als er Yasa herankommen sah, setzte er sich und bot Yasa an, sich bei ihm niederzulassen. Yasa drängte es, seinem beschwerten Herz Luft zu verschaffen: „Alles scheint mir so unsinnig und leidvoll. Ich ertrage das Leben kaum, obwohl mir mein Vater alles gegeben hat. Wie ist das alles nur zu verstehen?" Buddha hingegen sagte: „Dein suchendes Herz hat dir all diese Fragen gestellt, weil es um viel Wichtigeres weiß. Vernimm meine Lehre und du wirst sehen, welche Möglichkeiten sich dir in diesem Leben eröffnen." Yasa horchte mit offenen Herzen und lauschte Buddha aufmerksam. Und zum ersten Mal legte Buddha seine

Lehre in fünf Schritten dar, wobei er nur beim fünften Schritt ausführlich werden musste. Yasa gehörte nämlich zu jenen fortgeschritten Wesen, die mit Leichtigkeit Buddha verstanden und seine Lehre auch umsetzen konnten. Buddha erklärte Yasa, wie wichtig es ist, Großzügigkeit zu entwickeln und hob die Bedeutung des Gebens hervor. Im zweiten Schritt sollte Yasa erfahren, dass sittliches Handeln unabdingbar ist. Dass man weder töten, stehlen noch lügen darf. Leicht verstand Yasa auch, dass man keine rauschhaften Mittel einnehmen und die Sexualität nicht missbrauchen dürfe. Im dritten Schritt sprach er über die himmlischen und leidvollen Welten und welche Handlungen dorthin führen. Der vierte Schritt beinhaltete die Erklärungen über die Segnungen der Entsagung und die Schattenseiten der Sinnesgenüsse. Im fünften Schritt entfaltete Buddha die Vier Edlen Wahrheiten. Yasas Herz und Geist war so rein und empfänglich, dass er Buddhas Worte unmittelbar verstand.

Yasas Mutter hatte inzwischen bemerkt, dass Yasa nicht mehr im Palast war und bat besorgt ihren Mann, nach Yasa zu suchen. Dieser sandte seine Diener aus und ging selbst auf die Suche. Buddha erkannte aus der Ferne schon, dass Yasas Vater herannahte und machte Yasa mit magischer Kraft unsichtbar. Yasas Vater hatte auch großen Respekt vor den Mönchen und fragte Buddha, ob er seinen Sohn gesehen habe. Buddha antwortete: „Setzt dich doch zu mir, bald wirst du deinen Sohn zu Gesicht bekommen." Vertrauensvoll setzte sich Yasas Vater zu Buddha, der ihm ebenfalls die Lehre in fünf Schritten darlegte. Yasas Vater war für die Lehre Buddhas empfänglich und verstand auf Anhieb. Die Worte Buddhas gingen so tief, dass er um die Zuflucht bat und als Laienanhänger angenommen werden wollte.

Von seinem Vater unbemerkt, hatte Yasa zum zweiten Male die Lehre gehört, sodass er von nun an nur noch als Mönch leben wollte. Da machte ihn Buddha für seinen Vater sichtbar, der darauf sagte: „Da bist du ja, welch wundersames Schauspiel. Deine Mutter ist in Sorge und traurig, weil sie dich im ganzen Palast nicht finden konnte. Wir sollten zu ihr zurückkehren."

Yasa hob seinen gesenkten Kopf und sah Buddha an, der sofort verstand, was Yasa sagen wollte. Buddha wandte sich an Yasas Vater: „Dein Sohn hat nun ein weiteres Mal die Lehre gehört und sie noch besser verstanden. Denkst du, es wäre richtig, wenn er in sein früheres Leben zurückkehrt?" Für einige Momente herrschte Stille und Yasas Vater blickte liebevoll in die Augen seines Sohnes. Darauf sagte er: „Verehrter Buddha, es ist für meinen Sohn ein viel größeres Glück in die Hauslosigkeit zu ziehen, als wenn er mit mir in den Palast zurückkehrt. Ich werde ihm nicht im Wege stehen, wenn er dem Buddha nachfolgen möchte. Aber bitte, beehrt mein Haus und seid mein Gast."

Hocherfreut über die Worte seines Vaters wurde Yasa daraufhin als Mönch ordiniert, so dass er nun als siebter Mann das Nirvana erreicht hatte.

Yasas Vater empfing am nächsten Tag seinen Sohn und Buddha in seinem Palast, wo sie von Yasas Gemahlin und seiner Mutter großzügig bewirtet wurden. Nach dem gemeinsamen Mahl legte Buddha auch Yasas Mutter und seiner ehemaligen Frau die Lehre dar. Deren Herzen waren ebenfalls für die Lehre Buddhas empfänglich, so dass sie als erste Frauen bei Buddha Zuflucht nahmen. Damit war es aber im Hause Yasas noch nicht genug. Als vier seiner Freunde von Yasas Wandel erfuhren, wollte sie Genaueres wissen. Yasa nahm sie zu Buddha mit, der sie ebenfalls unterwies. Es dauert nicht lange und auch diese vier wollten Mönche werden. Bald darauf gab es noch weitere 50 Freunde, die mit Yasa in Verbindungen standen und in den Orden aufgenommen werden wollten. Es verging nicht viel Zeit, bis auch diese von Buddha zur Erleuchtung geführt worden waren. Jetzt gab es 61 Heilige. In den Anfängen ging es ruckzuck, weil die neuen Schüler Buddhas besonders reine und offene Herzen hatten.

Buddha schickte nun die erleuchteten Mönche alleine aus, damit die ernsthaft Suchenden noch leichter mit der Lehre in Berührung kommen konnten. So strömten aber aus allen Himmelsrichtungen die Menschen zu Buddha und wollten in den Orden aufgenommen werden. Das gab mit der Zeit so viel Arbeit, dass Buddha den erwachten Mönchen die Befugnis übertrug, selbst Mönche zu ordinieren. Dabei sollten die Anwärter den Kopf und Bart scheren, die gelbbraune Robe anziehen und dreimal die Zuflucht sprechen:

Buddham saranam gacchami
Ich nehme Zuflucht zu Buddha
Dhammam saranam gacchami
Ich nehme Zuflucht zum Dharma – zur Lehre Buddhas
Sangham saranam gacchami
Ich nehme Zuflucht zum Sangha – zur Gemeinschaft Buddhas

 Sind dir die ersten beiden Schritte des Fünf-Schritte-Lehrprogramms Buddhas so verständlich, dass du sie auch anderen erklären könntest? Was fällt dir dazu ein?

 Suche dir eine Szene aus, die dir gefällt, und versuche diese zu malen! Vielleicht passt die Szene, wie Buddha und Yasa in der Nacht miteinander reden.

 Verteilt die Rollen und versucht die Szenen, lebendig darzustellen!

20. Buddha heilt den Stolz von Uruvela Kassapa

Nachdem Buddha schon eine recht große Zahl an Menschen ordiniert hatte, wanderte er wieder Richtung Uruvela, weil dort drei Asketen mit ihren Anhängern weilten. Jetzt wollte er sich diesen widmen, weil er bei ihnen gute Anlagen sah, seine Lehre zu verstehen. Als er in Uruvela angekommen war, fragte Buddha Kassapa von Uruvela, der Anführer der Flechtenasketen: „Kassapa, wenn ich dir nicht zur Last falle, würde ich gerne heute Nacht im Feuerhaus übernachten." Kassapa wusste schon, dass Buddha ein heiliger Mann mit Macht war, aber er hielt sich selbst für viel mächtiger und traute Buddha bei weitem weniger zu. Er antwortete deshalb: „Großer Asket, keinesfalls fällst du mir zur Last. Gerne kannst du im Feuerhaus übernachten. Aber sei gewarnt, denn dort haust ein gefährlicher Nagakönig mit übernatürlichen Kräften. Sei bitte vorsichtig." Buddha ließ sich nicht beunruhigen und antwortete Kassapa: „Vielen Dank für deine Vorsicht, aber der Nagakönig wird mir sicherlich nichts Böses antun. Ich werde die Nacht im Feuerhaus verbringen."

In der Nacht war es tatsächlich so, dass der Nagakönig mit Feuer und Rauch gegen Buddha vorging. Aber er konnte ihm nicht das Geringste antun. Buddha hingegen zähmte den Nagakönig, indem er ihm ebenfalls Feuer entgegenschleuderte, aber darauf bedacht war, den Nagakönig nicht zu verletzen. Letztlich bändigte er den Nagakönig so stark, dass er gar in seine Almosenschale passte. Kassapa und seine Jünger sahen von der Ferne nur Feuer, Licht und Rauch in und um die Hütte aufsteigen. Dabei glaubten sie, Buddha wäre längst zu Schaden gekommen und hätte nicht überlebt. Als Buddha hingegen am Morgen völlig unverletzt und heiter aus der Hütte kam, waren aller sehr verblüfft. Buddha trat nun an Kassapa heran und zeigte ihm den geschrumpften Nagakönig in seiner Almosenschale. Kassapa und seine Jünger waren sehr erstaunt, aber Kassapa dachte sich im gleichen Atemzug: „Dieser Asket ist wirklich sehr mächtig, aber so weise und mächtig wie ich ist er keinesfalls." Buddha konnte seine Gedanken lesen und wusste, dass Kassapa noch ein Weilchen benötigen würde, bis sein Stolz gebrochen war. Kassapa aber lud Buddha ein, länger zu bleiben: „Großer Asket, bitte bleibt bei uns. Gerne werde ich dich täglich mit Speise versorgen." Buddha nahm das freundliche Angebot dankend an und ließ sich unweit in einem Wäldchen nieder. In der Nacht konnten Kassapa und seine Jünger beobachten, wie im Wäldchen deutlich vier bunte Feuersäulen leuchteten. Am nächsten Morgen brachte Kassapa dem Buddha die versprochene Speise und wollte wissen, warum es in der Nacht so geleuchtet hatte: „Kassapa, die Lichter kamen von den vier Großkönigen der Götterwelt, die mich zur Belehrung aufgesucht hatten." Kassapa war nicht wenig erstaunt, aber dennoch dachte er bei sich, dass er immer noch der Größere sei. In der nächsten und in der übernächsten Nacht war Ähnliches aus der Ferne zu beobachten. Das Wäldchen, in dem Buddha weilte, leuchtete hell auf und am nächsten Tag wollte Kassapa wiederum von Buddha erfahren, was der Grund dafür war. In diesen Nächten wurde er von höhergestellten Göttern besucht, die um Belehrung baten. „So hohe Gottheiten wenden sich an Buddha. Das ist schon beeindruckend, aber so groß wie ich ist er noch lange nicht", dachte sich Kassapa. Verschiedenerlei Wunder ereigneten sich noch in dieser Zeit. Als es immer kälter wurde, ließ Buddha den Jüngern mehrere Kohlebecken mit Feuer erscheinen, dass sich diese daran wärmen konnten. Oder ein andermal, als es sehr lange regnete und die ganze Gegend unter den Wasserfluten unterzugehen drohte, ließ Buddha seinen Aufenthaltsort mit Wunderkraft anheben, sodass ihm das Wasser nichts anhaben konnte. Kassapa fürchtete schon, Buddha könnte wegen der vielen Wassermassen verlorengegangen sein. Um sich zu vergewissern, fuhr er mit einem Boot zu jener Stelle, wo Buddha sich sonst immer aufhielt. Als Kassapa in die Nähe der Insel gekommen war, sah er Buddha auf und ab gehen und rief Buddha zu: „Hier bist du also großer Asket, wir hatten uns schon Sorgen gemacht." Da erhob sich Buddha in die Luft und schwebte in Kassapas Boot. Kassapa, der wegen der Wunder höchsterstaunt war, dachte aber immer noch bei sich, dass er der Größere sei. Jetzt aber war die Zeit reif geworden, dass Buddha ihn direkt ansprechen konnte: „Kassapa, du bist kein Heiliger. Weder hast du den heiligen Pfad gefunden, noch bist du befähigt, andere den Weg zu weisen." Endlich war Kassapas Stolz gebrochen und sein Herz bereit, die Wahrheit anzunehmen. Er sank unmittelbar auf die Knie und brachte seine Stirn zu Buddhas Füßen. Er blickte auf und sagte zu Buddha: „Großer Asket, bitte nimm mich in euren Orden auf und lass mich als Mönch euer Nachfolger werden." Buddha gab ihm Zeit, sich zu erheben. Er legte seine Hand auf Kassapas Schulter und schaute ihm tief in die Augen: „Kassapa, bedenke! Du bist ein Führer von 500 Jüngern. Du trägst Verantwortung für sie. Was geschieht mit ihnen, wenn du ihnen nicht mehr vorstehst? Bitte besprich dich mit ihnen, was sie von einem Weggang ihres Lehrers halten würden." Kassapa fand Buddhas Anregung sehr gut, versammelte deshalb seine Jünger und teilte ihnen sein Vorhaben mit: „All ihr meine Jünger, Freunde, ich möchte im Orden des großen Asketen aus dem Land der Sakyer, dem Buddha, Mönch werden und seinem Reinheitswandel folgen. Was aber wünscht ihr zu tun?" Sie erwiderten ihrem Meister: „Großer Kassapa, schon lange beobachten wir die außergewöhnliche Macht und Weisheit des Buddha. Wenn du ihm folgen möchtest, wollen wir es dir gleichtun."

So schnitten sie sich ihre geflochtenen Haare ab, warfen all ihre Ritual-gegenstände in den Fluss und versammelten sich vor dem Buddha. Gemeinsam senkten sie ihre Häupter zu Buddhas Füßen und baten um die Ordination. Buddha nahm sie in den Orden auf und so waren weitere 500 Mönche hinzugekommen.

Flussabwärts aber sahen Kassapas Brüder wie Ritualgeständne und geflochtene Haarbüschel vorbeischwammen. So ließen die Brüder flussaufwärts Erkundungen anstellen, um den Grund zu erfahren. Als sie hörten, dass ihr Bruder Kassapa ein Nachfolger Buddhas geworden war, wollte sie genau erfahren, warum er das getan hatte. Nachdem ihnen Kassapa alles erklärt hatte, dauerte es nicht lange, bis auch sie und ihre Jünger zu Buddhas Sangha gehörten.

Insgesamt waren nun mit den Jüngern der drei Brüder weitere 1000 Asketen zu Buddhas Mönchen geworden. Diesen hielt Buddha die berühmte Feuerpredigt, in der er den früheren Asketen, die das Feuer in besonderer Weise verehrten, Folgendes sagte: „Mönche, alles brennt. Was aber brennt? Ihr brennt durch das Feuer des Begehrens, durch das Feuer des Hasses und durch das Feuer der Verblendung. Diese Feuer sind die Wurzel des Leidens. Wenn ihr aber der sinnlichen Vergnügungen und des Denkens überdrüssig werdet und euch ganz frei macht, findet ihr wunschlosen Frieden. Dort ist kühle und frische Stille, dort seid ihr frei von Leid und Unruhe."

Sind dir die Wunder Buddhas aufgefallen und kannst du welche aufzählen?
Glaubst du, dass Buddha solche Wunderkräfte hatte?
Möchtest du von anderen Wundergeschichten erzählen?
Aus welchem Grund hat Buddha diese Wunder vollbracht?

Stell dir vor, du würdest im Wald spazieren und entdeckst eine runde Plattform mit geheimnisvollen Symbolen. Du stellst dich darauf in die Mitte und plötzlich beginnt ein Licht sich am Rande der Plattform immer schneller zu drehen. Das Licht dreht sich so schnell, dass du allmählich nur noch wirbelndes Licht um dich siehst. Nach einigen Sekunden löst sich das wirbelnde Licht auf und du weißt, dass du in die Zeit Buddhas nach Indien gereist bist. Du erkennst das Kloster bei Rajagaha, wo Buddha gerade den Mönchen und Nonnen einen Vortrag hält. Du setzt dich zu ihnen, neben dir gibt es andere Mädchen und Jungs aus dem Dorf. Da bittet Buddha dich nach vorne zu seinem Platz zu kommen, wo du dich auf die Knie niederlässt. Er blickt dich freundlich an und eine Woge der Liebe überschüttet dich. Du hast deine Hände gefaltet und bist voller Dankbarkeit. Da senkt er sein Haupt und seine Stirn berührt die deinige Stirn sanft. Dabei spürst du ganz viel Kraft und Licht in deinen Körper fließen. Stelle dir vor, dass Buddha dir Wunderkräfte und Weisheit überträgt. Nach einer Weile spüre deinen Körper und beobachte deinen Atem.

Such dir eine Szene aus, die du gerne malen möchtest und
gestalte sie fantasievoll!

Verteilt die Rollen und führt die Geschichte als kleines Theaterstück auf!

21. König Bimbisara und das erste Kloster

Nach einigen Wochen zog Buddha mit der großen Schar an Mönchen Richtung Rajagaha. Ihm ging jedoch bereits der Ruf voraus, dass er als Buddha den Menschen und Göttern den Weg zur Befreiung zeige. Auch König Bimbisara erfuhr davon und war schon gespannt, was aus dem einstigen Pilger Siddhartha, den er vor gut sieben Jahren getroffen hatte, geworden war. Als Buddha und seine Mönche sich im Wald Latthi niedergelassen hatten, dauerte es nur wenige Tage, bis König Bimbisara mit vielen Brahamen Buddha einen Besuch abstattete. Als sich alle niedergelassen hatten, las Buddha die zweiflerischen Gedanken der Brahmanen: „Ist es tatsächlich war, dass der große Kassapa beim Buddha die Ordination genommen hat?" Um ihre Zweifel zu zerstreuen, richtete Buddha sein Wort direkt an Kassapa und fragte ihn: „Kassapa, großer Asket, sag mir doch. Warum hast du die Feuerverehrung aufgeben?" Er antwortete: „Die Feueropfer versprechen Schönes und die Bereicherung der Sinne. Aber ich erkannte, dass mich das nur der nächsten Wiedergeburt zuführt. Als ich aber das Unveränderliche, das ohne Wiedergeburt und Verlangen ist, erkannte, legte ich den Opfer- und Feuerweg ab." Dann richtete Kassapa seine Robe zurecht und neigte sein Haupt zu Buddhas Füßen und sprach: „Du bist mein Lehrer, verehrungswürdiger Erhabener, ich bin dein Schüler. Bei dir habe ich das Ewige gefunden."

Die vielen Brahmanen und König Bimbisara waren tief beeindruckt, dass der große Kassapa von Uruvela sich dem Buddha zu Füßen geworfen hatte. Umso mehr fassten sie nun Vertrauen in Buddha und horchten diesem mit offenen Herzen zu, als dieser die Lehre in fünf Schritten vortrug. Nachdem er die Vier Edlen Wahrheiten als fünften Schritt vorgetragen hatte, wollten die vielen Brahmanen als Laien beim Buddha Zuflucht nehmen. Auch König Bimbisara wandte sich direkt an Buddha und sprach voller Ehrfurcht und Dankbarkeit: „Großer Erhabener, als Prinz hegte ich fünf Wünsche, die mit dem heutigen Tage nun in Erfüllung gegangen sind. Mein erster Wunsch war es, König zu werden. Dann aber als zweiter Wunsch wollte ich, dass ein vollkommen Erwachter, ein Buddha, in mein Königreich kommt. Ich wünschte drittens, diesen Buddha aufzusuchen, der mir als vierten Wunsch die Lehre zu Befreiung darlegen sollte. Aber als fünften Wunsch wollte ich, dass ich die Lehre des Buddha auch verstehen könnte. Alle meine fünf Wünsche sind nun vollends in Erfüllung gegangen und ich bin überglücklich, die Lehre des Buddhas mit meinem Herzen verstanden zu haben. Möge mir der Buddha die Gunst erweisen und mich als Laienanhänger annehmen, dass ich Zuflucht nehme bei den drei Juwelen: beim Buddha, dem Dharma – seiner Lehre und beim Sangha – seiner Gemeinschaft. Erweist mir bitte die Ehre, euch Buddha mit euren Mönchen morgen in meinem Hause mit Speis und Trank zu bewirten." Schweigend stimmte der Buddha den Bitten König Bimbisaras zu.

Am nächsten Tag wanderte Buddha mit all seinen Mönchen zum Palast, wo König Bimbisara selbst den Buddha bewirtete. Nachdem sie miteinander gespeist hatten, kam König Bimbisara folgender Gedanke in den Sinn: „Was könnte man tun, dass der Buddha in der Nähe bleibt, aber er und seine Mönche nicht durch die vielen Menschen und die Unruhe der Stadt gestört werden?" Da wandte er sich an Buddha und sprach: „Großer Erhabener, ich wäre überglücklich, dich in meiner Nähe zu wissen, sodass ich noch öfters in den Genuss komme, eure Lehren zu hören. Ich bin im Besitz eines nahgelegenen Bambushaines, der dem Buddha und seiner Mönchsgemeinde Schutz und Stille gewähren könnte. Bitte, nehmt den Bambushain als eure Wohnstätte an." Buddha stimmte wiederum schweigend zu, und so wurde der Bambushain zum ersten buddhistischen Kloster, wo Buddha in den folgenden Jahren noch oft weilte.

Das neue Kloster bot den Mönchen eine sichere Unterkunft. In den Anfängen setzte sich die Mönchsgemeinschaft ausschließlich aus hochbegabten und sehr religiösen Menschen zusammen, die nach kurzer Zeit schon die Heiligkeit erlangt hatten. Bei diesen regelten sich die Dinge zwischen den Mönchen von selbst, weil ihre Selbstsucht ausgelöscht worden war. Aber nun kamen immer mehr andere Anhänger hinzu, die noch einige Schwächen mitbrachten. Das verkomplizierte alles. Um die Ordnung aufrecht zu erhalten, hatte Buddha sich nun mit allerlei Problemen zu befassen und musste viele Regeln erlassen. Als sehr hilfreich zeigte sich die Einrichtung des Upajjhaya – dem Amt des Lehrers in Disziplin. Dabei sollte sich ein erfahrener und geübter Mönch eines jüngeren und unerfahrenen Mönches annehmen und sich um seine Ausbildung und Entwicklung kümmern. Zwischen diesen beiden Mönchen sollte sich eine Beziehung wie zwischen Vater und Sohn entwickeln. So war sichergestellt, dass die jungen Mönche angeleitet und geschult wurden und die älteren Mönche eine erfüllende wichtige Aufgabe ausübten.

Was glaubst du, welche Aufgaben hatte Buddha zu bewältigen, wenn er ein Kloster leiten musste? Tauscht euch dazu aus!
Wie stellst du dir die Beziehung zwischen Schüler:in und Lehrer:in vor?

Verteilt die Rollen und lest das Stück nochmals!

22. Buddha kehrt heim

Wenig Zeit später kamen Shariputra und Moggallana zum Buddha, die einerseits enge Freunde waren, aber auch zu den Hauptjüngern Buddhas werden sollten, weil sie so ausgezeichnete Fähigkeiten mitbrachten. Sie standen zudem 300 Jüngern vor, die sich ebenfalls Buddha anschlossen. Der Orden umfasste mittlerweile 1300 Mönche, und viele Laienanhänger folgten den Lehren Buddhas. Nach wenigen Monaten hatte Buddha eine Gemeinschaft geschaffen, die sich nach seinen Regeln selbst organisieren konnte, und der Fortbestand der Erleuchtungslehre und Praxis gesichert war. Buddhas Erlösungswerk blieb auch in den umliegenden Königreichen nicht unbemerkt, so dass auch Buddhas Vater von seinem Sohn und seinen Taten hörte. Das erfüllte ihn mit Stolz, und er hegte den Wunsch, seinen Sohn nach sieben Jahren Abwesenheit endlich wieder zu sehen. Aus diesem Grunde schickte er einen Boten, der Buddha eine Einladung überbringen sollte. Als dieser Bote jedoch Buddha beim Lehren zuhörte, war er so von der Lehre begeistert, dass er nur noch Mönch werden wollte und seinen Auftrag ganz vergaß. Als der Bote nach geraumer Zeit nicht wiedergekommen war, schickte König Shuddhodana erneut einen Boten aus, der ebenfalls Mönch wurde und nicht seinem Auftrag nachkam. Da sich dies mehrmals wiederholte, ging nun Shuddhodana anders vor. Er versprach seinem Minister Kaludayi, er dürfe in den Orden eintreten, wenn er nur dafür sorge, dass sein Sohn der Einladung nachkommt und in der Königsstadt erscheint. Kaludayi vertraute seinem König und reiste nach Rajagaha, wo er dem Buddha die Bitte seines Vaters mitteilte. Da sich ausreichend befähigte Mönche um die Mönche in Rajagaha kümmerten, unternahm er nun mit einer zahlreichen Schar an Mönchen die Reise nach Kapilavatthu. Sechs Wochen dauerte der 600 Kilometer

lange Fußmarsch. Bald erfuhren der König, seine Ziehmutter Pajapati und Yashodhara, dass der Prinz nach Hause zurückkehren würden. Alle waren gespannt und voller Vorfreude, endlich den geliebten Prinzen wiederzusehen. Als Buddha mit seinen Mönchen vor die Stadt kam, fuhr der König ihm auf seinem prächtigen Wagen entgegen. Von der Ferne schon sah König Shuddhodana die leuchtende Gestalt des Buddhas an der Spitze der Mönchsschar, was sein Vaterherz mit viel Stolz und Freude erfüllte. Der Anblick der ärmlich gekleideten Mönche in ihren Roben dämpfte hingegen seine Stimmung. Als der König von seinem Wagen herabgestiegen war und sie aufeinandertrafen, setzte sich Buddha ruhig auf einen großen Stein am Straßenrand. Dem König wurde ein Stuhl gebracht, der sich neben Buddha setzte und nicht recht wusste, was er sagen sollte. Denn sein Sohn benahm sich nicht wie früher. Keine Gefühlsregung nahm er wahr, nur Stille und Ruhe strahlte Buddha aus. König Shuddhodana konnte den Sinn des Ganzen nicht erfassen und begann zu fragen: „Bist du wirklich glücklich, mein Sohn? Macht es dir nichts aus, barfuß zu gehen und dieses farblose unschöne Gewand zu tragen, nicht zu baden und nicht nach feinstem Parfum zu duften?" Mit bedächtiger Stimme gab Buddha seinem Vater zu bedenken: „Wer erlöst ist, kümmert sich nicht mehr um den Leib. Er trägt seine Robe wie ein Sieger und umhüllt sich mit dem Duft der Tugend." Der König war voller Stolz und all den Luxus des Palasts gewohnt, gleichzeitig sorgte er sich um das Wohl seines Sohnes und fragte deshalb weiter: „Vermisst du nicht die weichen Betten, die erlesen Speisen und die Dienerschaft, die sich um alles kümmert? Möchtest du nicht als guter König deine schützende Hand über die Söhne des Landes ausstrecken?" Der Buddha verstand das bekümmerte Herz seines Vaters und versuchte ihm allmählich verständlich zu machen, dass er die Mauern des Palastes nicht mehr brauchte, die mit Angst gebaut waren. Er hatte die Burg der Ewigkeit gefunden, die weit mehr Sicherheit brachte und sagte deshalb: „Da ich frei bin von aller Sorge und Leidenschaft, gibt es für schlechten Schlaf keinen Grund mehr. Und all die Buddhas der Vergangenheit und der Zukunft ernähren sich von Almosen. Mir dienen Götter aus dem Jenseits und keiner kann mir nach dem Leben trachten, denn ein Erwachter ist Sieger über die Welt. Mit der Lehre habe ich über Tausend Söhne zur Heiligkeit und zur endgültigen Befreiung geführt. Vermag ein Kaiser einen solchen Schutz zu gewähren?" Allmählich dämmerte dem König, dass sein Sohn die Gebrechlichkeit des menschlichen Daseins überwunden hatte und öffnete sein Herz. Erneut und nun ein drittes Mal ging der König vor seinem Sohn auf die Knie und bat diesmal um Belehrung. Das erste Mal ging Shuddhodana bei Asitas Prophezeiung und das zweite Mal bei der Entrückung des Prinzen unter dem Rosenapfelbaum auf die Knie. Nun erklärte Buddha seinem Vater die wesentlichen Punkte, die zum Nirvana führen. König Shuddhodana gingen die Lehren zu Herzen und war aus tiefer Dankbarkeit froh, dass sein Sohn kein Weltenherrscher geworden war, sondern die Buddhaschaft erlangt hatte.

Voller Freude kehrte Shuddhodana in den Palast zurück, während sich Buddha mit seinen Mönchen am Stadtrand im Kloster des Feigenbaumes niederließ. Das Sakyervolk aber war sehr stolz. Um ihre Überheblichkeit aufzuweichen, tat Buddha einige Wunder. Dadurch hatten sie zwar Respekt vor Buddha erlangt, glaubten aber nun, dass er wie ein Gott keiner Nahrung mehr bedürfe und luden ihn nicht zum Essen ein. So unternahm er am nächsten Tag wie gewohnt einen Almosengang. Der König erfuhr davon und war entsetzt. Unverzüglich wurde Buddha in den Palast eingeladen. Alle wichtigen Leute des Hofstaates waren im Palast versammelt, nur seine Gemahlin Yashodhara nicht, denn diese wollte wissen, ob sie für Buddha völlig bedeutungslos geworden war. Als Buddha das bemerkte, suchte er in Begleitung von Shariputra und Moggallana ihre Gemächer auf. Erfreut darüber folgte sie ihm in den Kronsaal, wo das gemeinsame Mahl vorbereitet war. Als sich Buddha mit seinen Hauptschülern und Yashodhara gesetzt hatte, erzählte der König von Yashodharas Wandel nach Siddharthas Weggang. Sie lebte nämlich wie eine Asketin, zog sich einfach an, aß nur vormittags, trug keinen Schmuck und auch den Vorschlag ihrer Eltern, einen anderen zu heiraten, schlug sie ab. Buddha lächelte und erklärte: „Ich kenne Yashodhara besser als sie sich selbst. Denn schon in vielen früheren Leben ist sie dem Weg der Asketen gefolgt." Nach dem königlichen Mahl trug Buddha den Anwesenden die Lehre vor. Dabei verstand Shuddhodana die Lehre so gut, dass er den Stromeintritt erlangte. Das bedeutet, dass man nicht mehr von der Lehre abfallen kann und spätestens nach sieben Leben das Nirvana erreicht.

Buddha hatte zwei Halbgeschwister, Bruder Nando und Schwester Nanda. Da nun klar war, dass Siddhartha nicht mehr für den Thron zu Verfügung stand, sollte der Halbbruder Nando zum Kronprinzen geweiht werden. Buddha kannte seinen Halbbruder aus früheren Leben und wusste, dass Nando keine Klarheit hinsichtlich seiner Zukunftspläne hatte. Um ihm unnötige Irrwege und Leiden zu ersparen, wandte er nun einen kleinen Trick an. Er besuchte seinen Halbbruder Nando in dessen Haus und beim Gehen gab er ihm seine Almosenschale zum Tragen. Nando dachte sich nicht viel und trug sie Buddha hinterher. Selbst als das Haus verlassen war, dachte sich Nando, Buddha würde sich spätestens bei der Stadtmauer umdrehen und nach der Schale verlangen. Nandos äußerst hübsche Verlobte beobachtete das Ganze und wurde ein wenig unruhig: „Nando, vergiss nicht, möglichst bald wieder umzukehren. Du hast noch einiges zu tun." Aber erst als Buddha im Feigenbaumkloster angekommen war, drehte er sich und bat um die Almosenschale. Im selben Augenblick fragte er Nando: „Möchtest du Mönch werden Nando?" Tief beeindruckt von Buddhas Ruhe und Ausstrahlung konnte er die Fragen nicht verneinen. Statt die Thronfolge anzutreten und seine hübsche Verlobte zu heiraten, blieb er im Kloster und wurde bald zum Mönch geweiht.

Damit war Buddhas Sohn Rahula der Nächste in der Thronfolge. Yashodhara dachte nun, ihr Sohn könnte der künftige König werden. So schickte sie ihn zu Buddha mit der Bitte, er möge ihm sein Erbe übertragen. Rahula kannte seinen Vater nur von Erzählungen und wusste gar nicht recht, wie ihm geschah. Auf Geheiß seiner Mutter trat er unbeholfen an Buddha heran, der sich zum Empfang von Almosen hingesetzt hatte, und sagte: „Ich fühle mich sehr wohl in eurer Nähe", und während er verlegen zu seiner Mutter hinüberblickte, sprach er weiter: „Meine Mutter hat mir geboten, euch nach meinem rechtmäßigen Erbe zu fragen." Als Buddha die Frage seines siebenjährigen Sohnes hörte, wurde er von Mitleid bewegt und wusste, dass der Thron ihn nicht wirklich glücklich macht, sondern nur zur nächsten Wiedergeburt führt. „Wohlan lieber Rahula, du wirst mein Erbe erhalten, aber nicht den Thron, sondern weit Größeres will ich dir übertragen – nämlich die Lehre zur Befreiung soll dein Erbe sein. Meine Hauptschüler Shariputra und Moggallana werden dich zum Novizen weihen und dich in den Orden aufnehmen." Rahula verstand nicht, was das zu bedeuten hatte, und auch seine Mutter Yashodhara war überrascht. Es brauchte Zeit, mit der neuen Situation umzugehen.

Als Shuddhodana davon hörte, ging es ihm ähnlich wie Yashodhara, und er war von einem schweren Verlustschmerz getroffen. Er glaubte in diesem Moment, seine beiden Söhne und nun auch seinen Enkel verloren zu haben. Schnurstracks suchte er das Kloster auf und schüttete Buddha sein Herz aus. Buddha hingegen machte seinem Vater klar, welch großes Glück seinen Söhnen und seinem Enkel widerfahren sei und dass er vielmehr Grund zur Freude hätte. Erleichtert durch Buddhas Erklärungen bat der König dennoch den Buddha, dass erst die Eltern um Erlaubnis gefragt werden müssen, bevor die Mönche ein Kind in den Orden aufnehmen. Buddha kam dem Wunsch seines Vaters nach und wies danach die Mönche an, die Eltern künftig zu fragen, wenn ein Kind Novize werden sollte.

 In diesem Kapitel geschieht recht viel in der Königsstadt Kapilavatthu. Versucht in einzelnen Schritten zusammenzufassen, was sich alles zugetragen hatte!
Buddha kehrt ja nicht mehr als Prinz in seine Heimat zurück. Kannst du dich ein wenig einfühlen, wie es seinen Verwandten geht, als sie dem Buddha zum ersten Mal begegnen?
Wie ging es dir dabei, als Rahula und Nando in den Orden aufgenommen wurden?

Nimm eine gute Sitzposition für die Meditation ein. Beobachte wie der Atem sanft bei der Nase ein- und ausströmt. Dann stell dir vor, du sitzt auf einer Hochebene und blickst über sanfte Hügeln mit grünen Wiesen und vielen bunten Blumen. Ein Regenbogen spannt seine leuchtenden Farben über diese liebliche Landschaft. Am höchsten Punkt des Regenbogens erscheint auf einmal ein Licht, das allmählich größer wird. Mit der Zeit erkennst du, dass sich eine große Lotusblüte aus Licht auf dich zubewegt. Sie landet vor dir, als ob sie dich einladen würde aufzusitzen. Du setzt dich auf die Lotusblüte und hebst mit ihr ab. Du fühlst dich ganz wohl und sicher, während du auf den Regenbogen zufliegst. Es dauert nicht lange, bis du am höchsten Punkt in den Regenbogen eintauchst und unmittelbar darauf einen wunderschönen Lichtpalast siehst. Alles funkelt und leuchtet angenehm. Die Lotusblüte trägt dich zu einem Festsaal, wo dir eine große Tür geöffnet wird. Dort siehst du Buddha, wie er mit seiner ganzen Familie, seinen Freunden und mit den Mönchen und Nonnen ein Fest feiert. Es gibt Kuchen und Kekse. Man winkt dir zu, und du nimmst bei den Gleichaltrigen Platz, die sich riesig freuen, dass du auch zu ihnen gekommen bist. Du erzählst von dir und ihr habt viel Spaß miteinander. Du genießt die Fröhlichkeit und Freundlichkeit in diesem Festsaal, sodass die Zeit wie im Nu verfliegt.

 Suche dir eine Szene aus der Geschichte aus, die du gerne darstellen möchtest und male ein fantasievolles Bild!

 Nehmt einige Szenen aus der Geschichte und versucht sie als kleines Theaterstück aufzuführen!

 Lest die Geschichte mit verteilten Rollen!

23. Eine Geste der Bescheidenheit – sieben Sakyer folgen Buddha

Nach einer gewissen Zeit verließ Buddha seine Vaterstadt und zog weiter. So mancher Sakyer war bereits Mönch geworden und der König gab seinen Untertanen die Erlaubnis, ihre Söhne dem Orden Buddhas beitreten zu lassen, sofern die Familien mehr als einen Sohn hatten. Diese Weisung des Königs verstanden die männlichen Sakyer als Aufforderung, so dass sich auch manche adeligen Söhne fragten, ob sie Buddha nachfolgen sollten. Da fanden sich denn nun sechs junge Verwandte des Buddha und ein Barbier, die gemeinsam aufbrachen. Der Barbier namens Upali sollte eigentlich nur als Bediensteter mitgehen und dann bei der Landesgrenze zurückkehren. Als es so weit war, breiteten die edlen Söhne ein Tuch aus, auf das sie all ihren Schmuck und ihre Wertsachen legten. Ein Bündel wurde geschnürt und Upali in die Hand gedrückt: „Upali, nimm diesen Schmuck an dich. Er wird dir ein unbeschwertes Leben bescheren. Kehr du nach Kapilavattu zurück, während wir den Buddha aufsuchen." Dankend nahm er das Geschenk an und wanderte zurück zur Hauptstadt der Sakyer. Währenddessen dachte er sich, dass es vielleicht gefährlich für ihn werden könnte, wenn er plötzlich reich geworden wäre. Die Sakyer könnten ihm Böses unterstellen. Zudem fand er, dass ein Leben ohne seine Herren trostlos wäre. So hängte er das Bündel an einen Baum, widmete es dem nächsten Finder und wanderte den edlen Söhnen entgegen. Als er diese gefunden hatte, erzählte er ihnen, warum er wieder zurückgekehrt war. Darüber waren sie sehr erfreut und nahmen ihn gerne mit zu Buddha. Bei Buddha angekommen, wo sie auch zu Mönchen ordiniert werden sollten, äußerten sie den bemerkenswerten Wunsch: „Erhabener Buddha, wie du ja nur zu gut weißt, sind wir Sakyer ein sehr stolzes Volk. Upali ist schon sein halbes Leben unser Diener. Bitte, ordiniere ihn zuerst. So können wir ihm als dem Älteren dienen, um unseren Stolz zu überwinden." Über diese Bitte erfreut, nahm Buddha Upali als ersten Mönch der sieben Sakyer in den Orden auf. Unter den Sieben war auch der liebenswürdige Ananda und Devadatta, der noch für manche Aufregung sorgen wird. Jetzt wurde von den sieben Sakyern immer Upali zuerst bedient und ihm als Erster der Platz gereicht. Die anderen sechs adeligen Männer kamen erst nach ihm dran. So übten sie aus eigenen Stücken Demut. Später wurde Upali Hüter der Disziplin und erlangte die Befreiung.

Was hältst du davon, dass die adeligen Söhne der Sakyer dem Babier Upali den Vortritt lassen?
Hast du schon mal eine Situation erlebt, wo du stolz warst? Vielleicht gibt es ein Erlebnis, bei dem du deinen Stolz überwinden konntest. Wenn du möchtest, kannst du dieses Erlebnis mit den anderen teilen.

Verteilt die Rollen und führt die Geschichte als Theaterstück auf!

24. Mahakassapa und die Sache mit den Roben

Nachdem Buddha seine Vaterstadt verlassen hatte, zog er mit seinen Mönchen nach Vesali, wo er die zweite Regenzeit seines Pilgerlebens verbrachte. Dort sollte er einige Kilometer von seinen Jüngern entfernt auf einen weiteren großen Jünger treffen, nämlich auf Kassapa, der bald zu Mahakassapa, dem großen Kassapa, werden sollte. Dieser hatte sich zuvor von seiner Frau getrennt. Kassapa und seine Frau Bhadda Kapilani waren in früheren Leben einige Male mit Buddha eng verwandt. Die beiden wurden auf Drängen der Eltern verheiratet, obwohl beide sehr einem asketischen und religiösen Leben zugeneigt waren. Sie gehorchten den Eltern zwar, lebten aber in Keuschheit. Da sie nach dem Tod ihrer Eltern alle Verantwortung für die Besitztümer übernehmen mussten, verstanden sie bald, dass sie unweigerlich negatives Karma auf sich laden würden. Da ließen sie beide allen weltlichen Besitz los und zogen als Asketen aus. Kurz nachdem sie miteinander gewandert waren, sagte Mahakassapa zu seiner Frau: „Was denkst du? Ich denke, wenn wir so miteinander durch die Straßen ziehen, werden die Leute glauben, wir wären ein Paar. Keiner würde glauben, dass wir Asketen sind. Ich glaube, wir müssen uns endgültig trennen." Bhaddi Kapilani lächelte und sagte: „Derselbe Gedanke ist mir vorhin auch durch den Kopf gegangen." Kassapa atmete tief durch: „Dann verstehst du mich? Ist es auch in deinem Sinne, dass wir uns von jetzt an endgültig trennen und jeder seiner Wege geht?" „Wir kommen nicht umhin. Das ist der Weg der Asketen", erwiderte sie. Beide wandten sich einander zu, falteten die Hände, verneigten sich voller Liebe und Respekt voreinander und wünschten sich alles Beste für den weiteren Lebensweg. Da wandten sie sich voneinander ab und gingen bei der nächsten Weggabelung getrennte Wege. Darauf bebte die Erde.

Buddha nahm die Erschütterung wahr und wusste unmittelbar, dass einer seiner bedeutendsten Schüler auf dem Weg zu ihm war. Beim Vielblätter-Denkmal bei Nalanda, wo später eine riesige buddhistische Universität entstehen sollte, wartete Buddha. Als Kassapa die leuchtende Gestalt des Buddha sah, durchfuhr ihn die Gewissheit, den Erwachten getroffen zu haben und warf sich ihm ohne Zögern zu Füßen: „Großer Meister, ihr müsst der Buddha sein. Bitte nimm mich als dein Schüler an." Buddha hieß Kassapa aufzustehen und sagte: „Welch seltenes Vertrauen du hast. Ohne mich zu kennen, weißt du, wer dein Meister ist. Werde mein Schüler und höre meine ersten Anweisungen." Auf der Wanderung zurück zu den Mönchen machten sie Rast und Kassapa breitete sein Gewand aus, damit der Buddha darauf Platz nehmen konnte. Als Buddha sich gesetzt hatte und sanft über den Stoff strich, sagte er: „Welch weicher Stoff dies doch ist." Kassapa freute sich und erwiderte: „Erhabener Meister, es wäre mir eine große Freude, wenn du meine Robe als Geschenk annimmst." Buddha lächelte und sagte: „Sehr gerne Kassapa, nehme ich deine Robe an. Wirst du aber denn auch meine abgetragene und raue Robe tragen können?" Buddha wies ihm damit den asketischen Weg, der viele Bequemlichkeiten verbot. Kassapa antwortete darauf: „Das kann ich, erhabener Buddha. Gerne werde ich den Weg der Asketen gehen und deine Robe als großes Geschenk ehren." Das kam im Leben Buddhas nur einmal vor, dass ein Schüler die Robe des Meisters bekam. Diese Übertragung der Robe hatte für spätere Zeit tiefen symbolischen Wert. Kassapa war es nämlich, der wegen seiner ausgezeichneten Qualitäten nach Buddhas Tod der erste Patriarch werden sollte. Nach nur sieben Tagen erlangte er das Nirvana und war mit allen magischen Kräften ausgestattet.

Da die Frau Mahakassapas, Bhadda Kapilani, nicht den gleichen Weg nehmen konnte, gelangte sie nicht ganz zufällig nach Savatthi. Dort hatte sie sich in einem Kloster nicht-buddhistischer Asketinnen niedergelassen, das nicht unweit vom Siegerwald-Kloster entfernt lag. Fünf Jahre später konnte sie sich als Nonne bei Buddha ordinieren lassen und erlangte schnell die Heiligkeit. Buddha pries sie wegen ihrer Fähigkeit, sich ihrer früheren Existenzen erinnern zu können.

Über die Jahrhunderte breitete sich die Lehre Buddhas in Asien aus. In China und in Japan bekam Mahakassapa im Zen-Buddhismus eine besondere Stellung. Dort wird Mahakassapa als erster Patriarch einer langen

Übertragungslinie gepriesen. Der indische Prinz Bodhidharma brachte später als 28. Patriarch dieser Übertragungslinie den Zen-Buddhismus nach China. Da Mahakassapa der erste Patriarch nach Buddha war und als einziger die Robe Buddhas bekommen hatte, wollen wir uns ein wenig den Roben zuwenden. In allen buddhistischen Schulen hat die Robe eine herausragende Bedeutung, weil sie ein äußeres Kennzeichen für die Nonnen und Mönche Buddhas sind. Zur Zeit Buddhas gab es ja viele Asketen und Schulen. So waren in den Anfängen die Nonnen und Mönche Buddhas nicht auf Anhieb von den anderen Asketen zu unterscheiden. Sie scherten zwar ihre Kopfhaare und ihren Bart, aber erst ein bestimmtes von Buddha gewünschtes Bekleidungsmodell machte den sichtbaren Unterschied. Die Geschichte dazu verlief so: Einmal war Buddha mit Ananda in der Nähe von Rajagaha unterwegs und beobachtete eingehend die Reisfelder. Da sprach er Ananda an: „Lieber Ananda, ist es dir möglich, eine Robe anzufertigen, die den Reisfeldern ähnelt. Siehst du die schmalen Wege zwischen den Reisfeldern? So sollte die Robe schmale Streifen den Wegen ähnelnd und breite Streifen den Feldern gleichend aufweisen. Die Robe sollte auch schön mit einem Randstück wie auf den Reisfedern eingesäumt sein." Ananda überlegte kurz und antwortete Buddha: „Das müsste sich gut machen lassen. Ich werde umgehend an die Arbeit gehen." Nach wenigen Tagen hatte Ananda für einige Mönche Roben angefertigt und führte das neue Modell Buddha vor: „Buddha, schau dir bitte die Roben dieser Mönche an und sag mir, ob sie deiner Vorstellung entsprechen." Buddha betrachtete die Roben von allen Seiten und lächelte zufrieden. Er ließ die Mönche von Rajagaha zusammenkommen und erklärte ihnen: „Euer Dharma-Bruder Ananda ist mit vielen Talenten ausgestattet und hat auf meinen Wunsch hin diese schönen Roben entworfen. Fortan sollen die Roben nach diesem Modell genäht werden. Auf würdevolle Weise werden so künftig die Mitglieder des Sanghas durch diese Roben äußerlich sichtbar gemacht." Die Mönche freuten sich darüber, und von da an waren die Mönche Buddhas von all den anderen Asketen deutlich zu unterscheiden.

Noch heute werden die Roben nach diesem Prinzip genäht. Im Zen-Buddhismus nähen die Nonnen und Mönche ihre Roben selbst von Hand. In Thailand kommt es manchmal vor, dass Mönche einem Baum, den sie vor der Zerstörung retten wollen, die buddhistische Robe umlegen. Diese Bäume werden aus Respekt keinesfalls gefällt.

 Wie würde es dir gefallen, ein Kleidungsstück von Buddha zu bekommen? Wie stellst du dir das Tragen einer Robe vor?

 Vielleicht gibt es ein Motiv, das du gerne kreativ darstellen möchtest. Bring deine Fantasie zu Papier!

 Denkt euch ein Theaterstück zu dieser Geschichte aus und führt es anschließend auf!

 Verteilt die Rollen und lest miteinander die Geschichte!

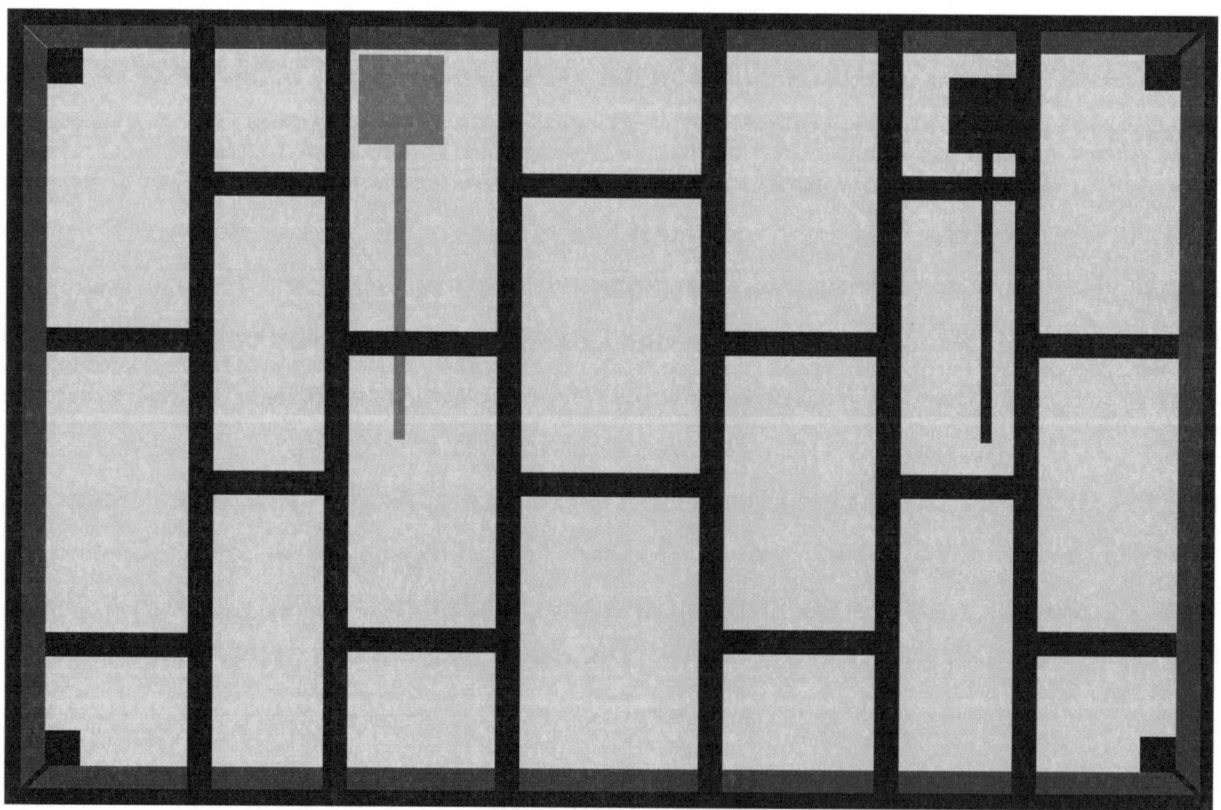

Buddhistische Robe im Zen

25. Frieden stiften und der Tod König Shuddhodanas

Aber nicht nur Mahakassapa und andere zur Askese geneigten Leute fanden Zuflucht bei Buddha, sondern auch der sehr großzügige Kaufmann Anathapindika, der Buddha das große Siegerwaldkloster in Savatthi spendete. Dort richtete er die Pflicht zur gemeinsamen Aussprache ein. Während der Regenzeit sollten die Mönche in den Klöstern viel Zeit zur Meditation haben, aber hauptsächlich in Stille verbringen. Dennoch sollten sie sich Zeit nehmen, um etwaige Konflikte zu klären, die sich möglicherweise während des Zusammenlebens entwickelt hätten. Auch Buddha befragte seine Mönche, ob sie einen Makel, einen Fehler an ihm fänden. In Savatthi bekam Buddha auch von der reichen Kaufmannstochter Visakha ein Kloster geschenkt, das „Mutter Migaros Terrasse" benannt wurde. Diese beiden Klöster standen unter dem Herrschaftsbereich von König Pasenadi, der Herrscher über das Land Kosala. Auch er hörte die Lehre Buddhas und gewährte Buddha Schutz und Hilfe, obschon er sich nicht so tief auf die Lehre wie König Bimbisara einlassen konnte. Buddha stand somit von da an unter dem Schutz eines weiteren Königs.

Aber wenden wir uns wieder dem Königreich seines Vaters zu, dort nämlich hatte sich wegen einer Trockenperiode ein schlimmer Streit entwickelt. Der Grenzfluss zwischen den Sakyern und ihren Nachbarn, den Koliyern, führte nicht mehr genug Wasser für beide angrenzenden Ackerflächen. Die Könige ließen bereits ihre Armeen aufmarschieren. Buddha sah Schlimmes am Horizont aufziehen und begab sich eilig an den Streitort. Um deren kriegerische Raserei einzudämmen, schwebte er meditierend zwischen den streitenden Parteien in der Luft.

Den Sakyern kam unverzüglich der Gedanke, dass sie in Buddhas Gegenwart nicht gegen ihre Nachbarn vorgehen dürften und schleuderten ihre Waffen zu Boden. Es dauert nur wenige Augenblicke, da taten es ihnen die Koliyer gleich. Nun wandte sich Buddha an die Könige und machte ihnen klar, welche fürchterlichen Folgen ein Krieg für die beiden Länder haben würde. Das Blut ihrer Söhne sei weit mehr wert als das Wasser, worum sie stritten. Der Frieden war bald wieder hergestellt, und Buddhas Friedenstat hinterließ bei den stolzen Sakyern tiefen Eindruck. Das führte dazu, dass weitere vier bis fünfhundert Sakyer in den Orden eintraten. König Shuddhodana war durch Buddhas Frieden stiftende Tat noch weiter in der Lehre bestärkt worden und lebte fortan wie ein Asket in seinem Palast. Durch sein Vorbild angespornt, wurden die Aufgaben von den Ministern weit besser umgesetzt, und die Wohlfahrt im Land nahm stetig zu. Dennoch erkrankte Buddhas Vater ein Jahr später schwer. Buddha wusste früh genug um das baldige Ableben seines Vaters und eilte mit seinem Halbbruder Nando und den Hauptjüngern Shariputra und Mahamoggallana den weiten Weg von Vesali nach Kapilavatthu.

Als sie an das Krankenbett des Königs traten, sprach Buddha: „Mein lieber Vater, wir sind in Windeseile zu dir gekommen. Wie geht es dir, plagen dich schlimme Schmerzen?" Der König war hocherfreut und richtete sich mühsam ein wenig auf: „Oh welche Freude darf ein alter Mann noch erleben. Meine beiden Söhne und die großen Mönche Shariputra und Mahamoggallana besuchen den alten König. Seit Tagen quälen mich entsetzliche Kopfschmerzen, aber wenn ich euch sehe, wird mir schon wohler. Die Ärzte und Pajapati kümmern sich nach besten Kräften um mich." Buddha sah seinen Vater voller Mitgefühl genau an und blickte in sein Herz: „Mein lieber Vater, lass dir gesagt sein, dein Herz hat viel Läuterung erfahren, und es finden sich kaum noch Fesseln, die dich noch von der endgültigen Befreiung zurückhalten. Nutze die noch verbleibenden Tage, dich vollkommen zu befreien. Wir werden dich in den nächsten Tagen immer wieder besuchen." Shuddhodana war hocherfreut und erwiderte: „Das ist wahrlich Balsam für mein Herz. Was könnte ich Schöneres aus dem Munde des Erhabenen, meines Sohnes, hören." Buddha ergänzte: „Als Übung für die verbleibende Zeit meditiere über die Vergänglichkeit allen Lebens. Wie Schaumblasen auf der Krone der Meerwellen sind die Leben der Menschen. Lass ab von der Grüblerei und achte auf deinen Atem. Die Luft strömt ein und sie strömt aus – nichts bleibt, alles ist in

Veränderung. Das bringt dir Frieden. Wenn du aber alles loslässt, wirst du das Todlose finden." Seligkeit umfing des Königs Herz, und tiefen Frieden konnte er spüren. Buddha und seine Gefährten verabschiedeten sich, aber sie besuchten den sterbenden König in den nächsten Tagen bis zu seinem Verscheiden. Letztendlich erreichte der König sogar die vollkommene Befreiung und entschlief in der Glückseligkeit des Nirvana.

Die Sorge um die Eltern war Buddha von großer Wichtigkeit. So erließ er zum Beispiel die Klosterregel, dass man nicht um Erlaubnis fragen musste, wenn man die kranken Eltern besuchen und pflegen wollte.

Was hältst du davon, dass Buddha einen Krieg verhindert hat? Findest du es richtig, dass sich Buddha um seinen Vater besonders bemühte, und die Nonnen und Mönche sich um ihre Eltern kümmern sollten?

Meditiere nach der Anleitung auf Seite 192 und lenke deine Konzentration auf den Atem!

26. Der Nonnenorden

Der große König Shuddhodana wurde mit allen königlichen Ehren bestattet. Aber es dauerte nicht lange, bis in Pajapatis Herz, seiner hinterbliebenen Frau, der sehnliche Wunsch aufstieg, Buddha nachzufolgen. Waren doch alle wichtigen Männer aus dem Hause und in den Orden aufgenommen worden – ihr Sohn Nando, ihr Enkel Rahula, der Neffe Ananda usw. Deshalb stellte sie sich an die Spitze gleichgesinnter Frauen und zog zum Feigenbaumkloster vor die Stadt Kapilavatthu hinaus, um mit Buddha zu sprechen. Als sie vor Buddha getreten war, verbeugte sie sich tief und sprach: „Erhabener Buddha, es wäre durchaus gut, wenn auch die Frauen in die Hauslosigkeit ziehen dürften und dem Orden beitreten könnten. Bitte lass uns Frauen Nonnen werden." Buddha blieb ruhig wie ein Fels und erwiderte: „Lass es gut sein Königin. Strebe nicht nach der Hauslosigkeit für dich und andere Frauen." Pajapati wiederholte ihre Bitte noch zweimal, aber Buddha ließ sich nicht erweichen. Traurig verließ die Königin das Kloster und versuchte die Ablehnung zu verkraften. Nach geraumer Zeit verließ Buddha das Feigenbaumkloster und suchte das weit entfernte Kloster in Vesali auf. Pajapati indessen hatte neue Zuversicht gesammelt und wollte unbedingt das Leben einer Asketin führen. Dazu zog sie sich das fahle Gewand an und scherte sich die Haare. Einige Sakyerinnen wie zum Beispiel Yashodhara, Buddhas ehemalige Frau oder Nanda, Buddhas Halbschwester, taten es ihr gleich und nahmen die lange und beschwerliche Reise auf sich, um den Buddha um Aufnahme zu bitten. Staubbedeckt und mit geschwollen Füßen kamen die edlen Frauen in Vesali an, wo die Saykerinnen vor dem Kloster lagern wollten. Ananda entdeckte sie bei der Ankunft in ihrem elenden Zustand. Mit Tränen in den Augen flehte Pajapati Ananda an: „Ehrwürdiger Ananda, sieh uns nur an, welche Strapazen wir auf uns genommen haben. Es ist uns sehr ernst. Wir bitten Buddha, möge er einen Nonnenorden gründen und uns ordinieren. Bitte, lege du ein Wort für uns beim Erhabenen ein." Angerührt von der Entschlossenheit der Frauen suchte er Buddha auf und trug die Bitte Pajapatis vor. Zuerst lehnte Buddha erneut ab. Dann aber versuchte Ananda eine andere Strategie und fragte: „Wie ist es grundsätzlich, erhabener Buddha, können Frauen den Stromeintritt und auch das Nirvana erlangen oder ist das nur Männern vorbehalten?" Buddha antwortete: „Ja, auch Frauen ist es möglich, den Stromeintritt und das Nirvana zu erlangen." Das freute Ananda, und er drücke seine Bitte nun anders aus: „Möge der Buddha sich doch seiner Tante und Ziehmutter Pajapati erbarmen, die ihn stillte und aufzog, die ihm doch so viel Gutes getan hat. Sicher öffnet sich ihr und den anderen Frauen das Tor zur Befreiung weit, wenn sie in den Orden eintreten dürfen." Da Buddha die menschliche Natur nur zu gut kannte, zögerte er und erklärte dazu: „Die Ernsthaftigkeit von Pajapati und meiner einstigen Gemahlin sind wahrlich vorbildlich. Gewähre ich ihnen keine Ordination, fürchte ich um deren Sicherheit, wenn sie auf eigene Faust dem Asketentum folgen. Wenn Pajapati acht weiteren Regeln zustimmen kann, möge der Frauenorden gegründet werden." Als Ananda von der Aussprache mit Buddha erzählte und die Bedingungen nannte, war Pajapati hocherfreut und nahm die acht Regeln ohne zu zögern an. Der Nonnenorden wurde gegründet, und die Frauen konnten sich nun mit Buddhas Schutz ganz dem Weg der Befreiung widmen.

Das war zu jener Zeit sehr ungewöhnlich, denn die Frauen hatten weit weniger Rechte als die Männer. Traten die Frauen in den Orden ein, wurden sie von vielen Verpflichtungen befreit, was selbstverständlich vielen Leuten nicht gefiel. Der Nonnenorden erwies sich aber als sehr segensreich, denn es gingen große Nonnen hervor, die Buddha für ihre speziellen Fähigkeiten pries.

Findest du es richtig, dass auch Frauen ein Leben ohne Familie wählen durften, um sich ganz dem Weg zum Nirvana zu widmen?

Wie gefällt dir die Entschlossenheit Pajapatis?
Hast du eine Idee, warum Buddha zuerst zögerte, für Frauen einen Orden zu gründen?

Wie findest du es, Mönch oder Nonne zu werden? Du würdest mit kahlgeschorenem Kopf zur Zeremonie geleitet, wo viele Mönche und Nonnen heilige Lieder singen. Dann wirst du nach vorne zur Hauptnonne und zum Hauptmönch geholt. Dort gehst du auf die Knie und sprichst die Zufluchtsformel: Ich nehme Zuflucht zu Buddha! Ich nehme Zuflucht zum Dharma! Ich nehme Zuflucht zum Sangha! Der Hauptmönch oder die Hauptnonne überreicht dir die Robe. Dann ziehst du die Robe über und verneigst dich vor dem Hauptmönch oder der Hauptnonne. Jetzt gelobst du die Regeln des Ordens einzuhalten und das Nirvana anzustreben. Am Schluss klatschen alle und sprechen Glückwünsche aus. Du wirst von vielen umarmt und man lässt das besondere Ereignis bei einem Festmahl ausklingen.

Führt die Geschichte als Theaterstück auf!

Lest die Geschichte mit verteilten Rollen!

27. Das Wunderverbot

Wie du wahrscheinlich bereits gemerkt hast, verfügte Buddha über besondere Fähigkeiten. Doch nicht nur er, sondern viele seiner Mönche oder Nonnen waren mit außergewöhnlichen Kräften ausgestattet. Moggallana zum Beispiel, der im Laufe der Zeit aufgrund seiner Fähigkeiten Mahamoggallana, der große Moggallana, genannt wurde, gehörte zu jenen Mönchen, die alle magischen Fähigkeiten wie Buddha beherrschten. Zu diesen Fähigkeiten gehörte zum Beispiel das Hellsehen, Hellhören, Gedankenlesen, Astralreisen, in der Luft schweben, auf dem Wasser wandeln oder frühere Leben erblicken usw. Magische Fähigkeiten waren aber nicht notwendig, um das Nirvana zu erlangen. Sie konnten aber auf dem Weg als Begleiterscheinung auftreten. In manchen Situationen konnten diese Kräfte behilflich sein, die Menschen für die Lehre Buddhas empfänglich zu machen oder schlimmes Leid abzuwenden. Auch in den anderen Weltreligionen finden sich viele Heilige, die ebenfalls ähnliche Wunder vollbrachten. In diesem Kapitel wollen wir uns eigens mit den Wunderkräften befassen, weil ein falscher Umgang auch Probleme verursachen kann. In der sechsten Regenzeit trug es sich zu, dass sich ein ungläubiger reicher Kaufmann einen Scherz mit den Asketen erlaubte, die auch die Mönche Buddhas betraf. Er ließ nämlich eine besonders schöne und sehr kostbare Almosenschale hoch in Bäumen aufhängen. Er erklärte, dass derjenige die Schale bekäme, der heilig wäre und mit magischer Kraft zu ihr hinauffliegen könne. Auf diese Weise, so glaubte er, könnte er als Ungläubiger vielleicht ein Wunder beobachten. Verschiedene Asketen wollten die Schale und erklärten, sie wären heilig, hätten also Anspruch auf jene seltene Schale. Der Kaufmann sagte darauf einfach: „Wenn dem so ist, fliege doch einfach hinauf und zeig uns deine Macht." Auch einige Mönche Buddhas beobachteten dieses seltsame Treiben und überlegten sich, ob sie nicht auch die Almosenschale haben dürften. Der Mönch Bharadvajo konnte nicht widerstehen, flog hoch, schnappte sich die Schale und drehte noch drei Runden um die Stadt Rajagahas, was viele Leute beobachten konnten. Dann landete er wieder auf dem Boden und überreichte die Schale dem Kaufmann. Voller Bewunderung füllte der Kaufmann die Schale mit köstlichen Speisen und händigte sie Bharadvajo als dem neuen Besitzer aus. Anschließend ging Bharadvajo mit der Schale zum Kloster zurück. Dabei wurde er von vielen Leuten wie bei einem Festzug begleitet, die des Wunders wegen ganz aus dem Häuschen waren. Der Lärm drang bis an die Ohren Buddhas. Ananda erkundigte sich, warum vor dem Kloster solche Unruhe herrschte. Als Buddha von der ganzen Geschichte hörte, ließ er alle Mönche versammeln und erklärte ihnen: „Ihr Mönche, es geziemt sich nicht, Wunder nur aus Schaulust für die Menschen zu vollziehen. Es ist so, als ob eine Frau sich für Geld nackt ausziehen würde. Künftig sollt ihr es unterlassen vor Hausleuten Wunder und übernatürliche Kräfte zu zeigen. Ferner sollt ihr euch mit einfachen Almosenschalen aus Holz oder Eisen begnügen. Die kostbare Almosenschale Bharadvajos löst nur Begehren und Neid aus. Sie soll zerbrochen und fein zermalmen werden. Aus ihrem feinen Pulver werden wir eine Heilsalbe herstellen."

Als die andersgläubigen Asketen von dem Verbot Buddhas hörten, glaubten sie, auch Buddha würde nun keine Wunder mehr tun und spielten sich auf. Die Anführer versicherten ihren Anhängern, dass sie weitaus größere Macht als Buddha hätten. Tut Buddha ein Wunder, so könnten sie ohne weiteres ein doppeltmächtiges Wunder vollbringen, behaupteten sie. Von dieser angeberischen Rede hörten auch die Mönche und ließen Buddha davon wissen, der darauf sprach: „Nun denn, wenn sie ein Wunder vollbringen, werde auch ich eines vollbringen." Selbst König Bimbisara erfuhr von der Angelegenheit und suchte Buddha auf. Buddha erklärte ihm, dass er nicht von diesem Verbot betroffen sei, weil seine Wunder immer der Belehrung dienten und nicht der Sensationslust. Zudem werde er in sieben Tagen in Savatthi am Fuße eines Mangobaumes ein Wunder tun. Als die andersgläubigen Asketen davon hörten, ließen sie alle Mangobäume in Savatti umhauen.

Nachdem Buddha mit seinen Gefolgsleuten dort angekommen war, wurde er schon vom König und seinen Gefolgsleuten erwartet. Als Geschenk gab der König dem Buddha eine schöne Mango, die er auch achtsam aß. Den Kern der Mangofrucht aber gab er Ananda und bat diesen, er möge den Kern dem königlichen Gärtner zum Einpflanzen zu überreichen. Unverzüglich hob der Gärtner ein Loch aus und vergrub den Kern ordentlich. Dann tat Buddha das Wunder. In Sekundenschnelle richtete sich ein mächtiger Stamm empor und plötzlich stand ein ausgewachsener Mangobaum da. Der Wunderbaum trug duftende Blumen und Früchte, die bei einem Windstoß herabfielen. Buddha deutete darauf hin den umstehenden Mönchen, die Mangofrüchte zu kosten, die ihnen sichtlich sehr gut schmeckten. Die andersgläubigen Asketen und die Volksleute aber waren tief beeindruckt von der Macht Buddhas, wodurch sie großes Vertrauen in Buddha fassten. Jetzt konnte Buddha die anwesenden Menschen bestens belehren, denn ihre Herzen waren geöffnet und sie ließen sich durch das Wunder der Lehre berühren. Nach seiner Lehrrede stieg er in den Götterhimmel auf und kehrte bis zum Ende der Regenzeit nicht mehr zu den Menschen zurück.

Im Himmel unterwies er auch seine Mutter, bis sie den Stromeintritt erlangt hatte. Damit waren alle seine wichtigen männlichen und weiblichen Verwandten durch die Lehre befreit worden.

Wie findest du diese Wundergeschichten? Wärst du auch gerne einmal Zeuge eines solchen Wunders?
Würde es viel für dich bedeuten, wenn du ein Wunder beobachten könntest? Versuche zu erklären, warum sich da viel ändern würde!

Stell dir vor, du wärst ein Yogi, der schon viele Jahre in einer Höhle meditiert hat. Plötzlich öffnet sich dein Geist und du siehst in das Universum hinein. All die Sterne und die unendlichen Weiten erscheinen vor dir. Plötzlich fühlst du dich ganz leicht und du merkst, dass du gar keinen Bodenkontakt hast. Du schwebst aus der Höhle hinaus und die Welt draußen hat sich in eine Lichtlandschaft verwandelt. In der Ferne leuchtet eine große Wolke, von der unglaublich schöne Musik herkommt. Es zieht dich dort hin, und du erkennst von der Weite, dass es dort einen goldenen Lichttempel hat. Im nächsten Augenblick befindest du dich in diesem Tempel, wo Buddha und viele erleuchtete Meister und Meisterinnen meditieren. Der Raum ist erfüllt von Liebe, Weisheit und Mitgefühl. Du spürst nur Glück und Ewigkeit.

Such dir eine Szene der Wundergeschichte aus, die du gerne malen möchtest! Vielleicht hast du auch Spaß daran, ein Comic zu zeichnen.

 Verteilt die Rollen und führt die Geschichte als Theaterstück auf!

28. Neid und Verleumdung

Da Buddha für einige Zeit nicht mehr aufgetaucht war, glaubten die andersgläubigen Asketen, Buddha wäre verstorben. Dennoch fand er immer mehr Anhänger. Aber als Buddha plötzlich wieder zu sehen war, strömten ihm noch mehr nach. Da stieg der Neid bei den Andersgläubigen ins Unermessliche. Sie heckten einen teuflischen Plan aus, um Buddhas Ruhm ein Ende zu bereiten. Unter den Brahmanen weilte eine strahlende Schönheit namens Cinca, die sich für den hinterlistigen Plan einspannen ließ. Sie sollte sich über längere Zeit in der Nähe Buddhas im Klosterbezirk aufhalten. Aber besonders in den Abendstunden ließ sie sich dort oft blicken. So sollte der Eindruck entstehen, dass Buddha mit ihr ein Verhältnis angefangen hätte. Mit der Zeit begann sie sich Tücher auf den Bauch zu binden, um eine Schwangerschaft vorzutäuschen. Sie streute auch das Gerücht, Buddha würde sie heimlich als Geliebte ausnützen. Leise Zweifel machten sich bei den Mönchen breit. Nach acht/neun Monaten imitierte sie eine Hochschwangere und ließ sich mit Stöcken auf die Arme und Beine schlagen, dass sie angeschwollen wie eine Schwangere aussah. Als Buddha vor versammelter Menge wichtige Lehrpunkte vortrug, spielte sie gekonnt die verlassene und betrogene Geliebte. Wütend und weinend zugleich schleuderte sie hässliche Worte gegen den Erhabenen: „Schaut ihn euch an, den Buddha. Er sitzt da seelenruhig und scheint reine Liebe auszustrahlen. Aber in Wirklichkeit ist er herzlos und voller Sinneslust. In den Nächten, wenn alle schlafen, da bin ich ihm gut genug, und er labt sich an der Schönheit meines Körpers. Aber am helllichten Tage kennt er mich nicht mehr. Sein Kind wächst in mir heran, aber davon will er nichts wissen. Ist das ein Buddha? Ich glaube nicht." Als sie mit ihrem dramatischen Schauspiel fertig war, blickte Buddha sie ruhig an und sagte mit ernsthafter und ruhiger Stimme: „Du und ich, wir wissen genau, was die Wahrheit ist." Diese unerhörte Lügengeschichte hatte auch die Götterwelt mitverfolgt und ließ nun Gerechtigkeit walten. Ein starker Windstoß hob ihr Kleid an, und die Schnüre wurden gesprengt. Das Holz, das sie darunter trug, stürzte zu Boden. In einem Augenblick war sie der Lüge überführt worden. Mit Schimpf und Schande rannte sie von der versammelten Menge weg, und es heißt, dass sich die Erde außerhalb des Klosters öffnete und sie verschlang. Die Anstifter verloren alle ihre Ehre und Anerkennung.

 Wie gefällt dir diese Geschichte? Was hat dir besonders gefallen und versuche zu erklären warum?
Kennst du manchmal das Gefühl von Neid?

 Lest die Geschichte mit verteilten Rollen!

29. Streit unter den Mönchen in Kosambi

Auch im Königreich Vamsa hatte sich Buddhas Lehre ausgebreitet, obschon der König wenig für die Lehre Buddhas übrighatte und auch eine der Königinnen sehr feindlich gesinnt war. Dennoch stifteten reiche Kaufleute Klöster. In der neunten Regenzeit brach dann im Ghosita-Kloster nur wegen einer Kleinigkeit ein großes Chaos unter den Mönchen aus. Ganz harmlos ließ ein Mönch, der die Mönchsregeln nicht so gut kannte, dafür aber ein sehr bekannter und geschätzter Lehrer war, nach Gebrauch seinen Wasserkübel im Waschhaus stehen. Ihn wollen wir der Einfachheit halber Sutta (Lehrrede) nennen. Ein anderer Mönch, nennen wir ihn Vinaya (Mönchsregel), war in den Mönchsregeln sehr gut bewandert. Er bemerkte den kleinen Regelverstoß und machte darauf aufmerksam. Mönch Sutta entschuldigte sich und erklärte, er habe gar nicht gewusst, dass dies ein Regelverstoß sei. Vinaya erklärte, wenn es keine Absicht gewesen sei, wäre es auch keine Sünde. Mönch Sutta ließ den Wasserkübel deshalb stehen und ging fort, weil er die Sache für erledigt hielt. Jetzt aber begann Vinaya über das Unwissen Suttas zu lästern. Darauf erzählten seine Mitmönche herum, Sutta habe eine Sünde begangen. Als Sutta davon hörte, bezichtigte er Vinaya der Lüge. Mit der Zeit bildeten sich zwei Lager, die heftig miteinander stritten. Um Mönch Sutta bildete sich ein Lager, weil dieser vielen Leuten Gutes getan hatte, und um Mönch Vinaya bildete sich ein Lager, weil er getreu die Regeln befolgte. Mit der Zeit waren auch die Laienanhänger und selbst die Ebenen der Geister und Götter von dem Streit angesteckt worden. Als dem Kloster eine ernsthafte Spaltung drohte, kam Buddha nicht ganz zufällig zum Kloster und wurde von einem unparteiischen Mönch über die Angelegenheit aufgeklärt. Da suchte Buddha zuerst das Lager des Vinaya auf und erklärte ihm und den Mönchen, dass man die Eintracht über Rechthaberei stellen müsse, ansonsten drohe eine Spaltung. Dann ging er zu Mönch Sutta und erklärte ihm und seinen Mönchen, dass es besser sei, sich der Eintracht wegen zu entschuldigen, auch wenn man sich keiner Schuld bewusst sei. Beiden Gruppen versuchte er klarzumachen, dass das Nachgeben wichtiger sei, um unnötiges Leiden zu vermeiden. Aber auch das nützte auf Dauer nichts und der Frieden wollte nicht zurückkehren. Als Buddha ein weiteres Mal vor versammelter Runde die Jünger zur Eintracht mahnte und ihnen eine Geschichte von zerstrittenen Königen erzählte, die ihren Streit beilegen konnten, blieben die Mönche stur und uneinsichtig. Buddha dachte sich darauf: „Das Herz dieser Mönche ist so verstockt, dass jede Belehrung umsonst ist. Nun denn, das Leben wird sie mit harter Strenge lehren. Genug von diesem Lärm." Er verließ Kosambi und suchte die Einsamkeit des Waldes auf.

Mit der Zeit befanden die Laienanhänger, dass das Benehmen der Mönche gar nicht im Einklang mit der Lehre stünde und kamen überein, die Mönche nicht mehr mit Almosen zu versorgen. Von Hunger geplagt, kamen die Mönche langsam zur Besinnung und verstanden, dass sie die frühere Eintracht herstellen müssten, um von den Laienanhängern wieder respektiert zu werden. Buddha weilte inzwischen nach seinem mehrmonatigen Rückzug im Wald in Savatthi. Als die Mönche von Kosambi davon erfuhren, zogen sie nach Savatthi, um sich bei Buddha zu entschuldigen. Aber den Mönchen eilte ein schlechter Ruf voraus, so dass König Pasenabi die Mönche nicht in die Stadt lassen wollte. Buddha aber beschwichtigte ihn, weil er wusste, dass die Mönche endlich zur Besinnung gekommen waren und sich entschuldigen würden. Aber als sie ins Kloster kamen, mussten die verstrittenen Mönchsparteien getrennt untergebracht werden, was sie ein weiteres Mal beschämte. Dann aber wurde eine Versammlung abgehalten. Mönch Sutta gestand sein Vergehen ein und die Verfehlung konnte aufgehoben werden. Alle Mönche beider Parteien waren versammelt und mussten der Beendigung des Streites zustimmen. Der Hergang des Streites und seine schlimmen Folgen waren ein mahnendes Beispiel für die späteren Generationen, sich nicht wegen Kleinigkeiten zu entzweien.

 Hast du dich auch schon einmal wegen einer Kleinigkeit mit jemandem zerstritten? Wenn du möchtest, kannst du davon erzählen. Überlegt, was man in solchen Fällen tun kann! Fällt es dir leicht, dich zu entschuldigen? Wie fühlst du dich dabei?

Beim Thema Ärger kannst du auch die Geschichte auf Seite 180 „Der Ärger fressende Dämon" lesen.

Was hat die Mönche letztendlich zur Vernunft gebracht?

Wie findest du es, dass die Mönche und Nonnen auf die Almosengaben der Leute angewiesen sind?

30. Angulimala – die große Verwandlung

Als Angulimala, der Sohn des Hofpriesters Bhaggava Gagga, auf die Welt kam, standen die Sterne äußerst schlecht. Da das Horoskop eine Räuberkonstellation anzeigte, nannten die Eltern den Knaben Ahimsaka, der Ungefährliche, und erzogen das Kind in aller Liebe und Sanftmut. So wuchs der Junge zu einem sehr kräftigen, aber auch sehr klugen und guten Mann heran. Er studierte an der angesehensten Universität des Landes und übertraf alle seine Studienkollegen. Sein Lehrer war von Ahimsakas Intelligenz und Freundlichkeit so sehr angetan, dass die Studienkollegen neidisch wurden und einen bösen Plan ausheckten. Immer wieder gingen sie zu ihrem Lehrer und versuchten Ahimsaka, böse Absichten zu unterstellen. Sie behaupteten, Ahimsaka wolle eigentlich nur seinen Platz einnehmen. Mit der Zeit wurde der Lehrer unsicher und bekam es mit der Angst zu tun, und so dachte er sich einen Plan aus, wie er Ahimsaka loswerden könnte.

Als Ahimsaka seine Studienzeit beendet hatte, sollte er der Tradition gemäß seinem Lehrer ein Geschenk machen. Der Lehrer verlangte von Ahimsaka, er müsse ihm eine Kette mit Tausend Fingern schenken. Der Lehrer dachte sich, dass Ahimsaka nicht lange dieser verrückten Idee nachkomme und bald dafür bestraft oder gar umgebracht werde. Ahimsaka wehrte sich anfänglich gegen diese Forderung, aber sein Lehrer bestand darauf.
Statt Toten die Finger abzunehmen, legte er sich in einem Wald vor der Stadt auf die Lauer und tötete Reisende, um an deren Finger zu kommen. Diese Finger fädelte er zu einer Kette auf, die er dann auch trug. So wurde Ahimsaka bald Angulimala genannt, was Fingerkette bedeutet. Jetzt hatte sich seine verbrecherische Anlage voll entfaltet, wie es sein Horoskop angedeutet hatte.

Bald mieden alle den Wald, so dass Angulimala die Leute an verschiedensten Orten überfiel und ihnen einen Finger abschnitt oder sie sogar umbrachte. Niemand war mehr sicher. Die Leute verließen ihre Dörfer und suchten im Königspalast Schutz. Da konnte König Pasenadi nicht länger untätig bleiben und zog mit seinen Soldaten aus, um Angulimala zu fassen.

Als der Hofpriester seiner Frau erzählte, dass der König mit 500 Soldaten ausgezogen sei, um den Verbrecher zu fassen, war sie davon überzeugt, dass sie ihren Sohn finden müsse, bevor noch Schlimmeres passierte.

Zu dieser Zeit blicke Buddha mit seinem himmlischen Auge über die Erde, um nach hilfebedürftigen Menschen zu sehen. Da entdeckte er, dass Angulimala Gefahr lief, sogar seine Mutter zu töten. Es fehlte ihm nämlich nur noch ein Finger, und sein Blutrausch hatte ihm bereits alle Vernunft geraubt. Buddha sah aber auch die guten Seiten in Angulimala. So begab er sich rasch auf den Weg, um ihn zur Vernunft zu bringen. Als Buddha in jene Gegend kam, wo Angulimala sich aufhielt, warnten ihn die Leute: „Buddha, bitte geh nicht diesen Weg weiter, dort hält sich Angulimala, der Massenmörder auf. Bring dich sofort in Sicherheit." Buddha aber hingegen blieb ruhig und zog still weiter.

Als Angulimala seine Mutter in der Ferne erblickte, konnte selbst ihr freundlicher Blick ihn nicht erweichen. Unmittelbar darauf kam Buddha des Weges. Da dachte sich Angulimala: „Warum meine Mutter töten? Dieser Asket tut es auch." Mit gezücktem Schwert stürmte er auf Buddha los. Doch dieser aktivierte seine magischen Kräfte und war plötzlich unheimlich schnell. Angulimala konnte es kaum fassen, dass dieser Mönch ihm davonraste, ohne sich anzustrengen. Das machte ihn noch wütender und stachelte seinen Wetteifer noch mehr an. So sehr sich Angulimala aber auch anstrengte und an Geschwindigkeit zulegte, es gelang ihm nicht, Buddha einzuholen. Angulimala war schneller als ein Pferd, aber Buddha war ihm etliche Meter voraus, obwohl er gemütlich zu gehen schien. Allmählich wurde Angulimala gewahr, dass sich hier etwas sehr Ungewöhnliches abspielte und rief dem Buddha zu: „Bleib stehen Asket, bleib stehen!" Buddha blieb stehen, blickte Angulimala an und erwiderte mit ruhiger Stimme: „Angulimala, ich bin schon längst stehen geblieben. Du aber bist ohne Rast und Ruh." Angulimala verstand nicht, was gemeint war und fragte: „Sag Asket, was meinst du? Du gehst vor mir her und sagst, du wärest schon längst stehen geblieben? Wie soll ich das verstehen?" Buddha antwortete: „Ich habe für alle Zeiten innegehalten, anderen Gewalt anzutun. Du aber kennst kein Erbarmen und hältst nicht still, andere zu töten." Diese Worte drangen tief in Angulimalas Herz und rüttelten ihn auf. Wie von einem Blitz getroffen war er von Buddhas ruhiger Erscheinung und Worte in seinem Innersten berührt. Ihm wurde augenblicklich klar, welch großes Glück er erfahren hatte, dass Buddha sich um ihn kümmerte. Er schleuderte seine Waffen auf den Boden und warf sich Buddha zu Füßen: „Oh ehrwürdiger Asket, ich weiß, du bist der Buddha. Du hast mir die Augen und mein Herz geöffnet. Bitte nimm mich in den Orden auf. Ich will alles zurücklassen und ein untadeliges Leben beginnen." Buddha nickte: „Nun, es wird nicht leicht für dich. Schreckliches hast du den Menschen dieser Stadt angetan. Aber viel gute Kraft steckt in dir. Steh auf und sei ein Mönch meiner Sangha." Buddha und Angulimala schlossen sich nun den anderen Mönchen an und gingen nach Savatthi in ihr Kloster.

Vor dem Kloster kam gerade König Pasenadi mit den Soldaten angeritten. Da fragte Buddha den König, ob er in den Krieg ziehe. Er verneinte und erklärte, dass sie nach Angulimala suchen würden, er sich aber nicht viele Chancen erhoffe. Buddha fragte den König darauf: „König Pasenadi, was würdest du tun, wenn Angulimala von seinem schrecklichen Wandel abgelassen hätte, das Töten und Verletzen aufgegeben und Mönch geworden wäre?" König Pasenadi antwortete: „Ich würde ihn wie jeden anderen Mönch mit Respekt behandeln und ihn mit den vier Habseligkeiten der Mönche ausstatten." Mit einer Handbewegung ließ Buddha Angulimala holen. Als dieser mit kahlgeschorenem Haupt und Robe vor dem König stand und Buddha sagte: „Hier ist er, Anguligmala, ein Mönch meiner Sangha", zuckte König Pasenadi zusammen und war sehr aufgeregt. Doch Buddha beruhigte ihn sogleich: „König, ihr braucht euch nicht fürchten. Angulimala ist nicht mehr derselbe." Nachdem sich der König beruhigt hatte, wollte er Angulimala mit den vier Habseligkeiten ausstatten. Angulimala aber lehnte dankend ab, weil er die strengere Lebensweise einhalten wollte: Leben im Wald, Almosengang und eine Robe aus aufgelesenen Fetzen.

Als Angulimala künftig ins Dorf ging, um Almosen zu erhalten, versteckten sich die Leute aus Angst. Kein Reiskorn fand in seine Almosenschale. Es dauerte, bis einige Stadtbewohner Vertrauen in Buddhas Urteil fassten und Angulimala etwas gaben. Diese Zeit war für Angulimala sehr schwierig, weil ihn schlimme Gewissensbisse plagten. Setzte er sich zur Meditation hin, tauchten in seinem Geist all die Gesichter auf, die vor ihrem Tod um Erbarmen flehten. So fand er keine Ruhe, und die Meditation wollte nicht gelingen.

Eines Tages war Angulimala auf Almosengang, da kam er an einem Haus vorbei, wo eine Frau in den Wehen lag und fürchterliche Schmerzen hatte. Das Kind wollte nicht auf die Welt kommen. Als Angulimala von dieser Frau im Kloster erzählte, sagte Buddha: „Angulimala, du bist von Mitleid bewegt. Das ist ausgezeichnet. Suche die Frau erneut auf und mache eine Wahrheitsbezeugung! Sage ihr: >Schwester, seitdem ich geboren wurde, kann ich mich nicht erinnern, dass ich mit Absicht ein Lebewesen getötet habe. Aufgrund dieser Wahrheit möge es dir gut gehen und dein Kind möge gesund sein.<" Angulimala protestierte, weil er ja so viele Menschen getötet hatte. Buddha erwiderte: „So sage denn: >Seit ich gesegnet bin mit edler Geburt als Mönch des Buddha, kann ich mich nicht erinnern, dass ich mit Absicht ein Lebewesen getötet habe. Aufgrund dieser Wahrheit möge es dir gut gehen, und dein Kind möge gesund sein.<" Auf diese Weise wurde Angulimala bewusst, dass die Ordination zum Mönch der Beginn eines neuen Lebens war und er sich nicht ständig an seine früheren Gräueltaten erinnern sollte.

Als Angulimala wieder bei der Frau war, faltete er seine Hände und sagte: „Liebe Frau, hör mir gut zu. Folgendes möchte ich dir auf Geheiß des Buddha sagen: >Seit ich als Mönch des Buddha ein neues Leben begonnen habe, kann ich mich nicht erinnern, dass ich mit Absicht ein Lebewesen getötet habe. Aufgrund dieser Wahrheit möge es dir gut gehen, und dein Kind möge gesund sein.<" Die Frau atmete dreimal tief durch und machte einen gewaltigen Schrei. Das Kind bewegte sich und war nach wenigen Minuten gesund auf der Welt. Die ganze Familie war hocherfreut über Angulimalas Hilfe. So wie er früher eine außergewöhnliche körperliche Kraft hatte, half nun sein bekehrtes starkes Herz andere zu heilen.

Im Kloster berichtete Angulimala überglücklich, was sich zugetragen hatte. Bald erfuhr das ganze Dorf davon und vertraute Angulimala allmählich wieder. Jetzt bekam er wieder Almosen und konnte gut meditieren. Auch wenn er manchmal Prügel bezog, ertrug er diese geduldig, denn Buddha erklärte ihm, dass er nun die Ernte seiner Saat ertragen müsse. Nach geraumer Zeit erlangte Angulimala sogar das Erwachen. Und über die Jahrhunderte wurde Angulimala in den buddhistischen Ländern zum Schutzpatron der schwangeren Frauen. Das bedeutet, dass man Angulimala während der Schwangerschaft und zur Geburt um Schutz und Beistand bittet.

 Was gefällt dir an dieser Geschichte und was nicht?
Findest du es in Ordnung, dass Buddha Angulimala Mönch werden ließ?
Was wäre denn wahrscheinlich passiert, wenn Buddha nicht eingegriffen hätte?
Von der Geschichte über Angulimala kann man einiges über das Karma lernen. Was kannst du da erkennen? Fällt alles im gleichen Maße auf einen zurück?

 Übt die Metta Meditation auf Seite 193!

 Such dir eine Szene aus, die du gerne malen würdest, und bring sie zu Papier!

 Im Anhang findest du diese Geschichte als Theaterstück ausgearbeitet. Lest sie zuerst mit verteilten Rollen und versucht das Stück aufzuführen.

 Lest diesen Text oben oder den im Anhang auf Seite 205 mit verteilten Rollen!

31. Khema – die Weise

Diese Geschichte erzählt dir, wie eine äußerst hübsche Königin zur weisesten Nonne wurde. Khema war aus königlichem Hause und außergewöhnlich schön. König Bimbisara macht sie als junge Frau zu seiner Gemahlin und wollte sie mit der Zeit ebenfalls mit Buddha bekannt machen. Sie lehnte aber einen Besuch im Bambushainkloster ab, denn sie fürchtete Buddha könnte ihr Schönheitsdenken kritisieren oder ihr die Freude an den schönen Dingen des Lebens rauben. Erst als Sängerinnen eines Abends bei einem Festmahl über die Schönheit des Bambushainklosters und den harmonischen Frieden dort sangen, wurde sie neugierig.

Es dauerte nicht lange, bis Khema sich selbst von der Schönheit des Klosters überzeugen wollte. In königlicher Pracht erschien die Königin in der Vortragshalle, wo Buddha eine Predigt halten sollte. Als Buddha vor die versammelte Zuhörerschaft trat, sah er selbstverständlich sofort die Königin und konnte unmittelbar ihre Gedanken lesen. Es herrschte edle Stille im Raum und jeder genoss die Präsenz Buddhas. Die meisten verstanden Buddhas freundliches Lächeln und Schweigen als Einladung zur Meditation. Als sodann die meisten in Stille meditierten, widmete sich Buddha Khemas Geist. Mit seinen übernatürlichen Kräften ließ er für Khema eine junge wunderschöne Frau neben sich erscheinen, die ihm kühle Luft zufächelte. Khema war von dieser Frau und Schönheit so fasziniert, dass sie dachte: „Diese Frau ist weitaus schöner als ich. Buddha weiß genau, was schön ist. Wer etwas anderes behauptet, liegt total daneben." Dann aber ließ er für Khema die hübsche Gestalt allmählich altern. Falten zeigten sich im Gesicht, die Haut verlor an Spannkraft und Glanz, graue Haare wurde sichtbar. Es dauerte nicht lange und Khema sah nur noch die Gestalt einer uralten Greisin, die sterbend zu Boden sank. Schlagartig wurde Khema bewusst: „Auch mein Körper wird dieses Schicksal erleiden. All die Sorge um die Schönheit ist wenig nützlich."

Buddha entgingen all ihre Erkenntnisse nicht und begann ein Gespräch mit ihr, in dem sie blitzschnell verstand. Durch weitere Belehrungen erlangte Khema noch in selber Stunde im Gewand einer Königin das Nirvana. König Bimbisara erkannte, was das für ihn zu bedeuten hatte und gab Khema die Erlaubnis, Nonne zu werden. Diese äußerst schnelle Verwirklichung des Erwachens kam nicht von ungefähr, erklärte Buddha. Khema habe nämlich in den früheren Leben bei verschiedenen Buddhas gelernt und war selbst Lehrerin des Dharma. In einem früheren Leben war sie sogar Buddhas Frau.

So wie Shariputra bei den Mönchen als der Weiseste galt, stand bei den Nonnen Khema an der Spitze der Weisen. Eine Begegnung mit König Pasenadi, der in Kosala unterwegs war und in einer kleinen Stadt haltmachte, hebt die Weisheit und Intelligenz Khemas schön hervor. Der König wollte in jener Stadt eine spirituelle Unterhaltung führen und befahl einem Diener, einen ortsansässigen Brahmanen oder Asketen ausfindig zu machen. Er fand zwar keinen Brahmanen oder Asketen, aber dafür erfuhr der Diener, dass die Nonne Khema in dieser Stadt weilte, die zu jener Zeit bereits wegen ihrer Weisheit und Intelligenz berühmt war. König Pasenadi war ein Anhänger Buddhas und war gespannt, wie das Gespräch mit Khema verlaufen würde. Nachdem er sie ehrwürdig begrüßt hatte, fragte er sie: „Wie ist das eigentlich? Was geschieht mit Buddha, wenn er gestorben ist? Lebt er da weiter oder ist er einfach tot?" Khema antwortete: „Buddha hat dazu nichts gesagt, König Pasenadi. Er hat weder gesagt, dass er lebt, noch dass er nicht lebt." König Pasenadi runzelte seine Stirn: „Was ist dann mit Buddha? Das verstehe ich nicht." Khema lächelte und erwiderte: „Sehr gut, wenn ihr keine Antwort zur Verfügung habt. Das Wesen eines Buddha kann man nämlich nicht mit einem normalen Verstand erfassen. Lasst mich einen Vergleich anstellen. Was glaubt ihr? Gibt es einen Gelehrten in eurem Königreich, der die Größe des Ozeans berechnen könnte?" Der König überlegte kurz und schüttelte ein wenig seinen Kopf: „Ehrwürdige Khema, nein, es gibt keinen Gelehrten in meinem Königreich. Der Ozean ist zu groß, zu tief, einfach unermesslich." Khema führte weiter aus: „Und genauso wie einen Ozean müsst ihr euch Buddha vorstellen. Er ist unermesslich, zu tief, nicht mit dem gewöhnlichen Verstand zu begreifen. Wir sind eine Zusammensetzung aus Stoffen der Erde, aus Gefühlen, Gedanken, Wahrnehmung und unser Bewusstsein. Aber ein Buddha hat sich von all diesen Dingen befreit. Er ist jenseits all unserer Erkenntnismöglichkeiten." König Pasenadi nickte erfreut und sprach: „Vortrefflich ehrwürdige Khema. Ihr habt mir die Augen geöffnet. Ein Buddha ist nicht mit den gewöhnlichen Mitteln des Verstandes zu verstehen, er hat sich von allen Begrenzungen des Lebens befreit. Ich danke euch vielmals für diese Erklärung."

 Spricht dich an dieser Geschichte etwas besonders an? Erkläre warum! Was glaubst du, warum Buddha Khema gerade eine besonders hübsche Frau erscheinen ließ? Was erkannte Khema dabei deutlich?

 Suche dir eine Szene aus, um sie kreativ darzustellen!

 Verteilt die Rollen und lest miteinander die Geschichte!

32. Buddhas Sohn Rahula erlangt das Nirvana

Wir haben schon erfahren, dass Buddha sich insbesondere seinem Vater und seiner Mutter auf dem Weg zur Befreiung gewidmet hatte. Jetzt wollen wir uns Rahula, Buddhas Sohn, zuwenden, der ja schon im zarten Alter von sieben Jahren zum Novizen geweiht worden war. Bei all den vielen Aufgaben, die Buddha zu bewältigen hatte, fand er dennoch Zeit ein wachsames Auge auf seinen Sohn zu halten. So half er Rahula, als er ungefähr sechszehn Jahre alt war, zu verstehen, dass Lügen nicht in Ordnung ist und er sich selbst Schaden zufügt. Er mahnte ihn, nur die Wahrheit zu sagen. Ferner fragte Buddha seinen Sohn: „Rahula, wozu ist ein Spiegel gut?" Rahula antwortete ihm: „Zum Widerspiegeln, mein Vater. Mit dem Spiegel sehe ich, wie ich aussehe zum Beispiel." Buddha fuhr dann aber fort: „Sehr wohl. So sollst du dich wie mit einem Spiegel bei deinen Handlungen selbst betrachten. Bevor du etwas tust, sei es mit dem Körper, mit Worten oder mit dem Geist, stell dir die Handlung vor, als würdest du sie in einem Spiegel sehen. Überlege dir dann dabei, welche Folgen diese Handlung hat. Überlege gut. Ist die Handlung für mich und andere Wesen heilsam oder unheilsam? Wenn du erkennst, dass du oder andere durch die Handlung verletzt werden oder Schaden nehmen, dann unterlass die Handlung. Nimmt aber niemand Schaden oder wird niemand verletzt, kannst du die Handlung ausführen." Rahula horchte aufmerksam zu und sprach: „Vielen Dank, mein Vater. Das will ich gerne beherzigen." Buddha erklärte dann aber weiter: „Rahula, verwende diesen Spiegel des Geistes aber auch, nachdem du eine Handlung ausgeführt hast. Überlege dir genau, welche Folgen hatte die Handlung, war sie heilsam oder unheilsam für dich oder für andere Wesen. Wenn sie für dich und andere Wesen unheilsam war, suche deinen Lehrer auf und bekenne ihm ehrlich deine Verfehlung. In der Zukunft sollst du aber Zurückhaltung üben und von einer solchen Handlung ablassen. Sollte deine Handlung hingegen gute und heilsame Folgen für dich und andere Wesen gehabt haben, freu dich darüber und widme dich der Meditation." Rahula verstand und tief bewegt bedankte er sich.

Buddha beobachtete stets Rahulas Fortschritte und gab gemäß seiner Entwicklung die passenden Hilfestellungen. Einmal merkte Buddha, dass Rahula sich zu sehr an der Schönheit des Körpers erfreute. Da half er ihm, diese Verliebtheit aufzugeben. Er wies ihn auch an, verschiedene Meditationsübungen zu unternehmen, aber auf die Achtsamkeit des Atems legte er großen Wert.

Ein andermal untersuchte Buddha Rahulas Geistesverfassung und befand, dass er nur noch wenig Unterstützung brauchte, um gänzlich befreit zu werden. Nach dem Almosengang suchte Buddha Rahula auf und nahm ihn mit in den Wald. „Rahula, schau! Dort unter diesem Baum ist ein guter Platz für uns. Setz dich dort hin." Die Götter versammelten sich, für gewöhnliche Menschenaugen unsichtbar, zu Tausenden, denn sie spürten, dass Großes vor sich ging. Da fragte Buddha: „Rahula ist dein Körper vergänglich oder nicht?" Rahula antwortete: „Vater, mein Körper ist vergänglich. Aber warum fragst du?" „Was würdest du sagen, leidet der Mensch an der Vergänglichkeit oder erfreut er sich ihrer?" Rahula überlegte ein wenig und antwortete: „Ich denke, wir leiden an der Vergänglichkeit. Wir wollen zum Beispiel nicht, dass wir alt werden." Buddha nickte erfreut und fragte weiter: „Glaubst du, es ist gut, wenn man an dem vergänglichen Körper anhängt?" Jetzt verstand Rahula und sprach: „Nein, denn hängt man dem Körper an, leidet man. Der Körper mit all seinen Sinnesorganen, alles ist vergänglich und wer der Körperlichkeit anhängt, muss leiden, weil alles dem Verfall unterworfen ist." „Sehr richtig. So ist es auch mit den Gefühlen, dem Wahrnehmen und dem Denken. Nichts bleibt, sondern alles ist vergänglich. Wer sich dessen klar geworden ist, sucht nicht mehr sein Glück bei diesen Dingen, sondern wird ernüchtert. Ist man ernüchtert, steigt Freude auf, weil man diesen Dingen nicht mehr hinterherjagt." Jetzt verstand Rahula Buddhas Lehre der Vergänglichkeit, die er schon oft gehört hatte, in all seiner Tiefe, weil er von den begehrlichen Dingen vollkommen losgelassen hatte. Tief beglückt und befreit, verneigte er sich hocherfreut. All das Üben hatte seinen Höhepunkt im Nirvana gefunden.

Was denkst du, war es richtig, dass Rahula in den Orden aufgenommen wurde?

War es richtig, dass Buddha den Palast verlassen hatte, kurz nachdem Rahula auf die Welt gekommen war? Versuche zu erklären, warum du dieser Meinung bist!

Kannst du Buddhas Spiegelvergleich für dich anwenden?
Könntest du deinen Freunden erklären, was man unter Vergänglichkeit versteht?

 Versuchen wir miteinander den inneren Spiegel zu aktivieren. Nehmen wir zuerst eine problematische Handlung und danach eine heilsame:
Stell dir vor, du würdest deinem Papa 100 Euro aus der Geldtasche stehlen. Es dauert ein wenig, aber nach einigen Stunden spricht er deine Mama an, ob sie vielleicht 100 Euro aus der Geldtasche genommen hat. Sie sagt nur, dass sie davon nichts wisse. Er aber könnte schwören, dass er 100 Euro in der Geldtasche hatte. Kannst du dir vorstellen, wie es dir dann geht?
Stell dir vor, du siehst, wie eine alte Frau bei einem Kiosk nicht merkt, wie ihr 100 Euro auf den Boden fallen. Sie geht vom Kiosk weg, und nur du siehst den 100 Euro-Schein am Boden liegen. Stell dir vor, du holst schnell den 100 Euro-Schein und bringst ihn der alten Frau. Diese Frau freut sich riesig und bedankt sich sehr. Was glaubst du, wie geht es dir dabei?

 Lest die Geschichte mit verteilten Rollen!

33. Tiere und Kinder:

Grundsätzlich lehrte Buddha, dass man gegenüber allen Wesen Liebe und Mitgefühl hegen sollte. Insofern kam es nicht in Frage, irgendein Wesen zu verletzen. Freilich gehören auch Tiere dazu, die mit Liebe und Mitgefühl behandelt werden sollten. Den Nonnen und Mönchen sagte er, dass selbst Ameisen vor dem Tod zu verschonen sind. Tieropfer lehnte Buddha strikt ab. Denn bei den Tieropfern wird nicht nur den Tieren das Leben genommen, sondern man ladet sich selbst auch schlechtes Karma auf. Man schadet sich also vielmehr, als dass man durch die Tieropfer wirklich Nutzen ziehen könnte. Stattdessen sollte man Tieren Gutes tun und sie wie Bruder und Schwester behandeln, erklärte Buddha.

Einmal trug es sich zu, dass Buddha im Kloster zu Savatthi mit seiner Almosenschale in die Stadt wollte. Da traf er auf Kinder am Fluss, die beim Angeln waren. Er ging auf sie zu und fragte sie: „Kinder, habt ihr Angst vor Schmerzen? Mögt ihr Schmerzen auch nicht gern?" Da antworteten die Kinder einmütig: „Ja sicher, wir haben Angst vor Schmerzen und mögen sie nicht." Buddha lächelte freundlich und ergänzte: „Glaubt ihr, die Fische erleiden Schmerzen, wenn ihr sie fangt und aus dem Wasser holt?" Einige Kinder nickten zustimmend, andere wiederum schienen unsicher. „Nun denn, wenn ihr Angst habt vor Schmerzen und den Schmerzen aus dem Weg gehen wollt, vermeidet jede böse Tat. Ihr sollt nichts Böses tun, ob es für andere sichtbar oder vor den Augen anderer verborgen ist. Denn, lasst euch gesagt sein: fügt ihr anderen Wesen Schmerzen und Leid zu, werden die bösen Taten auf euch zurückfallen. Hegt vielmehr Mitgefühl für alle Wesen. Stellt euch vielmehr vor, ihr wäret ein Fisch, eine Maus oder ein Reh. Wie wollt ihr da behandelt werden?" Einige Kinder konnten sich gut in einen Fisch, in eine Maus oder in ein Reh hineinversetzten und sagten unverzüglich: „Also, ich möchte nett behandelt werden!" Buddha nickte und ging weiter. Während die meisten Kinder sich über Buddhas Belehrung freuten, sagte ein stolzer Junge: „Pah, was hat mir der Mönch schon zu sagen. Ich mach, was mir Spaß macht." Ein anderer Junge erwiderte aber: „Weißt du nicht, wer das war? Das war der Buddha. Er hat schon viele Wunder getan und was er sagt, entspricht sicher der Wahrheit. Ich lass das lieber besser sein. Und die Fische haben sicher keine Freude, wenn wir sie fangen und dann zu Tode bringen. Es gibt noch andere Möglichkeiten, Spaß zu haben." Der Junge stand auf und verließ mit einigen anderen den Angelplatz. Der stolze Junge hingegen blieb mit seinen Freunden sitzen und angelte weiter.

Ein andermal war Buddha ebenfalls in Savatthi auf dem Weg zum Almosengang und traf auf eine Horde von Burschen, die auf eine Schlange einprügelten. Da trat er an sie heran: „Jungs, was tut ihr denn da? Warum schlagt ihr auf das Tier so heftig ein?" Ein Junge antwortete: „Wir töten das böse Biest. Gerade letzte Woche ist ein Kind an einem Schlangen-

biss gestorben." Der Buddha blickte den aufgewühlten Jungen an und fragte ihn ruhig und mitfühlend: „Hast du dieses Kind gekannt?" „Ja sicher, die Schlange hat meinen Cousin gebissen." Buddha meinte dazu: „Den hast du gerne gehabt, nicht? Ich sehe es dir an, du bist noch traurig. Das tut mir sehr leid." Der Junge nickte und wischte sich eine dicke Träne aus den Augen. Der Junge spürte zugleich Buddhas tiefes Mitgefühl und fühlte, wie sich seine Wut und Verlorenheit auflösten. Buddha hingegen wandte sich an die anderen Burschen: „Was glaubt ihr? Wollen alle Wesen glücklich sein?" Die Burschen antworteten einmütig: „Ja sicher, jeder will glücklich sein." „Könnt ihr euch vorstellen, dass das auch für Schlangen gilt?" Die Burschen schauten ein wenig verdutzt drein, aber nach einigem Zögern bejahten sie erneut. Buddha sprach ferner: „Beherzigt bitte, dass man andere nicht schlagen sollte, wenn man selbst Glück erfahren will, ansonsten ist einem das Unglück auf den Fersen. Bedenkt vielmehr, dass alle Wesen glücklich sein wollen, wie ihr selbst erkannt habt." Als Buddha wegging, sah er die unheilvolle Zukunft einiger Burschen, die nicht aufhörten, sich einen Spaß daraus zu machen, Tiere zu verletzen und zu töten.

Was ist dein Lieblingstier? Warum hast du dieses Tier so gerne?
Hast du zuhause Tiere? Kümmerst du dich auch manchmal um diese Tiere?
Erzähl ein bisschen, was du mit ihnen so tust!
Hast du den Eindruck, dass Tiere auch Gefühle haben?
Kannst du an Beispielen erklären, woran du das beobachtet hast?
Was hältst du davon, wie Buddha mit den Kindern redet?
Wenn du eine weitere Tiergeschichte kennen lernen willst,
kannst du auf Seite 167 und 171 noch welche finden.
Schaut euch zuerst die Meditation unten an und erzählt einander,
wie es euch dabei gegangen ist, als ihr euch in die Kuh eingefühlt habt!

Stell dir vor, du hättest einen Traum, in dem du eine Kuh wärest. Du lebst bei einem Bauern, der seine Kühe sehr liebevoll behandelt. Du bekommst gutes Futter, er spricht mit dir freundlich und bringt dich oft auf saftige Wiesen. Eines Tages bist du auf einer Wiese, die von einem elektrischen Draht durchtrennt ist. Du stehst bei diesem Draht und auf der anderen Seite steht eine andere Kuh. Du sprichst die Kuh auf der anderen Seite an und fragst, wie sie heißt? Zudem willst du wissen, wie es ihr geht. Da erzählt sie dir, dass es ihr nicht gut geht. Der Bauer würde sie oft schlagen, und sie müsse in einem Stall leben, wo es kaum Licht gebe. Der Stall würde viel zu wenig vom Mist gesäubert, und sie bekämen zu wenig Stroh. Du kannst dich in diese Kuh richtig einfühlen und wünscht ihr alles Beste, dass es ihr bald besser geht. Selbst bist du nun umso mehr dankbar für deinen freundlichen Bauer.

 Zeichne ein Bild, auf dem du mit deinem Haustier abgebildet bist!

 Sucht euch eine der beiden Geschichten aus und versucht sie als kleines Theaterstück aufzuführen!

 Lest eine Geschichte mit verteilten Rollen!

34. Buddha kümmert sich um Kranke

Der Buddha kümmerte sich gut um die Kranken. Das war zu jener Zeit keine Kleinigkeit, denn die Medizin war bei weitem nicht so fortschrittlich wie heute. Die Menschen litten stark an Krankheiten und starben früh. Buddha suchte oft den Krankensaal auf, wo er sich den Kranken liebevoll widmete.

Als zum Beispiel der Mönch Vakkali schwer erkrankt war, ließ er nach Buddha rufen. Nachdem Buddha von den Mönchen informiert war, stattete er ihm bald einen Krankenbesuch ab. Vakkali war hocherfreut, als Buddha an sein Krankenbett kam. Mit aller Kraft richtete er sich auf: „Ehrwürdiger Buddha, welch Freude ist es, dich begrüßen zu dürfen. Bitte nimm dort Platz." Buddha lächelte Vakkali an und sagte: „Vakkali, müh dich nicht ab. Nimm wieder eine gemütliche Position ein, und ich setze mich dort hin. Aber sag, wie geht es dir? Ist es erträglich? Nehmen die Schmerzen ab oder nehmen sie zu?" Vakkali antwortete: „Leider wird es nicht besser, die Schmerzen sind schrecklich und werden nicht weniger." Da kümmerte sich Buddha um Vakkalis geistige Verfassung und fragte ihn: „Gibt es etwas, dass dein Gewissen belastet, wo du vielleicht Reue empfindest?" Vakkali verneinte: „Nein, es gibt nichts, was mein Gewissen belastet."

Buddha lächelte sanft und führte Vakkali nun die Vergänglichkeit vor Augen, dass er besser loslassen konnte. Dann verabschiedete sich Buddha, und es dauerte es nicht mehr lange, bis Vakkali als Erlöster gestorben war.

Ein anderes Mal ging Buddha in Begleitung von Ananda durch eines der Klöster und fand einen kranken Mönch vor, der schwer an einem Magenproblem litt. Es stank fürchterlich, weil er in seinen Ausscheidungen lag, als sie an seiner Hütte vorbeikamen. Buddha wandte sich an den Mönch und fragte: „Was fehlt dir denn Mönch, welche Krankheit plagt dich so sehr?" Schmerzverzehrt antwortete der Mönch: „Buddha, ich habe mir den Magen verdorben. Vielleicht ist etwas Ungesundes in meine Almosenschale gelangt." Buddha nickte: „Ja, das kann schon mal passieren, dass der Magen nicht mitspielt. Hast du denn niemanden, der sich um dich kümmert? Hast du keinen Krankenpfleger?" „Leider nein, ehrwürdiger Buddha. Das ist wahrscheinlich so, weil ich den anderen Mönchen auch nicht geholfen habe, wenn sie krank waren." Buddha schüttelte ein wenig den Kopf und wandte sich an Ananda: „Ananda, hol uns Wasser, wir werden diesen Mönch waschen." Wenig später wuschen Buddha und Ananda den kranken Mönch und kümmerten sich um sein Wohl. Nachdem der Mönch mit allem versorgt war und wieder sauber in seinem Bett lag, ließ Buddha alle Mönche versammeln und sprach zu ihnen: „Ihr Mönche, gibt es in eurer Mitte einen Mönch, der krank ist und wisst ihr auch, was für eine Krankheit er hat?" Einige Mönche antworteten: „Ja Buddha, wir haben einen Kranken, der an schlimmen Magenproblemen leidet." „Und gibt es jemanden unter euch, der sich um diesen Kranken kümmert?", fragte Buddha. „Nein Buddha, niemand sieht nach ihm, denn er hat sich geweigert, auch anderen Kranken zu helfen", erklärten einige Mönche. Da wandte sich Buddha an alle: „Ihr Mönche, ihr habt weder Mutter noch Vater, die euch pflegen können. Wenn ihr euch nicht gegenseitig pflegt, wer soll es dann tun? Hört mir genau zu! So wie ihr mich pflegen würdet, so sollt ihr nämlich Kranke pflegen. Folgt der Ordnung, die ihr gut kennt. Kümmert sich niemand um einen Kranken, so begeht man einen großen Fehler." Die Mönche waren beschämt, denn es hatte sich schnell herumgesprochen, dass Buddha selbst und Ananda den kranken Mönch gewaschen und versorgt hatten. Buddhas Ansprache und gutes Vorbild spornten die Mönche nun umso mehr an, einander Mutter und Vater zu sein.

 Kannst du dich noch daran erinnern, wie du das letzte Mal krank warst? Was für eine Krankheit hattest du da und an welchen Schmerzen hast du dabei gelitten? Erzählt einander darüber ein bisschen!
Wer hat euch da am meisten geholfen?
Hast du schon andere im Spital besucht oder warst du selbst schon im Krankenhaus und wurdest besucht? Wie ging es dir dort? Hast du dich auf Besuch gefreut?

 Diese Meditation kannst du für dich oder für andere durchführen – auch für Tiere.

Bring dich zuerst in eine gute Meditationshaltung! Stell dir vor, du wärest auf einem hohen Berg und könntest in den blauen Himmel blicken. Vielleicht hast du eine Klangschale zur Hand. Wenn du keine hast, kannst du auch ein schönes OM singen. Singe dreimal das OM oder schlage sanft die Klangschale und stell dir vor, wie am blauen Himmel ein kleines Licht allmählich größer wird und näherkommt. Dann erkennst du langsam, dass das Licht ein meditierender Buddha ist, der auf einer Lotusblüte sitzt. Dieser Buddha ist eine Lichtgestalt und ist ebenfalls blaufarben. Ungefähr ein bis zwei Meter bleibt er ein wenig über dir stehen und schwebt auf dem Lotus sitzend. Er lächelt dich freundlich an. Stell dir vor, du würdest Buddhas Liebe und Weisheit spüren. Du fühlst dich in seiner Gegenwart schon viel besser. Dieser Buddha hat in der rechten Hand eine Heilpflanze und in der linken Hand ein Gefäß mit Medizin. Du freust dich sehr, dass dich Buddha besucht. Genieße einige Augenblicke diese Begegnung. Jetzt singst du ein weiteres Mal das OM oder schlägst sanft die Klangschale. Stell dir vor, aus dem Herzen Buddhas strömt ein weißes Licht, das zu deinem Kopf strömt. Das Licht fühlt sich sehr angenehm an und entspannt deinen Kopf. Das Licht strömt nun in deinen ganzen Kopf, in den Hals usw. in den ganzen Körper.

Wenn du möchtest, kannst du dieses Heillicht auch einer kranken Person oder einem Tier schicken. Stell dir einfach vor, wie das Heillicht aus der Brust Buddhas auf den Kopf dieser Person oder dieses Tieres einströmt. Bevor du die Meditation beendest, spüre bewusst deinen Körper und nimm deinen Atem wahr, schau, wie es sich für dich angefühlt hat.

Mantra Medizinbuddha:

OM BHEKANDZE BHEKANDZE / MAHA BHEKANDZE /
RANDZA SAMUNGATE SOHA

35. Sunita der Straßenkehrer

In den Morgenstunden blickte Buddha oft mit seinem Weisheitsauge über die Welt, um der Menschen Geschicke zu erspähen. Dabei erkannte er, wer an jenem Tag möglicherweise durch seine Hilfe vor großem Unglück bewahrt oder zur Lehre Buddhas geführt werden konnte. So sah er eines Tages früh am Morgen, dass Sunita, der Straßenkehrer, mit offenem Herzen seiner Arbeit nachging. Als Straßenkehrer gehörte Sunita zu jenen Menschen, die keine Achtung erfuhren. Vielmehr machte man um sie einen großen Bogen und mied es, mit ihnen in Kontakt zu kommen, weil man glaubte, nur schon die kleinste Berührung mit ihnen mache unrein. Von weitem erkannte man die Straßenkehrer wegen ihrem ärmlichen und elenden Aussehen. Bei Straßenkehrern fand sich deshalb keine Spur an Selbstwert. Das war nicht verwunderlich. Kam nämlich eine reiche oder geachtete Persönlichkeit des Weges, wurden sie wie streunende Hunde verscheucht.

Als Buddha mit seinen Mönchen durch die Straßen Rajagahas schritt, kam es den meisten so vor, als erhellte eine Gottheit die Häuserschluchten. Auch wenn Buddha und die Mönche die fahlen Roben trugen, so waren die Stadtbewohner doch von der inneren Schönheit und Kraft Buddhas und der Mönche stark beeindruckt. Das bedeutete aber, dass man eine ordentliche Portion Selbstbewusstsein brauchte, um Buddha direkt an-zusprechen. Sunita hatte weder Reichtum, Bildung noch Selbstachtung. Er wäre am liebsten im Boden versunken, als Buddha in seine Richtung ging. Er musste nämlich fürchten, dass er in der nächsten Sekunde von anderen Passanten angepöbelt wird. Aber eine Seitengasse rettete ihn. Er bog eilig links ab, machte schleunigst zehn Schritte und drosselte sein Tempo, um wieder weniger aufzufallen. Er glaubte, wenigstens für die-ses Mal, einer weiteren Demütigung entgangen zu sein. Als Sunita sich dann aber umdrehte, sah er, wie Buddha in die Gasse einbog und auf ihn zuging. Jetzt wusste er sich keinen Rat mehr. Vor Buddha davonzulaufen, fand er ungehörig, so drückte er sich mit dem Rücken an die Wand, um Buddha ungehindert passieren zu lassen. Als Buddha aber vor Sunita ste-hen blieb und ihn mildgütig anlächelte, war Sunitas Herz tief gerührt. War er doch gewohnt, verjagt oder gar angespuckt zu werden. Er fühlte sich ganz angenommen und in keiner Weise abgelehnt, sondern eine Woge tiefen Mitgefühls und Liebe überschwemmte ihn. Sunita sank auf die Knie und setzte seine Stirn vor Buddhas Füßen auf den Boden. Buddha wusste, welche tiefe Achtung Sunita vor ihm hatte und welch gütiges Herz in sei-ner Brust schlug. Da sprach Buddha zu Sunita: „Sunita, erhebe dich!" Ver-legen richtete sich Sunita auf und blieb mit gesenktem Haupt vor Buddha stehen. Da nahm Buddha Sunitas Hand und sprach ihn sanft an: „Sunita, möchtest du ein Mönch werden?" Da hob Sunita sein Haupt und blickte Buddha in die Augen: „Bin ich denn würdig? Nichts Größeres könnte ich mir vorstellen, als bei euch in den Orden aufgenommen zu werden, erha-bener Buddha." „So sei ein Mönch und folge uns auf dem Weg der Befrei-ung." Sunita schossen die Tränen in die Augen, und er sank erneut in die Knie und bedankte sich unzählige Male.

So wurde Sunita zum Mönch geweiht und wurde in der Lehre Buddhas geschult. Sunita zeigte sich als sehr gelehrig und sehr talentiert in der Me-ditation. Als er auf Anweisung Buddhas in der Einsamkeit des Waldes übte, gelang es ihm mit der Zeit sogar seine früheren Leben zu erblicken und die endgültige Befreiung im Nirvana zu erlangen. Das bemerkten selbst die

Götter und huldigten ihm: „Verehrung sei dir Ehrwürdiger, der du die Welt besiegst hast, das Höchste hast du erreicht. Nimm bitte unsere Gaben an." Auch Buddha verfolgte jene Szene mit und lächelte wohlwollend: „Mit Eifer, Selbstbeherrschung und heiligem Wandel wird man ein echter Brahmane, ein echter Priester. Das bist du jetzt Sunita, ein echter Brahmane." Überglücklich war Sunita, der als Straßenkehrer zu den Geringsten gehörte und nun im Besitz des höchsten Glücks war.

Wie gefällt dir die Geschichte von Sunita?
Kannst du dir vorstellen, dass auch ein Straßenkehrer das Nirvana erlangen kann?

Versuche die Begegnung von Buddha und dem Straßenkehrer darzustellen!

Verteilt die Rolle und führt die Geschichte als kleines Theaterstück auf!

36. Kisa Gotami

Die Geschichte Kisa Gotamis erzählt, wie Buddha einer sehr leidenden Mutter half, den Tod ihres Kindes zu verwinden. Kisa Gotami war sehr mager, was ihr Name andeutete, denn Kisa bedeutet hager. Sie war also eine arme und wenig hübsche Frau, die es sehr schwer hatte, einen Mann zu finden, der sie auch wollte. Glücklicherweise erkannte ein reicher Kaufmann ihre inneren Werte, obschon seine Familie davon abriet, sie zu heiraten. Selbst als sie verheiratet waren, wurde sie von der Familie nicht akzeptiert. Das änderte sich endlich, nachdem sie einen Sohn geboren hatte. Nicht nur, dass sie jetzt das Glück einer Mutter genießen durfte, sondern die Familie des Mannes erwies ihr nun ein bisschen Respekt und Achtung. Das ging eine Zeit lang gut, bis das Kind von einer schlimmen Krankheit geplagt wurde, die zum Tode führte. Das traf Kisa Gotami zu hart. Sie wollte den Tod ihres Sohnes einfach nicht wahrhaben. Sie trug ihr Kind im Arm herum und fragte alle, die ihr über den Weg liefen, ob sie nicht eine Medizin für das Kind wüssten. Wenn die Leute ihr sagten, dass keine Medizin helfen würde, weil das Kind schon tot wäre, ignorierte sie das schlichtweg. Sie war von der fixen Idee gefangen, dass ihr Kind durch die passende Medizin wieder gesund werden könne. Die Leute machten sich schon über sie lustig und erklärten sie für verrückt. Als ihr ein weiser und freundlicher Mann begegnete, erkannte dieser ihre Not und empfahl ihr, Buddha im Kloster aufzusuchen. Er wäre der größte Arzt, erklärte er ihr. Das reichte ihr, und sie ließ sich vor Buddha bringen, wo sie um eine passende Medizin fragte: „Seid ihr der Buddha? Ein weiser Mann im Dorf hat mir gesagt, ihr wäret der größte Arzt und könntet mir helfen. Seht, mein Sohn ist krank. Welche Medizin braucht er, damit er wieder gesund wird?" Es war offensichtlich, dass das Kind schon tot war. Aber Buddha verstand, dass ihr Geist die Wahrheit nicht ertragen konnte. Da sagte er ihr: „Das ist keine große Sache. Ich brauche nur einige Senfsamen. Wichtig ist aber, dass du sie selbst besorgst. Klopfe bei den Häusern in der Stadt an und bitte um eine geringe Menge an Senfsamen. Die Senfsamen dürfen aber nur aus einem Haus stammen, in dem noch niemand verstorben ist." Die anwesenden Mönche wunderten sich sehr über Buddhas Antwort, denn Senfsamen waren etwas völlig Gewöhnliches, die man in jedem Haushalt verwendete. Kisa Gotami aber verneigte sich dankend und war sogleich wieder auf dem Weg, die Senfsamen zu besorgen. Als sie vor der ersten Tür stand und ein Mann öffnete, fragte sie: „Werter Herr, dürfte ich einige Senfsamen haben? Ich brauche nicht viel, aber es ist sehr wichtig." Der Mann war ein wenig verdutzt, aber wollte gerne welche bringen. Doch dann fragte Kisa Gotami noch weiter: „Vielen Dank, das ist sehr freundlich von euch. Aber ist in eurem Hause schon jemand verstorben?" Der Mann wunderte sich immer mehr und sah, dass sie etwas mit sich herumtrug. „Ja, vor einem Jahr ist mein Vater gestorben. Es war sehr schlimm für uns, wir haben ihn sehr geliebt." Kisa Gotami war enttäuscht und antwortete: „Das tut mir sehr leid, aber dann nützen mir die Senfsamen nichts." Der Mann verstand gar nichts mehr und fand die ganze Sache sehr seltsam. Kisa Gotami verabschiedete sich leicht enttäuscht und ging zum nächsten Haus, wo sie wiederum nach Senfsamen fragte und ob jemand verstorben sei.

Es lief ähnlich ab, nur dass diesmal eine junge Frau heraustrat und davon erzählte, dass ihr älterer Bruder vor einigen Monaten verstorben sei. Auch bei den nächsten Häusern spielten sich eine ähnliche Szenen ab. Mal kam ein Mann, mal war es ein kleines Mädchen, dann wieder eine ältere Frau, die in den befragten Häusern ums Leben gekommen waren. Die Gründe waren verschieden, mal war es wegen einer Krankheit, mal wegen dem Altern, mal wegen Unfällen. Kisa Gotami fand auch nach Stunden einfach kein Haus, in dem nicht irgendwann irgendjemand verstorben war. Die vielen betroffenen Menschen, denen sie begegnete, machten ihr aber mit der Zeit immer deutlicher klar, dass der Tod an jeder Tür anklopft und sie keine Ausnahme ist. Durch die vielen Begegnungen und Geschichten der Leute wurde sie von Mitgefühl bewegt und konnte allmählich ihr Herz für ihr eigenes Leid öffnen. Es dauerte eine Weile, aber dann kam sie zur Vernunft und konnte den Verlust ihres Sohnes annehmen. Sie verstand auch, auf welche Weise ihr Buddha geholfen hatte und suchte ihn deshalb wieder auf. Als dieser fragte, ob sie denn keine Senfsamen mitgebracht hätte, erklärte sie, was sich zugetragen hatte und fragte: „Erhabener Buddha, ich habe weit mehr verstanden. Bitte nehmt mich in euren Orden auf. Gewährt ihr mir Zuflucht?" Buddha erkannte ihre innere Wandlung und trug ihr wichtige Aspekte der Lehre vor. Danach nahm er sie in den Orden auf. Sie lernte schnell und war in der Meditation sehr erfolgreich, sodass sie selbst die Heiligkeit erlangte. Später pries Kisa Gotami voller Dankbarkeit die Freundschaft, die sie in Buddhas Orden erfuhr. Ihre schmerzhaften Erfahrungen als nicht geachtete Frau führten ihr noch deutlicher vor Augen, welche Wertschätzung ihr im Sangha entgegengebracht wurde und wie schnell sie durch die Freundschaft mit tugendhaften Menschen an innerem Glück zunahm.

Warum hat Buddha Kisa Gotami zu den Häusern geschickt, um Senfsamen zu besorgen? Was wollte er damit in Kisa Gotami wecken?

Versuche dich an eine Situation zu erinnern, bei der es dir nicht gut ging! Warst du da zuhause oder gar vielleicht im Krankenhaus?

Versuche dir ein wenig vorzustellen, warum Menschen ins Krankenhaus müssen!
Unfälle, Krankheiten, Geburt, Operationen, … Wie fühlen sich da die Menschen und ihre Angehörigen?
Wenn es dir ein bisschen gelingt, dir einige Leute im Krankenhaus mit ihren Leiden vorzustellen, erlebst du wahrscheinlich Mitgefühl. Sprecht miteinander, was ihr erlebt habt!

 Verteilt die Rollen und führt die Geschichte von Kisa Gotami als Theaterstück auf!

 Lest die Geschichte mit verteilten Rollen!

37. Die Bedeutung von Freundschaft

Die Geschichte von Kisa Gotami hat gezeigt, wie wichtig es ist, dass man Menschen hat, denen man vertrauen kann und die einem in der Not beistehen. Im Sangha des Buddha fand Kisa Gotami dann Freunde, auf die sie bauen konnte und die ihr halfen, sogar die Erleuchtung zu erlangen. Immer wieder betonte Buddha, wie wichtig Freundschaft ist. Nicht umsonst ist der Sangha eine wichtige Zuflucht. Als Ananda eines Tages fragte, ob die Freundschaft die Hälfte des Weges ausmache, erklärte Buddha Folgendes: „Nein Ananda, nicht den halben Weg macht die Freundschaft aus, sondern den ganzen Weg macht die Freundschaft aus. Um den Weg zur Befreiung zu gehen, braucht es Freundschaft mit guten Menschen, braucht es Gemeinschaft mit guten Menschen und es braucht Vertrautheit mit guten Menschen. Wer Freundschaft, Gemeinschaft und Vertrautheit mit guten Menschen pflegt, der will auch den Achtfachen Pfad entfalten und verwirklichen. Und so ist es am besten, mich zum Freund zu haben, wenn man den Achtfachen Pfad verwirklichen möchte, der zur Befreiung von Leid und zu absoluten Glück führt. Wer wahres Glück sucht, sucht die Freundschaft mit dem Sangha, mit der Gemeinschaft der Befreiten. So ist das mit der Freundschaft zu verstehen, Ananda." Ananda lächelte und verneigte sich aus tiefer Dankbarkeit für sein Glück.

Ein andermal beobachtete Buddha in der Früh auf seinem Almosenweg nach Rajagaha, wie ein junger Mann namens Singalaka die sechs Himmelsrichtungen grüßte. Da ging Buddha auf Singalaka zu und fragte ihn, was er da tue. Singalaka erklärte, dass ihm sein Vater am Sterbebett aufgetragen habe, die sechs Himmelsrichtungen zu grüßen. Das wolle er getreu befolgen, weil er den Vater sehr geliebt und geachtet habe. Buddha aber erklärte ihm nun, dass man die sechs Himmelsrichtungen anders zu grüßen habe. Singalaka hatte Vertrauen in Buddha und bat um Belehrung, wie denn die Begrüßungen der sechs Himmelsrichtungen richtig durchzuführen wären. Da Singalaka für eine Belehrung offen war und sie mit seinem Vater in Beziehung setzte, erfuhr Singalaka weit mehr, als er erwartet hätte. Buddha erklärte ihm, dass er vorerst die fünf Verfehlungen aufgeben müsse: nämlich zu töten, zu stehlen, zu lügen, die Frau eines anderen zu nehmen und den Geist mit Rauschmittel zu betäuben. Buddha erklärte Singalaka weiter, dass er gut darauf achten müsse, mit wem er viel Zeit verbringt: „Singalaka, pflege keine Freundschaft mit Personen, die sich viel auf den Straßen herumtreiben, die nur auf Festen sich vergnügen wollen, die sich mit viel Spielerei die Zeit vertreiben und die nicht arbeiten wollen. Schnell verliert man mit solchen Leuten sein Geld, die Gesundheit und das Ansehen. Schnell wirst du verwickelt in Betrügereien, in Streitigkeiten und Trinkgelage. Das Unglück folgt dir auf den Fersen, wenn du dich von schlechten Leuten zu unheilsamen Dingen verleiten lässt." Singalaka hörte sehr aufmerksam zu und hoffte, dass Buddha mit seinen Belehrungen weitermacht: „Das scheint mir alles sehr einleuchtend, Buddha. Ich danke euch vielmals." Buddha freute sich über das offene Ohr seines jungen Zuhörers und setzte fort: „Um die sechs Richtungen richtig zu grüßen, ist es sehr förderlich, wenn du mit guten Freunden Umgang pflegst. Du sollst dir nämlich Freunde suchen, die dir in der Not beistehen und dich vor Dummheiten zurückhalten. Du sollst dir Freunde suchen, die Vertrauliches für sich behalten können. Ein guter Freund ist, wer sich über deine Erfolge freut und dich unterstützt, wenn manchmal etwas misslingt. Such dir Freunde, die dich vom Schlechten fernhalten, aber zum Guten lenken und dir verhelfen, das wahre Heil zu finden." Singalaka freute sich sehr: „Vielen Dank Buddha, kluge und gute Leute soll ich mir als Freunde suchen. Das ist mir jetzt noch viel klarer geworden." Buddha aber fuhr fort und erklärte, wofür die sechs Himmelsrichtungen stehen: „Singalaka, die sechs Himmelsrichtungen zu grüßen, bedeutet nicht, nur den Körper in die jeweiligen Richtungen zu beugen, sondern vielmehr jene, die für die Himmelsrichtung stehen, richtig zu behandeln. Das ist nämlich die richtige Ehrerweisung. Dadurch wird dein Leben von Glück gekrönt sein." Singalakas Augen leuchteten. „Höre gut zu", fuhr Buddha fort: „Der Osten steht für die Eltern, der Süden für die Meister, der Westen für deine Frau und deine Kinder, der Norden für die Freunde und Genossen, das Unten für die Untergebenen und das Oben steht für die Asketen und Priester. Man ehrt die Eltern, wenn man sie gut behandelt und ihnen bei Krankheit und Alter beisteht. Dann wird man auch ihr Erbe antreten können und deren Segen erhalten. Die Meister soll man ehren, indem man ihren Belehrungen genau zuhört und sie bestmöglich in ihrer Kunst unterstützt. So wirst du deren Kunst erlangen und selbst daraus großen Nutzen ziehen. Deine Frau und deine Kinder sollst du mit Achtung und Liebe behandeln, dann ist dir deren Liebe sicher. Deine Freunde ehrst du, indem du sie großzügig unterstützt und dich an die Abmachungen hältst. Gute Freunde werden dich vor leichtsinnigen Geschäften und Dummheiten zurückhalten und dich in guten Vorhaben unterstützen. Deine Untergebenen ehrst du, wenn du deren Arbeit schätzt, sie gut entlohnst, sie bei Krankheit unterstützt und ihnen ausreichend Erholung gibst. Teile mit ihnen den Erfolg. Die Untergebenen aber werden dir gute Dienst leisten und dein Geschäft zum Blühen bringen. Das Oben ehrst du, wenn du den Asketen und Priester mit Freundlichkeit und liebevollen Gedanken gegenübertrittst, ihnen in der Not hilfst. Sie werden dich dafür zum Heiligen führen und vom Schlechten bewahren." Singalaka verneigte sich tief vor Buddha und erwiderte: „Erhabener Buddha, ihr habt mir in höchstem Maße Großzügigkeit erwiesen. Mit dieser Erklärung der sechs Himmelsrichtungen habt ihr mir eine Anleitung fürs Leben gegeben. Ihr habt mir aber vielmehr die Augen geöffnet, dass die Freundschaft im Orden Buddhas am besten zum Glück verhilft. Bitte, nehmt mich als euren Schüler an. Ich möchte beim Buddha, bei der Lehre des Buddha und bei den Jüngern Buddhas Zuflucht nehmen." Buddha lächelte erfreut und veranlasste die Aufnahme Singalakas in den Orden.

Was hast du dir gemerkt? Versucht miteinander einige Punkte zusammenzutragen, was eine gute Freundschaft ausmacht! Welche guten Eigenschaften könnt ihr an euren Freunden und Freundinnen entdecken?

Erzählt einander, wie euch ein:e Freund:in geholfen hat oder ihr einem:r Freund:in geholfen habt!

Eine Geschichte über Freundschaft findest du auch auf Seite 171 bei den Jatakas.

38. Uttara und Sirima – Eifersucht und Ärger

Die Geschichte nimmt ihren Anfang bei Rajagaha, wo ein armer Mann namens Punna mit seiner Frau Uttara und seiner Tochter, die ebenfalls Uttara hieß, lebte und hart arbeitete. Shariputra, der wie Buddha an jenem Morgen mit dem Weisheitsauge über die Welt blickte, erkannte in Punnas Herz eine große Reinheit. So nahm Shariputra seine Almosenschale und ging in die Richtung, wo Punna sein Feld pflügte. Als Punna den Mönch erblickte, unterbrach er seine Arbeit und machte fünf Niederwerfungen vor Shariputra. Shariputra reichte ihm seine Schale, worauf Punna Wasser hineingoss. Auch Uttara kam in die Gunst, Shariputra Gutes zu tun. Als sie nämlich ihrem Mann etwas zum Essen aufs Feld bringen wollte, ging Shariputra ihr entgegen. Auch sie warf sich vor Shariputra nieder und bot ihm den Reis an, der eigentlich für Punna gedacht war. Shariputra wollte nur die Hälfte, aber sie bat, er möge alles nehmen. Dafür möge er ihr aber die Lehre Buddhas vermitteln. Nachdem sich Shariputra verabschiedet hatte und in sein Kloster zurückkehrte, ging sie wieder rasch nach Hause und bereitete ihrem Mann nochmals eine Mahlzeit zu. Als Uttara dann auf dem Feld angekommen war, ruhte sich Punna im Schatten aus. Sie erklärte ihm sogleich, warum sie so spät gekommen war. Sie war ein bisschen besorgt, Punna könnte über ihr Handeln gegenüber Shariputra erzürnt sein. Er aber freute sich darüber und erzählte von seiner Begegnung. Am nächsten Tag fand Punna durch ein Wunder viel Gold auf dem Ackerfeld, das ihn sehr reich machte. Jetzt konnte er Shariputra und die Mönche öfter bei sich einladen und von Buddhas Lehre hören. Auch die Tochter Uttara ließ die Lehre Buddhas tief in ihr Herz. Letztlich erfuhr die ganze Familie den Stromeintritt.

Jetzt war das Interesse an Punnas Tochter umso mehr gestiegen, denn sie war nicht nur liebenswürdig, sondern stammte nun auch von einem reichen Hause ab. Punna stand noch in der Schuld eines reichen Kaufmanns, der seinen Sohn mit Uttara vermählen wollte. Es fiel ihm sehr schwer, dem zuzustimmen, weil weder der Kaufmann noch die anderen Familienmitglieder religiös waren. Es half aber nichts, er konnte nicht anders. Da wurde Uttara an den Sohn des Kaufmannes verheiratet. Als sie nun bei ihrem Mann und den Schwiegereltern lebte, litt sie schrecklich unter dem nicht-religiösen Klima. Als sie es nicht länger ertrug, ließ sie ihrem Vater eine Nachricht zukommen. Um seiner Tochter diese erdrückende Situation ein wenig zu erleichtern, schickte er seiner Tochter sehr viel Geld und riet ihr, die schöne Sirima anzustellen. Sirima sollte sich für einige Zeit um Uttaras Mann kümmern, damit sie Zeit für die Mönche und die Belehrung hätte. Als Uttara die schöne Sirima ins Haus brachte, war ihr Mann auf der Stelle einverstanden, dass Sirima für zwei Wochen die Pflichten Uttaras übernehmen sollte. Sirima verdiente dadurch sehr viel Geld und Uttara war sehr glücklich, sich endlich wieder der Lehre Buddhas zu widmen und die Nonnen und Mönche einladen zu können. Als die Nonnen und Mönche geladen waren, sah ihr Mann einmal zufällig zu, wie Uttara die Speisen austeilte. Er dachte sich dabei, wie seltsam seine Frau doch war. Dabei blickte er ihr aber freundlich in die Augen, was auch Sirima beobachtete. Sirima aber hatte einen heftigen Anflug von Eifersucht und befand, dass sich das nicht gehört. Sie ging in die Küche und holte einen Schöpfer mit heißem Öl, um Uttara mit dem Öl zu verbrennen. Als sie zurückkam, erkannte Uttara sogleich, was Sirima vorhatte. Da dachte sie sich: „Sirima hat mir so viel Gutes getan. Wenn nur ein bisschen Ärger in mir ist, möge das Öl mich verbrennen." Als Sirima in ihrer Wut das Öl über Uttara goss, perlte dieses wie kaltes Wasser ab und verursachte nicht die geringsten Schmerzen und hinterließ keine Verbrennungen. Da ging sie ein zweites Mal los und versuchte es erneut, aber die Dienerinnen gingen dazwischen, warfen Sirima auf den Boden und schlugen auf sie ein. Uttara aber befahl: „Hört auf, sie zu schlagen! Es reicht, wenn ihr sie festhaltet. Aber Sirima, warum tust du so etwas? Was ist in dich gefahren?" Sirima kam endlich zur Besinnung und verstand, welch schreckliche Tat sie begangen hatte und antwortete: „Uttara, vergebt mir vielmals für meine schreckliche Tat. Ich habe harte Bestrafung verdient. Die Eifersucht hat mich gepackt, als ich gesehen habe, mit welcher Liebe du deinen Mann angesehen hast und er den Blick erwiderte. Ich habe ganz vergessen, dass ich nur Gast im Hause bin. Bitte vergib mir!" Uttara antwortete: „Ich will dir vergeben, wenn dir mein Vater vergibt. Frage diesen und wir werden sehen." Sirima ging in die Knie und fragte weinend: „Wo finde ich deinen Vater?" Uttara erklärte ihr dazu: „Mein Vater Punna, der Gildenmeister, hat mich in den Kreislauf des Leidens gebracht, aber Buddha hat mich daraus befreit. Wenn Buddha dir vergibt, werde ich es auch tun." Sirima verneigte sich und bedankte sich: „Gerne will ich Buddha um Verzeihung bitten."

Am nächsten Tag bereiteten Sirimas Dienerinnen ein Mahl für Buddha im Hause Uttaras vor. Während Buddha und einige Mönche das Mahl zu sich nahmen, traute sich Sirima zuerst nicht, Buddha vor die Augen zu treten. Dann aber fasste sie sich ein Herz, ging zu Buddha und sank auf die Knie: „Buddha, ich bitte um Vergebung. Ich habe Uttara Unrecht getan!" Buddha deutete ihr, das Haupt zu heben und fragte: „Sirima, was hast du getan, dass du um Vergebung bittest? Erkläre, was sich zugetragen hat!" Sirima erzählte nun ausführlich, was geschehen war und weinte bitterlich. Buddha fragte dann Uttara: „Uttara, hat sich alles so zugetragen und hast du keine Verbrennungen davongetragen? Man sieht dir nichts an." Uttara hingegen erklärte, was sie sich gedacht hatte und dass ihr tatsächlich nichts Schlimmes passiert war. Buddha lächelte erfreut und sprach:

„Uttara, das ist vortrefflich. Du hast dem Ärger keinen Raum gegeben, stattdessen hast du nach dem Guten Ausschau gehalten. Du Sirima hast große Einsicht gezeigt und reuevoll deine Tat gestanden. Ich vergebe dir gerne. Fortan aber suche deine Gefühle zu zähmen und verletzende Taten zu unterlassen." Sirima verneigte sich ein weiteres Mal und bedankte sich viele Male. Dann trug Buddha die wichtigsten Punkte der Lehre samt den Vier Edlen Wahrheiten vor. Dabei erlangte nun Uttaras ungläubiger Ehemann mit seinen Eltern aber auch Sirima den Stromeintritt. Uttara drang noch tiefer in die Lehre ein und war nur noch wenige Schritte von der endgültigen Befreiung entfernt.

Punna und Uttara werfen sich vor Shariputra nieder. Hast du eine Idee, wofür das gut sein soll?
Was will jemand zum Ausdruck bringen, wenn er sich vor jemanden niederwirft?
Hat es einen Nutzen sich niederzuwerfen?
Was denkst du über Ärger? Ist es manchmal angebracht, ärgerlich zu sein?
Was könnte helfen, wenn man sehr ärgerlich ist, aber es die Situation nicht erlaubt, seine Gefühle auszudrücken?
Was denkst du: ist es wichtig, seine Fehler zuzugeben?
Was kann man tun, wenn man seinen Ärger loswerden will?
Wie würdest du Eifersucht erklären?
Warst du auch schon eifersüchtig? Vielleicht möchtest du davon erzählen, wie es dazu gekommen ist.

Eine einfache Meditation bei Ärger, Seite 196:
Wenn wir uns ärgern, ist es oft so, dass unsere Gedanken um das Problem kreisen und wir das ärgerliche Ereignis nicht loslassen können. Da hilft es, wenn man sich mit Meditation beruhigt, um wieder ein ruhiges Gemüt zu bekommen.
Bring dich in eine gute Meditationsposition. Lass zuerst den Atem natürlich fließen. Falls du recht laut atmest, versuch den Atem langsam leiser werden zu lassen. Das kann ein bisschen dauern. Gut ist, wenn der Atem sanft und nicht mehr hörbar fließt. Du wirst merken, dass dich das schon ein bisschen beruhigt hat.
Jetzt beginne mit dem Lichtatem. Gut ist, wenn du an der frischen Luft bist, oder frische Luft durchs Fenster rein kann. Stell dir vor, du würdest beim Atmen Licht in deinen Körper bringen. Atme sehr tief und lange ein und fülle dabei deine Lunge vollständig. Gleichzeitig stellst du dir vor, durch den Atem würde dein Körper mit heilsamem Licht gefüllt. Dann atme sehr langsam

aus und leere deine Lunge. Nimm dir Zeit und atme sanft und liebevoll, damit es für dich ein Genuss ist und keine große Anstrengung. Das tust du am Anfang fünfmal und nimmst dir dann Zeit in deinen Körper zu spüren.
Versuche deine Aufmerksamkeit und deine Gedanken auf Dinge zu lenken, die dir gut tun!

 Vielleicht gibt es eine Szene, die du gerne darstellen möchtest. Mal dir ein schönes Bild dazu!
Manchen hilft es, Ärger mit Kreativität zu verarbeiten: zum Beispiel ein Bild zu malen, etwas zu basteln, einen Brief zu schreiben, ein Ritual durchzuführen usw.

 Verteilt die Rollen und versucht die Geschichte als Theaterstück aufzuführen!

 Lest die Geschichte mit verteilten Rollen!

39. Sirima und die Vergänglichkeit der körperlichen Schönheit

Nachdem Sirima durch Buddhas Belehrung sogar den Stromeintritt erlangt hatte, war das Geschäft mit den Männern undenkbar geworden. Stattdessen kümmerte sie sich fortan ganz der Verpflegung der Nonnen und Mönche und hörte, so oft sie konnte, den Unterweisungen Buddhas zu. Mit der Zeit wurde Sirima bei den Mönchen weit und breit bekannt, weil man bei ihr mit sehr guten Speisen verköstigt wurde und ihre Schönheit alles übertraf. Davon hörte ein bestimmter Mönch, der sich allein schon von der Vorstellung in Sirima verliebte. Er brachte diese Vorstellung nicht mehr aus dem Kopf, sodass er alles daransetzte, auch einmal bei ihr speisen zu dürfen. Als er dann endlich in ihrem Haus saß, war Sirima sehr krank und konnte nur für wenige Augenblicke die Mönche begrüßen. Als der Mönch Sirima gesehen hatte, war es ganz um ihn geschehen. „Wie sieht sie erst aus, wenn sie gesund ist", dachte er sich. Vor lauter Verliebtheit wurde der Mönch krank und konnte nichts mehr essen. In den nächsten

Tagen ging es Sirima immer schlechter, bis sie schlussendlich starb. Auch Buddha erfuhr von ihrem Dahinscheiden und bat König Bimbisara, den Leichnam nicht zu verbrennen. Vielmehr sollte er aufgebahrt werden und vor Krähen und anderen Tieren beschützt werden. Dann ordnete Buddha an, nach dem dritten Tag mögen alle Nonnen und Mönche sich den Leichnam Sirimas anschauen. Bimbisara befahl zudem allen erwachsenen Bewohnern Rajagahas, es den Mönchen gleich zu tun.

Der verliebte Mönch war in Sekundenschnelle wieder gesund, als er hörte, er könne Sirima sehen. Als die Bestattungszeremonie begann, schritten alle Trauergäste an Sirimas verwesendem Körper vorbei. Ihr Körper war nun aufgedunsen und Würmer zerfraßen den verwesenden Leichnam – ein äußerst hässlicher Anblick bot sich den Trauergästen. Sirima war kaum mehr zu erkennen. Dann richtete sich Buddha vor versammelter Menge an den König: „Großer König, wieviel musste man bezahlen, wenn man früher mit Sirima einen Tag verbringen wollte?" Der König fragte seinen Minister und der erklärte darauf: „Früher musst man 1.000 Kanapanas auslegen." Das war eine beträchtliche Summe, die sich nur sehr reiche Leute leisten konnten. Dann richtete sich Buddha an alle Anwesenden: „Wer von euch möchte Sirima nun ganz für sich, nicht nur für einen Tag? Wer möchte sie kaufen? 1.000 Kanapanas stehen zu Gebot." Alle Anwesenden waren erstarrt. Buddha ging mit dem Preis immer weiter runter: „Möchte jemand Sirimas Körper um 500 Kanapanas? … Nein! Niemand! Um 100? … Auch nicht." Als sich auch bei der kleinsten Münze niemand meldete, sagte er: „So ist es. Dieser Körper, der früher von der Welt so sehr geliebt wurde, hat sich in Hässlichkeit verwandelte, sodass man ihn nicht einmal umsonst haben will." Nachdem Buddha die Vergänglichkeit der körperlichen Schönheit so deutlich gemacht hatte, kam er auf die Verdienste Sirimas zu sprechen, die ihr bleibende Schönheit eingebracht hatten. Er erklärte, dass man wie Sirima erkennen sollte, dass es weitaus beglückender und heilsamer ist, wenn man einem Leben der Tugend nachstrebt und das Ewige zu erreichen sucht. Durch diese anschauliche Belehrung verstanden viele der Einwohner Rajagahas viel besser, worum es in Buddhas

Lehre ging. Auch die Nonnen und Mönche wurden in ihren Bestrebungen sehr gefestigt. Sirima hingegen, die durch ihre Verdienste nach dem Tod direkt in den Götterhimmel gelangt war, hatte die Bestattungsfeier als unsichtbare Gottheit mitverfolgt. Dann aber zeigte sie ihre Gestalt und grüßte Buddha ehrwürdig und voller Dankbarkeit. Der verliebte Mönch war aber von seinem leidenschaftlichen Wahn geheilt und übte sich später in der Leibesbetrachtung und erlangte bald die Befreiung.

 Vielleicht warst du auch schon einmal verliebt. Das ist eine sehr interessante Sache. Es trifft einen einfach aus dem heiteren Himmel. Kannst du verstehen, was Buddha den Trauergästen klar machen wollte? Wie findest du die Tatsache, dass man durch das Altern an Schönheit verliert?

 Verteilt die Rollen und versucht die Geschichte als Theaterstück aufzuführen!

40. Candali, die Kastenlose, und die Brücke zum Himmel

Einst weilte Buddha in Rajagaha und blickte morgens mit seinem mitfühlenden Weisheitsauge über die Welt. Da fiel ihm Candali, die Kastenlose, auf. Sie gehörte zu jenen verachteten Menschen wie Sunita, der Straßenkehrer, um die man einen großen Bogen machte. Candali war schon uralt und stand kurz vor ihrem Tode. Buddha sah auch, dass sie in ihren Jugendtagen eine sehr schlimme Tat begangen hatte, die sie in die leidvollen Welten stürzen würde. Um sie vor diesem Leid zu bewahren, ging er mit Mahamoggallana zum Almosengang in die Stadt. Als Candali gerade sehr beschwerlich auf einen Stock gestützt aus der Stadt kam, blieb sie stehen und musterte Buddha ganz aufmerksam. Buddha erwiderte ihren Blick. Währenddessen erkannte Mahamoggallana Buddhas Absicht und stellte sich neben Candali: „Mütterchen, erkennst du den Buddha? Aus Mitleid ist er auf diesem Wege, denn er weiß, dass deine Zeit gekommen ist. Wende dich Buddha mit voller Freude und Verehrung zu! Das wird dir großen Segen eintragen." Candali war einerseits wegen der Todesbotschaft aufgerüttelt, andererseits aber auch ergriffen, weil Buddha ihr so viel freundliche Aufmerksamkeit schenkte. Wurde sie sonst doch von allen gemieden und verachtet. Das schätzte sie so sehr, dass sie trotz ihres hohen Alters voller Hingabe fünf Niederwerfungen vor Buddha machte und ihn voller Dankbarkeit grüßte. Dabei wurde ihr Geist mit großer Freude und mit tiefer Ruhe beschenkt. Buddha lächelte und sagte daraufhin: „Das genügt für den Himmel", und setzte seinen Weg in die Stadt fort. Wenige Augenblicke später kam eine entlaufene Kuh mit ihrem Kalb in die Nähe von Candali. Die Kuhmutter meinte, ihr Kalb verteidigen zu müssen und ging auf die alte Frau los. Dabei erwischte das Horn der Kuh die alte Frau tödlich. Candali starb unmittelbar. Ihr Geist aber wurde durch ihre Freude und Liebe zu Buddha in den Himmel versetzt. Nachdem sie im Himmel in göttlicher Gestalt erschienen war, suchte sie am selben Tag Mahamoggallana auf, der im Wald meditierte: „Ehrwürdiger Mönch, seid gegrüßt. Ich möchte euch meinen Dank aussprechen." Mahamoggallana hingegen fragte verwundert: „Golden leuchtest du in Begleitung vieler strahlender Schönheiten. Sag, wer bist du?" Candali antwortete ihm: „Ich bin die Kastenlose, Candali, die ihr heute mit Buddha aus dem Elend in himmlische Gefilde geführt habt. Durch eure Hilfe wurde mein finsterer Geist erhellt und ich konnte gar in den Götterhimmel aufsteigen. Ich bin euch aus tiefstem Herzen zu Dank verpflichtet." Mahamoggallana freute sich sehr und begleitete sie noch zu Buddha, dem sie ebenfalls ihren Dank aussprach.

 Woran erkennst du in dieser Geschichte Buddhas Mitgefühl und Weisheit? Hast du eine Idee, warum die schlechte Tat Candalis in die unteren Welten geführt hätte? Was war der Grund, dass Candali in den Götterhimmel gelangte?

 Male die Szene, wie Buddha und Candali aufeinandertreffen!

 Führt die Geschichte als Theaterstück auf!

 Lest die Geschichte mit verteilten Rollen!

41. Patacara – alles verloren und doch das Glück gewonnen

Bei der Geschichte von der schönen Patacara möchte ich dich vorwarnen, denn ihr widerfuhren sehr schlimme Dinge.

Als Tochter eines reichen Kaufmanns fühlte sie sich zu einem Diener des Hauses hingezogen. Die Eltern fürchteten, dass sie sich zu sehr in den Diener verlieben könnte, anstatt sich mit einem Mann gleichen Standes zu verheiraten. So sperrte der Vater Patacara in einen Turm, um Schlimmeres zu verhindern. Als ein Mann gleichen Standes gefunden war und schon Planungen für die Hochzeit in Gange waren, entschloss sich Patacara mit ihrem Geliebten durchzubrennen. Das Paar fand einen Platz weit weg von Savatthi und bewirtschaftete einen Bauernhof. Die verwöhnte Patacara musste jetzt alle Arbeiten übernehmen, die früher die Dienerinnen erledigten.

Als sie hochschwanger geworden war, wollte sie aber bei ihren Eltern entbinden. Die Eltern würden ihr sicher vergeben, glaubte sie. Ihr Mann aber glaubte, er würde vielmehr ins Gefängnis gesteckt. Alles Bitten und Betteln halfen nicht. Ohne Mann machte sich Patacara heimlich auf den Weg. Unweit vor Savatthi begannen die Wehen einzusetzen, und Patacara musste das Kind allein auf die Welt bringen. Da sie jetzt keinen Grund mehr fand, ihre Eltern aufzusuchen, kehrte sie zu ihrem Mann zurück und lebte nun mit ihrem gemeinsamen Sohn auf dem Bauernhof weiter. Wenige Jahre später war Patacara erneut schwanger und wollte wieder ihre Eltern um Hilfe bitten. Ihr Mann war zwar dagegen, begleitete sie aber diesmal zur Sicherheit. Als sie schon einige Zeit auf dem Weg waren, brach inmitten eines Waldes ein schlimmes Gewitter los. Der Mann versuchte einen schützenden Unterschlupf zu bauen und suchte dafür Äste zusammen. Als er einen passenden Ast aus dem Unterholz herauszog, wurde er von einer giftigen Schlange gebissen und verstarb nach wenigen Minuten. Die Schlangenattacke war zu weit entfernt, dass Patacara den Vorfall mitbekommen hätte. Sie wartete auf seine Rückkehr, währenddessen tobte das Unwetter unentwegt, Blitze zuckten am Himmel und der Regen goss in Strömen. Da drängte der zweite Sohn zur Geburt. Wieder gebar sie ihr Kind ohne die Hilfe eines Erwachsenen und glaubte sich schon von ihrem Mann im Stich gelassen. Es blieb ihr nichts anderes übrig, als ihre Kinder mit ihrem bloßen Körper zu schützen. Als das Wetter nachgelassen hatte, setzte sie ihren Weg fort. Kaum war sie hundert Meter gegangen, fand sie ihren Mann tot vor, der unweit des halbfertigen Unterschlupfes lag. An seinem Bein waren eindeutig Schlangenbisse zu sehen. Da wusste sie, was mit ihrem Mann passiert war. Ein schlechtes Gewissen überkam sie und gab sich die Schuld für das tragische Unglück. Auf ihrem Weg nach Savatthi kam Patacara an den Fluss Aciravati, der durch das Unterwetter hüfthoch angeschwollen war. Der Strom war so reißend, dass sie sich nicht getraute, mit beiden Kindern im Arm den Fluss zu überqueren. Zuerst brachte sie ihr Neugeborenes über den Fluss und legte dieses ab. Als sie sich zu ihrem älteren Sohn zurückkämpfte, stürzte ein Adler vom Himmel und holte sich das Baby. Patacara schrie und fuchtelte mitten im Strom, um den Raubvogel zu verscheuchen. Der ältere Sohn aber glaubte, das Fuchteln und Geschreie gelte ihm. Da stieg der Bub unbekümmert in den Fluss, im Glauben, die Mutter wolle, dass er ihr folge. Doch der reißende Strom riss den kleinen Jungen augenblicklich mit. Patacara versuchte ihm noch nachzuschwimmen, konnte ihn aber nur tot aus dem Wasser bergen.

Patacara schrie und klagte und konnte all den Schmerz ihres dreifachen Verlustes kaum fassen. Weinend und schluchzend schleppte sie sich weiter, um ihre Eltern als letzte Zuflucht zu erreichen. Unweit vor der Stadt kam ihr ein Reisender entgegen, den sie nach ihrer Familie befragte. Zuerst wollte er nichts preisgeben, aber Patacara bestand auf nähere Angaben. Der Mann schüttelte den Kopf und erzählte, dass ihr Haus bei einem Sturm eingestürzt sei und die Eltern samt ihrem Bruder ums Leben gekommen seien. Die Einäscherung fände jetzt gerade statt, erklärte ihr der Reisende mitfühlend. Mit dieser Nachricht verlor sie ihren Verstand und schrie wie verrückt um sich schlagend. Sie raufte sich die Haare und riss die Kleider vom Leib. Klagend, schreiend und weinend zog sie völlig verloren und nackt durch die Straßen von Savatthi – nicht wissend, was sie tat und wofür sie noch lebte. Die Leute sahen das Schauspiel nicht lange mit an, sondern warfen Steine auf sie und jagten sie aus der Stadt. Buddha hingegen war auf den Tumult aufmerksam geworden und sah mit seinem Weisheitsauge, dass Patacara aus der Stadt gejagt worden und in Richtung Kloster unterwegs war. Buddha sah aber auch, dass Patacara tief in ihrem Herzen aus früherem Leben dem Asketentum zugeneigt war. Ohne es zu merken, betrat sie den Klosterbezirk des Jeta-Hains, wo Buddha ihr entgegen ging. Einige Mönche wollten sie aus dem Kloster jagen, aber Buddha wies die Mönche an, sie gewähren zu lassen. Als sie näher-gekommen war, beruhigte Buddha ihren Geist, sodass sie wieder zu sich kam. Da merkte sie erst, dass sie nackt war und kauerte sich zusammen, um ihre Scham zu bedecken. Ein Laienanhänger legte ihr einen Mantel um. Darauf warf sie sich vor Buddhas Füßen nieder, weil sie sein Mitge-fühl und Schutz spürte. Buddha streichelte ihr sanft über den Rücken und richtete sie auf: „Du bist jetzt in Sicherheit. Erzähl, wer du bist und was dir zugestoßen ist!" Sie erzählte ihm ihre ganze Tragödie und wie sich alles zugetragen hatte. Da sagte Buddha: „Patacara, wirklich Schlimmes hast du durchgemacht, das ist wahr. Du wirst es nicht glauben. Aber lass dir gesagt sein: in schon so vielen Leben hast du Söhne, Väter, Schwestern und Geliebte verloren. Deine Tränen füllen Ozeane wegen deiner Verluste. Quäle dich nicht mit der jüngsten Vergangenheit. Befestige vielmehr dei-nen Geist, denn in vielen Leben hast du schon als Nonne geübt. Jetzt bist du in die Arme der ewigen Zuflucht gelaufen und wirst bald Frieden fin-den." Buddhas Worte drangen tief in Patacaras Herzen und beruhigten sie sehr. Voller Vertrauen und Zuversicht fand sie bald in der Lehre Buddhas Heimat und Wahrheit.

An ihrem eigenen Leib hatte sie das Leid der Vergänglichkeit so schlimm erfahren müssen. Sie hatte dafür aber in Buddhas Nonnenorden eine neue Familie gefunden, wo sie intensiv übte und bald das Nirvana erlangte.

Später pries Buddha sie als Hüterin der Nonnenregeln, und viele Nonnen verdankten ihr das Nirvana, weil sie gerade jenen besonders half, die von einem harten Schicksal geschlagen worden waren.

Patacara hatte furchtbar Schlimmes erlitten. Glaubst du, dass manches verhindert werden hätte können?
Wie ist das zu verstehen, wenn es heißt, Patacara musste „die Vergänglichkeit" auf sehr extreme Weise erfahren?
Dankbarkeit:
Patacara hatte fast alles verloren. Da wird man dankbar für das viele, das wir haben und oft für selbstverständlich halten. Redet miteinander über die Dinge, für die ihr dankbar seid!

Führe dir ein wenig dein Leben vor Augen! Denke an deine Eltern, deine Geschwister, deine Großeltern usw.! Denke daran, was du alles bekommst von ihnen! Denke an dein Zimmer, an das tägliche Frühstück, an all die Liebe! Denke an alles Gute, was du bekommst! Denke daran, was du alles unternehmen und dass du zur Schule gehen kannst! So viel ist dir geschenkt. Denke daran, dass dir jeder Moment des Lebens geschenkt wird! Spüre die Dankbarkeit.

Vielleicht gibt es eine Szene in dieser Geschichte, die du gerne darstellen möchtest.

42. Devadatta

Mit den nächsten Erzählungen kommen wir in die letzten Lebensjahre Buddhas. Im 72. Lebensjahr machte Devadatta, Buddhas Cousin, wieder von sich Reden. Devadatta, den wir schon von der Schwangeschichte kennen, war ein ehrgeiziger Mann mit viel Kraft. Das war auch der Grund, dass er magische Kräfte entwickelte. Im Orden Buddhas aber wurden seine dunklen Anlagen gezähmt, so dass er nicht weiter auffiel. Dummerweise lag ihm wenig daran, seinen Stolz und die daraus entstehenden Leiden zu besiegen. Er war nun schon über 35 Jahre im Orden, aber statt sich mit Bescheidenheit zu schmücken, stieg in ihm, während er in der Waldeinsamkeit meditierte, ein dunkler Gedanke auf: „Was kann ich tun, um Gewinn und Ruhm zu erlangen? Wer könnte mir da behilflich sein? Ich denke, der junge Prinz Ajatasattu, Sohn des Königs Bimbisara, wäre dazu bestens geeignet." Als Devadatta nach Rajagaha zurückgekehrt war, wollte er den Prinzen für sich gewinnen. Da erschien er diesem mit magischer Kraft wie aus dem Nichts in der Gestalt eines Jünglings, der Schlangen umgehängt hatte. Ajatasattu erschrak fürchterlich, und der Jüngling sprach: „Hast du Angst? Die brauchst du nicht zu haben, denn ich bin Devadatta." Der Prinz schrie vor lauter Entsetzen: „Dann zeige dich in deiner wahren Gestalt!" Und im Nu stand Devadatta in seiner gewohnten Gestalt in Robe und mit Almosenschale vor dem Prinzen.

Ajatasattu war so fasziniert von Devadattas magischer Kraft, dass er ihn von da an in jeder Hinsicht unterstützte. Sogar ein eigenes Kloster spendete er ihm und versorgte ihn fürstlich. Das befeuerte aber nur Devadattas Stolz, und er dachte sich, er könne nun die Ordensführung übernehmen. Mit diesem Gedanken aber verlor er seine magischen Kräfte, erzählt der Bericht. Devadatta war nun so von Gier und Ruhm geblendet, dass er vor den versammelten Mönchen aufstand und Buddha direkt ansprach: „Erhabener, bitte verzeih, aber es ist für alle offensichtlich, dass du alt und gebrechlich geworden bist. Genieße du doch das innere Glück und überlass die Leitung mir. Ich werde die Last der Aufgaben übernehmen." Buddha hingegen antwortete ihm: „Devadatta, lass es gut sein. Gib die Idee auf, den Mönchsorden zu leiten." Devadatta ließ aber nicht locker und unternahm zwei weitere Anläufe, Buddha um die Übertragung der Leitung zu bitten. Buddha wurde darauf deutlicher: „Devadatta, ich würde nicht einmal Mahamoggallana oder Shariputra die Leitung überlassen, geschweige dir, der du völlig in die Irre gegangen bist." Das war Devadatta zu viel, und er war zum ersten Mal über Buddha verärgert. Aufgebracht und zornig verließ er die Mönchsversammlung. Buddha hingegen richtete sich an die Mönche: „Ihr Mönche, lasst im Orden verlautbaren, dass Devadatta nun auf sich selbst gestellt ist und nicht mehr im Sinne des Ordens handelt. Alles, was er künftig unternimmt, hat nichts mehr mit mir oder mit dem Orden zu tun."

Jetzt war Devadatta zu allem entschlossen und versuchte sich über Prinz Ajatasattu, mehr Macht zu verschaffen. Er schlug Ajatasattu vor, er möge seinen Vater aus dem Weg räumen, um selbst an die Macht zu kommen. Dann könne er baldmöglichst regieren. Ajatasattu vertraute Devadattas Urteil und versuchte tatsächlich seinen Vater zu töten. Er stellte sich aber so ungeschickt an, dass ihn die Wachen erwischten. Die Minister schlugen vor, den Prinzen hinrichten zu lassen, aber König Bimbisara war ein Anhänger Buddhas und verzichtete einfach auf die Krone und überließ sie seinem Sohn.

Jetzt konnte Ajatasattu schalten und walten, wie er wollte, und Devadatta hatte die Unterstützung des jungen Königs. Devadatta schlug nun vor, der junge König möge Soldaten aussenden, um Buddha zu töten. Da rief der junge König seine Soldaten und erklärte ihnen, dass sie Devadattas Wünsche zu erfüllen hätten. Devadatta beauftragte einen Soldaten, er möge einen bestimmten Platz aufsuchen, wo Buddha immer alleine meditierte. Als der Soldat bewaffnet mit Schwert und Bogen, Buddha an jener beschriebenen Stelle vorfand, wurde er plötzlich von Angst und Schrecken erfüllt. Er erstarrte völlig und bebte innerlich. Buddha aber sprach den Soldaten an: „Freund, hab keine Furcht und komm!" Der Schrecken löste sich, der Soldat legte alle seine Waffen ab und neigte seinen Kopf zu Buddhas Füßen: „Buddha, vergebt mir. Ich wollte euch töten. Was für einen schrecklichen Vorsatz hatte ich. Bitte helft mir, von Schlechtem abzulassen." Buddha zog ihn hoch und sagte: „Ja, das war eine böse Sache und eine große Dummheit. Aber da du um Vergebung bittest und dich bessern willst, ist dir vergeben. Es ist nämlich ein Zeichen des Wachstums, wenn man seine Fehler gesteht und aus seinen Fehlern lernen will. Höre gut zu, ich will dir die Lehre zur Befreiung darlegen." Devadatta hatte aber auch andere Soldaten ausgesandt, die den ersten Soldaten beseitigen hätten sollen. Aber Buddha kam auch mit diesen ins Gespräch und belehrte sie, sodass sie letztlich bei Buddha Zuflucht nahmen.

Da die Soldaten nun zu Anhängern Buddhas geworden waren, nahm Devadatta den Mordanschlag selbst in die Hand. Er platzierte sich mit einem großen Felsbrocken auf der Spitze des Geierberges. Am Fuße des Berges nämlich belehrte Buddha oft seine Nonnen und Mönche. Als Buddha an geeigneter Stelle Platz genommen hatte, trat Devadatta einen Felsbrocken in die Tiefe. Aber beim Hinabstürzen brach der Felsbrocken auseinander und nur ein Felssplitter traf Buddha am Fuß – eine karmische Folge früherer Verfehlung, erklärte Buddha. Mit einer Trage musste Buddha zwar ins Kloster gebracht werden, aber er war bald wieder auf den Beinen.

Was für ein Problem hatte Devadatta eigentlich? Was müsste er eigentlich überwinden?
Was ist Devadattas schlimmes Vergehen?
Du hast in einigen Geschichten schon viel über Buddha erfahren.
Was kann man über einen Buddha sagen? Welche Eigenschaften hat er?

Vielleicht gefällt dir eine Stelle in der Geschichte.
Versuche sie in einem Bild darzustellen!

Versucht die Geschichte als Theaterstück aufzuführen!

Lest die Geschichte mit verteilten Rollen!

43. Der wilde Elefant Nalagiri und Devadattas Untergang

Da die Mordanschläge erfolglos geblieben waren, heckte Devadatta nun einen anderen Plan aus. Dazu suchte er wieder den jungen König Ajatasattu auf: „König Ajatasattu, leider sind unsere bisherigen Mordanschläge missglückt, aber ich würde dir gerne einen neuen Plan unterbreiten. Ich habe gehört, dass es einen sehr wilden Elefanten in deinen Stallungen gibt. Wir könnten den wilden Elefanten betrunken auf Buddha loslassen, wenn er demnächst zum Almosengang in die Stadt kommt. Was hältst du davon?" Ajatasattu griff sich an sein Kinn und runzelte seine Stirn: „Mmmh. Ah, du meinst Nalagiri. Ja, der ist wirklich ein schwieriger Bursche. Wenn der betrunken ist, müssen alle in Deckung gehen. Der Plan könnte aufgehen. Du hast meine Erlaubnis. Suche die Ställe auf und weise die Elefantenwächter an, wie es dir beliebt. Wir werden die Einwohner anweisen, ihre Geschäfte ganz früh am Morgen zu tätigen, dass sie nicht zu Schaden kommen, wenn Nalagiri durch die Straßen fegt."

Devadatta bedankte sich und suchte die Stallungen der Elefanten auf. Gleichzeitig eilte einer der Offiziere, der das Gespräch mitangehört hatte, zum Kloster, um Buddha warnen zu lassen. Die Mönche überbrachten Buddha die Nachricht des Offiziers und meinten: „Erhabener Buddha, bitte unternimm morgen nicht den Almosengang in die Stadt. Dieser Elefant ist viel zu gefährlich." Buddha schüttelte leicht seinen Kopf und sagte: „Ah, Devadatta hat also immer noch nicht genug. Macht euch keine Sorgen. Es wird mir nichts geschehen. Vielmehr werde ich dort ein Wunder tun und viele Ungläubige eines Besseren belehren. Habt keine Angst. Versammelt alle Mönche, sodass wir morgen gemeinsam in die Stadt ziehen."

Devadatta hingegen besuchte die Stallungen der Palastelefanten und ließ sich vom Hauptmann Nalagiri zeigen: „Das ist also Nalagiri. Ja, ihr habt recht. Der Bursche ist wirklich zum Fürchten. Mit Erlaubnis von König Ajatasattu möchte ich, dass ihr Nalagiri morgen in der Früh mit Branntwein betrunken macht. Was denkt ihr, wieviel Branntwein braucht der Bursche dafür?", fragte Devadatta. Der Hauptmann überlegte ein wenig und meinte: „Ja, vielleicht acht Schüsseln voll mit Branntwein dürften reichen." Devadatta hingegen erwiderte: „Gut, dann gebt ihm morgen 16 Schüsseln mit Branntwein! Zudem sollt ihr Nalagiri mit Speeren und Spießen wütend und rasend wild machen! Wichtig ist aber, dass ihr Nalagiri erst dann loslasst, wenn Buddha in die richtige Straße einbiegt." Der Hauptmann nickte und sprach: „Jawohl, ehrwürdiger Devadatta. Alles wird geschehen, wie ihr es wünscht."

Am nächsten Morgen ging Buddha mit all seinen Mönchen und Nonnen in die Stadt Rajagaha. Das Volk begrüßte den Erhabenen voller Freude. Viele standen auf ihren Dächern, weil auch sie von Devadattas Plan erfahren hatten. Als Buddha in die passende Straße einbog, wurde der betrunkene und wutentbrannte Nalagiri losgelassen. Nalagiri stürmte wild tobend durch die Straßen und zerstörte, was ihm in den Weg kam. Die Mönche riefen voller Entsetzen: „Buddha, bring dich in Sicherheit!" Buddha aber schritt gelassen weiter und meinte, ihm könne nichts passieren. Ananda stellte sich schützend vor Buddha und schrie aufgeregt: „Buddha, ich lass nicht zu, dass dir etwas passiert. Bringe dich in Sicherheit!" Buddha mahnte Ananda, aus dem Wege zu gehen, aber dieser gehorchte nicht: „Ananda, es genügt. Mir kann nichts geschehen." Mit magischer Kraft stellte er Ananda zur Seite. Unglücklicherweise war eine Mutter mit ihrem Kind im Arm unterwegs und stürzte vor lauter Angst. Als Nalagiri gefährlich in die Nähe gekommen war, ging Buddha dazwischen. Während sich die Mutter mit ihrem Kind in Sicherheit brachte, erhob Buddha seine Hände und durchstrahlte Nalagiri mit seiner Liebe. Dabei sagte er: „Holla Nalagiri, lass ab von dem wüsten Treiben! Dir wurde Branntwein verabreicht, um mich zu töten. Höre auf, andere zu verletzen! Vielmehr diene anderen mit deiner Kraft. Das wird dir großen Segen und Glück einbringen. Komm, sei ein braver Junge." Durch Buddhas Liebe und ruhige Stimme ging Nalagiri auf die Knie und wurde sanft wie ein Lamm. Buddha trat näher heran und streichelte den mächtigen Kopf Nalagiris. Das Volk jubelte und klatschte vor lauter Freude. Ferner heißt es auch, die Leute

hätten Blumen und Schmuck auf Nalagiri hinabgeworfen. Buddha sprach darauf zu den Leuten: „Ihr Bürger von Rajagaha, ihr wurdet Zeuge eines Wunders. Es geziemt sich nun nicht mehr, dass der Buddha um Almosen bittet. Vielmehr fühlt euch veranlasst, dem Dharma gemäß, das Kloster mit Nahrung zu versorgen. Nach diesem freudigen Ereignis verließ der Buddha mit seiner Schar die Stadt und kehrte in sein Kloster zurück. Viele wurden Zeuge der mitfühlenden Kraft Buddhas und selbst Nalagiri war von da an zahm. Die Leute von Rajagaha gingen danach zum Kloster Buddhas und spendeten köstliche Speisen in reichlichem Maße.

Wiederum war Devadattas Versuch fehlgeschlagen. Als letzten Versuch die Mönche auf seine Seite zu bekommen, schlug er den Mönchen ein strengeres Regelsystem vor, das 500 Mönche für angemessen erachteten. Doch die Hauptjünger Shariputra und Mahamoggallana konnten diese bald wieder zurückholen. Devadatta war nun vereinsamt und wurde krank. Da überkam ihn die Reue und wollte Buddha noch ein letztes Mal sehen. Doch der Tod raffte ihn zuvor dahin. Im Moment des Todes soll er noch Zuflucht zu Buddha genommen haben – das erste Mal nach 35 Jahren im Orden.

 Was glaubst du? Kannst du dir vorstellen, dass es Menschen gibt, die wilde Tiere besänftigen können?

 Male die Szene, wie Buddha Nalagiri besänftigt!

 Verteilt die Rollen und führt die Geschichte mit Nalagiri als Theaterstück auf!

 Lest die Geschichte mit verteilten Rollen durch!

44. Der Untergang der Sakyer

Nachdem Buddhas Vater, Shuddhodana, gestorben war, wurde Mahanama König, der über die Jahre ein eifriger Nachfolger Buddhas geworden war. Leider wurde er in seiner früheren Regierungszeit in eine missliche Lage verwickelt und machte einen folgenschweren Fehler. Als nämlich König Pasenadi eine Prinzessin der Sakyer zur zweiten Frau nehmen wollte, wandte Mahanama eine List an. Die Sakyer wollten sich nämlich aus Stolz nicht mit anderen Völkern vermählen. Da gab Mahanama eine sehr schöne Tochter, die er mit einer Sklavin gezeugt hatte, als legitime Prinzessin aus, die König Pasenadi als zweite Frau zugeführt wurde. Als Pasenadi später davon erfuhr, wollte er zuerst Vergeltung üben, aber Buddha konnte ihn von einem Krieg abhalten. Aus dieser Verbindung ging ein Sohn hervor, der Vidudabha hieß. Als Pasenadi gestorben war, wurde Vidudabha König, weil Pasenadis Erstfrau keine Söhne hatte. Als Vidudabha älter geworden war, wollte er seine Großeltern kennen lernen. Seine Mutter konnte das nur widerwillig gutheißen, denn sie war ja dort als Tochter einer Sklavin bekannt. Sie gab aber seinem Drängen nach, und so besuchten sie Mahanama, seinen Großvater. Als sie im Palast waren, musste er aber beobachten, dass man jene Bank abwischte, wo er gesessen hatte. Er fragte nach dem Grund für dieses seltsame Verhalten. Die stolzen Sakyer glaubten nämlich, die Bank wäre unrein geworden, weil er das Kind einer Sklavin war. Das fand er unerhört und schwor sich, Rache zu üben.

Sobald Vidudabha König geworden war, wollte er Vergeltung und rüstete zu einem Krieg. Buddha aber sah sein Vorhaben voraus und begab sich an die Grenze der beiden Reiche. Er setzte sich unter einen dürren Baum, der zum Reich der Sakyer gehörte, obwohl unweit entfernt ein dichtblättriger Baum auf dem Boden der Kosaler stand. Als Vidudabha an der Spitze seines Heeres an die Grenze kam und Buddha bei heißem Wetter unter dem dürren Baum sitzen sah, grüßte er Buddha ehrerbietig und fragte: „Buddha, warum setzt ihr euch nicht unter diesen Baum dort, der viel kühlenden Schatten spendet?" Buddha lächelte und antwortete: „Großer

König, lass es gut sein. Der Schatten der Verwandten ist mehr als ausreichend." Vidudabha verstand sofort, was Buddha meinte. Er machte ihm nämlich mit diesen wenigen Worten klar, dass Buddha zu den Sakyern gehört, und er als König ebenfalls über seine Mutter mit den Sakyern verwandt ist. Buddhas Anspielung veranlasste Vidudabha vorerst zur Umkehr, aber mit der Zeit verblasste dieser Gedanke, und der verletzte Stolz fand wieder Raum in seinem Herzen.

Buddha wusste aber, dass Vidudabha nicht ruhen würde und verbrachte einige Monate bei den Sakyern, um auch die jungen Leute mit der Lehre bekannt zu machen. Als Vidudabha wiederum mit seinem Heer aufmarschierte, stellten sich die Soldaten mit Gräsern und Strohhalmen entgegen. Sie waren nämlich so stark in der Lehre Buddhas gefestigt worden, dass sie niemanden töten wollten, aber aus Stolz konnten sie auch nicht fliehen. Als das Heer Vidudabhas näher heranrückte, schossen die Bogenschützen ihre Pfeile ungefährlich in die Luft. Vidudabhas Heer wusste sofort, dass die Sakyer nicht angreifen würden, sondern nur passiv Widerstand leisten. Vidudabha wollte eigentlich schon kehrtmachen, weil die Sakyer Buddhas Lehre der Gewaltfreiheit folgten. Sein General schlug ihm stattdessen eine List vor. Sie boten den Sakyern Frieden an, die leichtgläubig auf den Handel eingingen und die Stadttore öffneten. Jetzt war die Gelegenheit günstig und Vidudabha gab den Befehl zum Angriff. Als Mahanama das Gemetzel in der Stadt mitbekam, stürmte er eilends zu Vidudabha und stellte diesen zur Rede: „Du hast dein Versprechen gebrochen. So halte nun diesmal dein Wort. Ich werde in den Lotusteich des Palasts springen. Lass du in der Zeit, solang ich unter Wasser bin, die Sakyer die Flucht ergreifen." Vidudabha willigte ein und gewährte den Sakyern zu fliehen, solange der König unter Wasser blieb. Nachdem der König bereits über drei Minuten nicht aufgetaucht war, glaubten alle Soldaten Kosalas, der König Mahanama käme sicher bald wieder an die Wasseroberfläche. In der Zwischenzeit flohen viele Sakyer und Sakyerinnen und retteten ihr Leben. Nachdem geraume Zeit vergangen war, ließ Vidudabha nach dem König tauchen. Wiederum verging viel Zeit, bis einer der Soldaten auftauchte und laut ausrief: „Hier ist Mahanama. Dort unten hat er sich an einer Wurzel festgebunden, damit er auch nach seinem Tod nicht mehr auftaucht." Vidudabha nickte ernst und befahl den Soldaten: „Gut gemacht Soldaten. Bindet den König los und bringt ihn ans Ufer! Wir werden den Leichnam den Sakyern übergeben." Im Stillen dachte er bei sich: „Sieh an, Mahanama hat sich sogar für sein Volk geopfert. Sein Opfer hat vielen das Leben gerettet."

Letztlich hatten die Sakyer eine schlimme Niederlage erlitten, von der sie sich nicht mehr erholten. Aber das Karma schlug in Kürze zurück. Vidudabha und sein Heer lagerten nach ihrem Abzug aus der Stadt in einem ausgetrockneten Flussbett. Als plötzlich ein schlimmes Wetter losbrach, wurde das Heer samt Vidudabha von einer tödlichen Flutwelle weggespült. Die friedfertigen Sakyer und Sakyerinnen aber, die den Tod gefunden hatten, gelangten unmittelbar in den Götterhimmel.

Wie gefällt dir diese Geschichte und erkläre warum?
Wo glaubst du liegt die Wurzel für den schlimmen Ausgang dieser Geschichte? Wer hätte wann und wo anders handeln sollen?
Was hältst du von Mahanamas Handlung am Schluss der Geschichte?

Bei dieser Meditation geht es darum, dass wir uns selbst verzeihen.
Bring dich zuerst in eine geeignete Meditationshaltung!

Vielleicht hast du einmal etwas gemacht, das du am liebsten ungeschehen machen würdest. Wenn du möchtest, kannst du dich an diese Geschichte erinnern.

Du kannst dir aber einfach vorstellen, du hättest irgendetwas getan, für das du dich schämst. Dir ist das Herz schwer und du möchtest dein Gewissen erleichtern. Stell dir vor, ein guter Freund oder eine gute Freundin sieht dein bekümmertes Gesicht und fragt dich, wie es dir geht. Du erklärst dann, dass du etwas Schlimmes gemacht hast und dich dafür schämst. Deine Freundin oder dein Freund schlägt dir dann vor, du sollst zu Buddha gehen. Buddha habe unendliches Mitgefühl, weil er in so vielen Leben alles durchgemacht hat. Er versteht alles und kann dir dein Herz erleichtern. Stell dir vor, du glaubst deiner Freundin oder deinem Freund, und du suchst Buddha in seinem Kloster auf. Stell dir vor, er befindet sich gerade auf der Terrasse seiner kleinen Hütte. Als du ihn dort sitzen siehst, spürst du schon seine Freund-lichkeit. Du hast das Gefühl, dass er sich auf deinen Besuch freut. Als du vor Buddha stehst, sagt er zu dir: „Schön, dass du mich besuchst. Bitte nimm doch neben mir Platz!" Du bedankst dich und nimmst neben Buddha Platz. Du spürst die Ruhe und die Liebe Buddhas. Dann sagt er zu dir: „Ist das nicht ein wunderschöner Anblick? All die Bäume und Blumen in diesem Kloster, die Berge und der strahlendblaue Himmel, wie lieblich doch alles ist." Du nickst zustimmend und genießt mit Buddha die Stille. Dann fragt er dich: „Was beschwert dein Herz, möchtest du davon erzählen?" Du fühlst dich sicher und beginnst zu erzählen, und mit jedem Wort wird es dir leichter. Dann sagt er zu dir: „Wir machen Fehler, aber aus Fehlern können wir viel lernen. Mach dir keine Sorgen, du bist nicht alleine. Wichtig ist aber, dass wir nicht glauben, der Fehler klebe für immer an unserem Herzen. Im Innersten unseres Herzens ist das Buddhalicht, das alles reinigen kann. Mit diesem Buddhalicht kannst du dir auch selbst verzeihen." Diese Worte tun dir sehr gut und du spürst Wärme und Frieden in deinem Herz.

Du bedankst dich mehrmals und verabschiedest dich von Buddha.

Kehre jetzt wieder zurück in diesen Raum, spüre deinen Körper und deinen Atem. Sei wieder ganz da.

 Mal eine Szene, die dir besonders gut gefällt!

 Verteilt die Rollen und versucht die Geschichte als Theaterstück aufzuführen!

 Lest die Geschichte mit verteilten Rollen!

45. Buddhas letzte Tage

Wir kommen nun zu den letzten Tagen Buddhas. Da litt er an einer lebensgefährlichen Krankheit. Was genau die Krankheit war, wird nicht berichtet. Jedenfalls wollte Buddha den Tod nicht einfach zulassen, sondern wollte sich gebührlich verabschieden und die Nonnen und Mönche auf die Zeit nach seinem Dahinscheiden vorbereiten. So sorgte er mit magischer Kraft für seine Gesundung. Ananda hatte schon Sorge, Buddha könnte sterben, aber so recht wollte er nicht daran glauben. Das gab ihm aber Anlass, Buddha zu befragen, was alles nach seinem Tod zu unternehmen wäre. Buddha wusste, dass Ananda an einen Nachfolger dachte und meinte: „Ananda, ihr sollt euch selbst eine Leuchte und Zuflucht sein. Übt die Meditation und haltet euch an die Lehre, dann seid ihr euch selbst Zuflucht."

Eines Abends ging Buddha mit Ananda an ein schönes Plätzchen, wo sie die friedliche Landschaft bestaunen konnten. Da pries Buddha die schöne Gegend und andere herrliche Plätze im näheren Umkreis. Dann aber erklärte er, dass er die Befähigung hätte, sein Leben bis zum Ende des Zeitalters auszudehnen. Das war ein eindeutiger Wink an Ananda, den Buddha zu bitten, sein Leben bis zum Ende des Weltenalters zu verlängern. Aber Ananda schien irgendwie im Kopf benebelt, sodass er den Hinweis nicht verstand. Nicht im geringsten kam Ananda auf die Idee, die große Bitte an Buddha zu richten. Buddha wiederholte die Anspielung sogar noch zweimal, aber Ananda schien wie von Mara, dem buddhistischen Teufel, gelähmt. Da gab Buddha den Gedanken zur großen Lebensverlängerung endgültig auf und ließ so dem endgültigen Zerfall des Leibes freien Lauf. Unmittelbar darauf erzitterte und erbebte die Erde, sodass Ananda erschrocken war und Buddha fragte: „Das war ein sehr starkes Beben. Was könnte wohl der Grund dafür sein?" Buddha gab ihm acht Gründe für ein Beben an. Neben geophysikalischen Gründen nannte Buddha die Geburt, das Erwachen, den Tod eines Erwachten, aber er erklärte auch: „Wenn ein Buddha die Übungen und die Gedanken an die Lebensverlängerung losgelassen hat, erbebt ebenfalls die Erde. Und das ist vorhin gerade geschehen." Jetzt langsam dämmerte es Ananda und er verstand, dass er die große Gelegenheit versäumt hatte: „Aber Buddha, du musst doch am Leben bleiben, um weiter vielen Menschen und Göttern den Weg zu weisen. Bitte, dehne deine Lebensspanne bis zum Ende des Weltenalters aus", bat Ananda inständig. Buddha schüttelte den Kopf und erklärte, dass er ihm etliche Mal auch früher schon Hinweise geliefert habe. Weitere Versuche Anandas halfen nicht. War der Dauergedanke losgelassen, gab es kein Zurück. Buddha erklärte, es dauere nun noch drei Monate, bis er gestorben sei. Dann ließ Buddha die Nonnen und Mönche in Vesali versammeln, um sie ein letztes Mal zu unterweisen.

Es vergingen einige Tage, da Buddha verschiedene Lehrreden hielt und anschließend mit Ananda nach Pava zog. Dort suchte sie ein Goldschmied namens Cunda im Mangohain auf, um Buddhas Lehren zu hören. Cunda war so glücklich, dass er Buddha und seine Mönche am nächsten Tag zum Mahl einlud. Cunda bewirtete Buddha und die Mönche mit köstlichen Speisen. Dazu gehörte auch ein Pilzgericht mit Ebermorcheln. Diese Pilze werden so genannt, weil Wildscheine sie besonders gerne verspeisen. Leider sehen diese Pilze anderen giftigen Pilzen zum Verwechseln ähnlich. Als Buddha sich an seinen Platz gesetzt hatte und Cunda begann, die Speisen zu verteilen, sagte Buddha: „Cunda, ich sehe, du hast Ebermorcheln für uns zubereitet. Bitte, gib diese nur mir. Den Mönchen aber trage eine andere Speise auf. Die Reste der Ebermorchelspeise aber vergrabe in der Erde, denn nur ein Erwachter vermag diese Speise zu verdauen." Cunda tat, wie ihm geheißen wurde und vergrub die Reste. Anschließend lauschte Cunda den Worten Buddhas und war sehr glücklich.

Als sie dann weitergezogen waren, überkamen Buddha schlimme Schmerzen, und er musste blutig erbrechen. Trotz dieser Hindernisse wollte Buddha nach Kusinara. Dort entdeckte Buddha einen passenden Platz unter einem Baum und bat Ananda, er möge den Mantel ausbreiten. Buddha setzte sich erschöpft auf den Mantel, und Ananda besorgte Wasser zum Trinken. Dort wurde Buddha vom Mallerprinz Pukkusa entdeckt, der auch ein Schüler von Alara Kalama war, dem ersten Lehrer Buddhas. Es entwickelte sich ein Lehrgespräch, bei dem der Prinz vieles lernen konnte. Darauf beschenkte er Buddha und Ananda mit einem goldfarbenen Schleier und verabschiedete sich voller Freude und Dankbarkeit.

Von dort ging Buddha mit Ananda und den Mönchen zu einem nahegelegenen Fluss, wo er ein Bad nahm. Danach ließen sie sich in einem Mangowäldchen nieder, wo Buddha den Mönchen einschärfte, dass die letzte Mahlzeit von Cunda, dem Goldschmied, von gleich hohem Wert sei wie die von Sujatha, die ihm vor dem großen Erwachen mit edler Speise gedient hatte. Niemand dürfte Cunda Vorwürfe machen, denn die Speise war mit besten Absichten dargereicht worden.

Als letzte Bewegung wollte Buddha in den Kronwald von Kusinara und bat, man möge zwischen zwei Kronbäumen eine Bahre aufrichten, die mit dem Kopf nach Norden ausgerichtet ist. Dort legte sich Buddha auf die rechte Seite in die Löwenstellung. Jetzt gingen die Blüten des Baumes auf, obwohl keine Blütenzeit war. Die Blüten fielen ab und bedeckten Buddhas ganzen Körper. Auch aus der Götterwelt fielen Blüten auf Buddha herab und himmlische Gesänge erklangen. Aus der Götterwelt kamen immer mehr Götter herbei, die ebenfalls Abschied nehmen wollten.

Jetzt wollte Ananda wissen, wie Buddha überhaupt bestattet werden sollte. Buddha erklärte ihm, dass ein Buddha wie ein Kaiser zu bestatten sei. Nach der Verbrennung soll man die Überreste in einem Kuppelbau, in einem Stupa, unterbringen, um der Nachwelt als Andacht und Pilgerstätte zu dienen. Wer den Stupa des Buddha besuche und dort einen Kranz, Blumen oder Räucherwerk darbringe, oder sein Herz mit Freude erfülle, werde viel Segen erlangen. Als Ananda das alles hörte, umfing ihn eine tiefe Trauer, und er musste sich von Buddha entfernen. Doch ließ Buddha nach Ananda rufen. Er richtete ihn wieder auf und prophezeite ihm, dass er bald die völlige Befreiung erlangen würde. Er wisse ja, dass alles vergehen müsse. Er möge nur eifrig streben, bald werde er sein Ziel erreicht haben, erklärte ihm Buddha.

Ananda war daraufhin wieder gefestigt und suchte nun die Maller bei einer Ratsversammlung auf. Er teilte ihnen mit, dass sie sich nun von Buddha verabschieden könnten. Bald wäre es zu spät. Da machten sich die Maller unverzüglich auf, um Buddha ihre letzte Ehrbezeugung abzustatten. Ein Pilger namens Subhada war gerade in Kusinara eingetroffen und vernahm, wie die Maller zu Buddha strömten. Er hatte schon von Buddha gehört und meinte die Gelegenheit keinesfalls verstreichen lassen zu dürfen und ging ebenfalls mit. Es genügte Subhada aber nicht, wie die Maller nur Buddha verehrend zu grüßen. Er bat um ein Gespräch und wandte sich an Ananda, der Buddha vor jeder unnötigen Anstrengung abschirmen wollte. Subhada ließ aber nicht locker, denn ihm war bewusst, welch seltene Gelegenheit er vorfand. Buddha bemerkte die Ernsthaftigkeit Subhadas und Anandas Bemühen, ihn vor zu viel Anstrengung zu bewahren. Da ließ Buddha Ananda wissen, dass er Subhada gerne bei ihm vorsprechen lassen dürfe. Buddha erkannte freilich die ernsthafte Suche und Tiefe Subhadas und half ihm, den Achtfachen Pfad zur Erlösung zu verstehen. Subhada verstand auf Anhieb und wollte bei Buddha Zuflucht nehmen. Buddha aber erklärte ihm, dass er dies gerne tun könne. Er müsse aber zuerst eine Probezeit von vier Monaten beim Orden bestehen, denn er sei ja Teil eines anderen Ordens. Die Erfahrung habe gezeigt, dass es Zeit benötige, die alte Ordensangehörigkeit abzulegen. Subhada unterstützte diese Einrichtung und hielt sich an Buddhas Empfehlung. Später wurde er in den Orden aufgenommen und erlangte die Heiligkeit. Damit war Subhada Buddhas letzter Jünger vor seinem Verscheiden.

Jetzt wandte sich Buddha an Ananda und erklärte ihm ein weiteres Mal, dass ihnen nach seinem Tod die Lehre und die Übung als wahre Zuflucht diene. Er gab als letzte Anweisung, seinen früheren Wagenlenker Channa mit einer Strafe zu belegen, dass dieser mit allem Ernst die Befreiung anstrebe. Dann wandte sich Buddha ein letztes Mal an seine Mönche und fragte sie, ob es noch Zweifel an ihm oder der Lehre gäbe. Niemand meldete sich und Eintracht herrschte unter den Mönchen. Da sprach Buddha seine letzten Worte: „Ihr Mönche, lasst euch sagen: Jede Erscheinung muss wieder vergehen. Hört nicht auf unermüdlich zu kämpfen." Jetzt ging Buddha in die meditativen Versenkungen ein und verstarb. Unmittelbar darauf erbebte und zitterte die Erde. Jetzt sprachen die großen Götter sowie die Mönche Anuruddha und Ananda Lobesworte auf Buddha. Einige der Mönche und Nonnen aber brachen in Weinen und Schluchzen aus – zu groß war ihnen der Verlust des Meisters. Auch in den Götterhimmeln war Trauer zu vernehmen. Die erwachten Mönche und Nonnen aber waren innerlich gefestigt und blieben ruhig. Da stand Anuruddha auf und stärkte den Geist der Trauernden.

 Was hältst du davon, dass Buddha sein Leben verlängern hätte können? Kannst du dir vorstellen, dass alte Menschen den Tod auch gut zulassen können? Vielleicht kennst du jemanden.

 Vielleicht gefällt dir die Szene, wo Buddha von Blütenregen bedeckt wird oder eine andere Szene. Bring deine Kreativität auf ein Blatt Papier!

 Verwandelt die Geschichte in ein Theaterstück und führt es auf!

46. Nach Buddhas Tod

Ananda benachrichtigte nun die Maller, dass Buddha ins Parinirvana eingegangen sei. Die Maller wurden darauf von großer Trauer überwältigt und trafen alsbald alle Vorbereitungen für eine große Bestattungsfeier, die zu jener Zeit sieben Tage dauerte. Einige der Maller brachten einen Wagen zum Leichnam Buddhas und überführten diesen an den Stadtrand, wo der Leichnam auf einen prächtigen Scheiterhaufen gelegt wurde. Mahakassapa war auf dem Weg nach Kusinara, wusste aber noch gar nicht, dass Buddha bereits verstorben war. Als die Maller nach den siebentägigen Feierlichkeiten den Scheiterhaufen anzuzünden versuchten, wollte sich dieser einfach nicht in Brand setzen lassen. Da wandten sie sich in der Verzweiflung an Anuruddha, der ihnen erklärte, dass die Götter die Entzündung des Scheiterhaufens verhindern würden. Erst wenn Mahakassapa dem Leichnam seine Ehrerbietung abgestattet habe, könne der Leichnam in Flammen aufgehen. Als Mahakassapa dann mit seinem Gefolge von 500 Mönchen mit zur Stirn gehobenen und gefalteten Händen den Leichnam dreimal umschritten hatte und zuletzt sein Haupt vor Buddhas Leichnam tief verbeugte, entflammte der Scheiterhaufen von selbst. Der Scheiterhaufen brannte vollständig nieder, sodass nur die Knochenreste übrigblieben.

Jetzt gaben die Maller die Überreste Buddhas in ein kostbares Gefäß und vollzogen weitere Festlichkeiten. In der Zwischenzeit erfuhren die benachbarten Königreiche vom Tod Buddhas und erhoben Anspruch auf die Überreste. König Ajatasattu von Magadha oder die Licchavier, auch die Sakyer verständlicherweise, die Thulier, die Koliyer von Rajagaha usw. entsandten Abgeordnete. Insgesamt waren es acht Parteien, die gute Gründe vorbrachten, die Überreste auf ihrem Land in einem Stupa aufzubewahren. Als unter den Abgeordneten ein Streit auszubrechen drohte, stand der Priester Dona auf und mahnte die acht Parteien zur Vernunft: „Liebe Freunde, Anhänger Buddhas, hört mich an. Ich glaube, es steht für alle außer Zweifel, dass Buddha nicht gewollt hätte, dass wegen seiner Überreste gestritten wird. Teilen wir die Überreste einfach durch acht. Jeder möge dann seinen Teil mit zu seinem Land führen und dort ein Stupa zum Heil der Anhänger errichten." Die Gesandten der acht Parteien stimmten einmütig zu und so, wie es Dona vorgeschlagen hatte, wurden die Überreste aufgeteilt und in Stupas untergebracht.

Nach dieser Zeit zogen sich Ananda und Mahakassapa in die Waldeinsamkeit zurück, aber es kamen nun viele Anhänger und suchten nach Trost. Da Mahakassapa hochverehrt und befähigt war, wurde er Kraft seiner natürlichen Autorität zum ersten Patriarchen. Er fällte den Entschluss, ein Konzil einzuberufen, um die Lehrreden und Ordensregeln für den Sangha zu bewahren. Als Ort wurde Rajagaha gewählt, weil König Ajatasattu den Heiligen den nötigen Schutz gewähren konnte. Als Regel galt, dass nur, wer das Nirvana erreicht hatte, dem Konzil beiwohnen durfte. Da Ananda

dies noch nicht gelungen war, hieß es vorerst für ihn draußen zu bleiben. Das spornte ihn sehr an, denn er war besonders wichtig für das Konzil. Er hatte nämlich über viele Jahre Buddha begleitet und sich die Lehrreden gut eingeprägt. Und so wie es Buddha vorausgesagt hatte, gelang ihm noch rechtzeitig der Durchbruch, und er konnte als frisch Erwachter am Konzil teilnehmen. Die Stadt Rajagaha war für die Zeit des siebenmonatigen Konzils nur den Heiligen vorbehalten. Somit waren sie gut versorgt und geschützt, dass das Konzil erfolgreich abgeschlossen werden konnte.

Ananda hatte auch die Aufgabe übernommen, Buddhas letzte Anweisung auszuführen und Channa die Strafe mitzuteilen. Als Channa davon hörte, fiel er ihn Ohnmacht. Tief beschämt von der Vorstellung, dass Buddha in der letzten Stunde noch an seine Versäumnisse erinnert wurde, sammelte er nun all seine Kraft und erwirkte bald das Nirvana. Er suchte danach Ananda auf und bat um die Aufhebung der Strafe. Ananda erklärte ihm, dass das Erwachen die Strafe von selbst aufhebe und beglückwünschte ihn zur Befreiung. Die Weisheit Buddhas hatte nun auch seinen geliebten Wagenlenker zum Nirvana geführt.

Hundert Jahre später wurde das zweite Konzil abgehalten und das dritte Konzil 245 v.Chr. unter dem Schutz des großen Kaisers Asoka, der den Buddhismus in Indien sehr förderte und große Stupas über den Überresten Buddhas errichten ließ. Einige kann man heute noch in gutem Zustand bewundern.
Die Lehre Buddhas, der Dharma und seine Gemeinschaft, der Sangha, waren nun so gefestigt worden, dass sie immer noch bestehen und eine Weltreligion entstanden ist, die heute noch vielen Menschen von großem Nutzen und eine Zuflucht ist.

Was gefällt dir besonders an dieser Geschichte?
Findest du die Entscheidung gut, dass die Überreste Buddhas
auf acht Länder aufgeteilt wurden?
Gibt es etwas, das du nicht verstehst?

Versuche dir vorzustellen, wie es war, als nur die erwachten Nonnen und Mönche zusammenkamen und alle Lehrenreden Buddhas und all die Ereignisse seiner Lebenszeit einander vorgetragen haben! Welche Atmosphäre der Freundlichkeit und Dankbarkeit muss geherrscht haben, als sie einander die faszinierten Geschichten über Buddha erzählten. Alle hatten an ihrem Leib selbst erfahren, wie Buddhas Weisheit ihnen den Weg zum wahren bleibenden Glück gezeigt hatte.

Gibt es eine Szene, die dir besonders gut gefällt? Versuche sie bunt darzustellen!

Versucht die Geschichte in ein Theaterstück zu verwandeln und führt es mit verteilten Rollen auf!

B.
Jatakas – Wiedergeburts-
geschichten und andere
Erzählungen

Die Jatakas sind meist Wiedergeburtsgeschichten, die aus jenen Zeiten erzählen, als Buddha noch nicht als Prinz Siddhartha lebte. In diesen Zeiten war Buddha noch ein Bodhisattva, ein erleuchtetes Wesen, das auf die Buddhaschaft hinarbeitete.

1. Prüfe selbst – als der Bodhisattva ein Löwe war (J 322)

Der Buddha erzählte diese Wiedergeburtsgeschichte, als er im Jetavana Kloster weilte. Dieses Kloster war eine äußerst großzügige Spende Anathapindikas an Buddha. Sehr oft hielt sich Buddha zur Regenzeit in diesem Kloster auf. Dort hatten einige Asketen in Dornengebüschen ihre Lager errichtet, wo sie verschiedenen Übungen nachgingen. Buddha erläuterte nicht genau, worin diese Übungen bestanden. Aber das Dornengebüsch als Lagerstätte deutet auf die Schmerzaskese hin. Die Mönche wollten aber wissen, ob denn diese Übungen zu etwas gut seien. Da meinte er, dass das nur ein „großes Getöse" sei, wie es der Hase gehört habe. Wir würden heute sagen „viel Lärm um nichts". Die Mönche sagten darauf, dass sie nicht verstünden, was er meine und baten um eine nähere Erklärung.

Da erzählte Buddha von einem früheren Leben, in dem er als Löwe Wiedergeburt genommen hatte und in einem Wald in der Nähe des westlichen Ozeans lebte. In diesem Wald gab es Fächerpalmen, aber auch Beluva-Bäume, die man heute Bengalische Quitten nennt. Die Beluva-Bäume tragen birnenartige süße Früchte. Ein Hase lebte unter einer

Fächerpalme, in deren unmittelbarer Nähe ein Beluva-Baum stand. Er hatte es sich dort gut eingerichtet, aber manchmal überkamen ihn ängstliche Gedanken. Einmal kam er nach seiner Nahrungssuche nach Hause und machte es sich unter dem Palmendickicht gemütlich. Nach seiner Mahlzeit war er müde geworden und dachte bei sich: „Wohin könnte ich, wenn die Erde untergehen würde?" In diesem Augenblick fiel eine große Beluva-Frucht vom Baum und prasselte und krachte durch die länglichen Blätter der Fächerpalme, dass es einen ordentlichen Lärm machte. Völlig erschrocken sprang der Hase auf und dachte sich: „Die Erde geht unter! Ich muss sofort weg von hier!" Ohne sich umzudrehen, rannte er voller Angst davon. Ein anderer Hase sah, wie er um sein Leben rannte und wollte von ihm wissen: „Warum läufst du so panisch durch die Gegend? Was ist denn los?" Der Hase raste einfach weiter und schrie: „Frag nicht!" Da dachte sich der fragende Hase, dass die Gefahr wohl sehr groß sein müsse und schloss sich dem ersten Hasen an. Während nun beide wie verrückt weiterrannten, fragte der zweite Hase nochmal: „Sag nun, wovor rennst du davon?" Der erste Hase keuchte schwer verständlich: „Hier geht die Erde unter, wir müssen uns in Sicherheit bringen." Als die beiden einem dritten Hasen begegneten, schrien sie ihm nur zu: „Komm mit uns, die Erde geht unter." Unverzüglich folgte er den beiden in einem Affenzahn. So ging es mit dem nächsten Hasen und wiederholte sich viele Male, bis das Hasenrudel zu Hunderten angewachsen war. Auch andere Tiere sahen die flüchtenden Hasen: Gazellen, Schweine, Büffel, Nashörner, Tiger, Löwen, Elefanten und viele mehr. Alle fragten, was denn los sei. Als ihnen gesagt wurde, die Erde gehe unter, rannte sie mit. Es dauerte nicht lange, bis sich ein gewaltiges Heer an Tieren gebildet hatte. Als der Bodhisattva in Gestalt eines Löwen die Tiere in Panik davonrennen sah, fragte auch er, warum sie denn so rennen würden. Als man ihm sagte, die Erde gehe unter, dachte er sich: „Ach du meine Güte, das ist ja Unsinn. Da muss ich eingreifen, sonst bringen sich noch alle um. Sie stürmen alle Richtung Meer. Es dauert nicht mehr lange und sie stürzen die Klippe runter." Da sprang er in Windeseile einen Berg hoch und brüllte dreimal so laut, dass alle erschraken und stillstanden. Aus Furcht traute sich niemand mehr weiterzurennen. Da ging er näher an sie heran und fragte: „Was ist nur los, dass ihr so in Panik seid?" Die umstehenden Tiere sagten: „Die Erde geht unter." Der Löwe staunte nicht schlecht und fragte weiter: „Hat denn jemand gesehen, dass die Welt untergeht? Könnt ihr mir sagen, wer?" Da hieß es, die Elefanten wüssten es. Der Löwe fragte sogleich die Elefanten. Aber die wussten nichts Genaues, meinten aber, die Tiger hätten die Katastrophe gesehen. Da ging der Löwe zu den Tigern, aber bei den Tigern wiederholte sich dasselbe wie bei den Elefanten, denn die glaubten, die Nashörner wüssten es. So ging es weiter, bis man letztlich bis zu den Hasen gekommen war. Als der Buddha-Löwe die Hasen befragte, zeigten sie auf den Hasen, der die ganze Fluchtwelle ausgelöst hatte. Der Löwe ging auf den Hasen zu und fragte ihn: „Wo hast du gesehen, dass die Erde untergeht?" Dem Hasen stand immer noch der Schrecken im Gesicht und sagte: „Bei mir zu Hause unter der Fächerpalme lag ich und dachte bei mir: ‚Wo soll ich nur hin, wenn die Erde untergeht?' Da plötzlich krachte es fürchterlich laut und ich sprang davon. So klingt es nämlich, wenn die Welt untergeht." Der Löwe kannte ja die Wälder und konnte sich schon denken, was der wirkliche Grund für den Lärm war. Da sagte er den Tieren: „Bleibt ihr hier. Ich werde der Sache auf den Grund gehen und mit dem Hasen jene Stelle aufsuchen, wo alles begonnen hat."

Der Hase sprang auf den Rücken des Löwen und in wenigen Sätzen waren die beiden bald im Wald verschwunden. Als sie in die Nähe der Palmen kamen, wo der Hase sein Zuhause hatte, sprang der Hase vom Rücken und sagte zum Löwen: „Herr Löwe, dort bei dieser Palme war es. Ich traue mich nicht näher heran. Geh lieber alleine hin. Da ging der Löwe zuerst an jene Stelle, wo der Hase gelegen hatte und rief ihn dann zu sich: „Komm lieber Hase, schau dir die Stelle selber an. Du siehst, mir ist nichts geschehen. Alles ist sicher." Jetzt traute sich auch der Hase, alles aus der Nähe anzuschauen. Der Löwe deutete auf eine Beluva-Frucht, die unweit seines Schlafplatzes gelegen hatte und sagte: „Siehst du diese große Frucht? Sie hat den fürchterlichen Krach verursacht, und du hast deine ängstlichen Gedanken zu wichtig genommen, anstatt nachzuschauen, was wirklich passiert war." Der Hase nickte zufrieden und erleichtert: „Vielen Dank Herr Löwe. Jetzt ist alles wieder gut." Der Löwe freute sich und sagte zum Hasen: „Sehr gut. Jetzt suchen wir die anderen Tiere auf und erzählen, was wir gesehen haben und wie sich alles zugetragen hat." Der Hase sprang auf den Rücken des Löwen und sie waren bald wieder zurück. Dort erklärten sie den wartenden Tieren, was sich wirklich zugetragen hatte. Alle waren wieder froh und dankbar, dass der Löwe sie vor einem sinnlosen Tod bewahrt hatte. Ohne ihn wären sie nur wegen einem ängstlichen Gedanken und einer panischen Horde zugrunde gegangen. Der Löwe aber sagte ihnen zum Abschluss: „Glaubt nicht jeden Unsinn. Vielmehr prüft selbst, ob sich die Dinge so verhalten, wie sie erzählt werden." Alle nickten dankbar und gingen wieder ihrer Wege.

Was wollte Buddha mit dieser Geschichte seinen Nonnen und Mönchen beibringen?
Ist dir das auch schon einmal passiert, dass du nur Angst hattest, weil irgendjemand etwas behauptet hat? Erzähl davon, wie sich die Sache aufgelöst hat!

Meditation bei Angst:
Angst hat man meistens, wenn man zu viel denkt und glaubt, man könnte etwas Wichtiges verlieren. Dabei stellt man sich vor, wie Dinge in der Zukunft verloren gehen. Es hilft meistens schon sehr, wenn man einen Weg findet, weniger zu denken und den Atem zu beruhigen.

Bringe dich zuerst in eine gute Meditationshaltung und beginn deinen Atem zu beobachten. Die Anleitung findest du auf Seite 192.

Entspannungsmeditation:
Wenn du möchtest, kannst du dir weiter vorstellen, wie in deiner Brust ein goldener Lichtball leuchtet. Es fühlt sich angenehm warm an und du siehst eine wunderschöne Lichtkugel nach allen Seiten strahlen. Genieß für einige Momente diese Wärme in der Brust. Dann gehe in diese Kugel hinein und plötzlich bist du in einem kleinen Raumschiff mitten im Weltraum. Du siehst um dich herum die faszinierende Sternenpracht, den Mond, die Sonne und den blauen Planeten Erde. In diesem Raumschiff gibt es eine große Couch. Dort legst du dich gemütlich auf den Rücken und entspannst dich, als wärst du zuhause in deinem Wohnzimmer. Nach einer Weile taucht ein kleines Licht über deinen Füßen auf, das dich angenehm warm anstrahlt. Das Licht

ist aber nicht nur warm. Du spürst auch Freundlichkeit und Liebe. Irgendwie hast du das Gefühl, das Licht ist weise, es kennt dich, weiß um deine Ängste und sieht, wie wertvoll du bist. Du fühlst dich ganz angenommen. Dann bewegt sich das Licht auf deine Brust zu und verschmilzte mit deinem Herzen. Dein Herz leuchtet in dieser Qualität der Liebe, Freundlichkeit und Weisheit. Das Licht breitet sich immer weiter aus, sodass deine ganze Brust in diesem Licht badet. Das Licht breitet sich in den Hals, Kopf, in die Schultern, Arme, Hände, in den Bauch, ins Becken, in die Beine und Füße aus. Du bist von dem heilsamen Licht erfüllt. Genieße das warme Licht in deinem ganzen Körper. Dann wird das Licht noch viel intensiver und dehnt sich in den Raum nach allen Seiten aus. Entspann dich in den grenzenlosen Raum dieses Lichts hinein.

 Welche Tiere gefallen dir besonders gut?
Mache eine fantasievolle Zeichnung von diesen!

 Sucht euch aus, welche Tiere ihr gerne spielen wollt!
Verteilt die Rollen und führt das Theaterstück auf!

 Lest die Geschichte mit verteilten Rollen!

2. Freundschaft – als der Bodhisattva eine Gazelle war (J 206)

Diese Geschichte erzählte Buddha seinen Jüngern, nachdem Devadatta seinen ersten Mordversuch an Buddha unternommen hatte. Da sagte er: „Ihr Nonnen und Mönche, nicht erst jetzt war Devadatta auf Ermordung aus, sondern schon in früherer Zeit. Einst hatte ich als Gazelle Wiedergeburt genommen und lebte in einem Wald unweit von einem Teich entfernt. Beim Teich aber lebte eine Schildkröte, und auf der Spitze eines Baumes hatte ein Specht seine Wohnung. Wir drei waren gute Freunde."
Dann erzählte Buddha weiter, dass ein Gazellenjäger eines Tages den Teich fand und an der Trinkstelle am Ufer die Spuren einer Gazelle erkannte. Da stellte er sogleich eine heimtückische Falle auf, die kaum zu sehen war und kehrte zu seiner Jägershütte zurück. Als die Gazelle des Nachts Wasser trinken wollte, tappte sie unbemerkt in die Falle, und eine Schlinge zog sich um ihr Bein. Voller Schrecken und Schmerz stieß die Gazelle

einen lauten Schrei aus. Sogleich waren die Schildkröte und der Specht zur Stelle, denn sie erkannten den Schrei ihres guten Freunds. Die Gazelle sagte: „Seht her meine Freunde! Ein Fallensteller hat mich in diese missliche Lage gebracht. Ich hoffe, er kommt nicht gleich zurück." Der Specht überlegte kurz und trug seine gute Idee vor: „Liebe Schildkröte, du hast einen scharfen Schnabel und einen kräftigen Kiefer. Wenn wir genug Zeit haben, könntest du es schaffen, die Riemen der Schlinge durchzubeißen. Was denkst du, möchtest du es versuchen? Ich suche in der Zwischenzeit die Hütte des Jägers auf und hindere ihn daran, hierher zu kommen." Die Schildkröte nickte mit einem breiten Lächeln: „Lieber Specht, das dürfte funktionieren. Gerne werde ich versuchen, die Riemen durchzubeißen, um unseren guten Freund zu befreien. Lass uns keine Zeit verlieren." Kaum hatte die Schildkröte den Satz beendet, flog der Specht davon und konnte den Dankesruf der Gazelle nur noch aus der Ferne hören. Er rief im Flug zurück: „Schon gut Gazelle, du würdest das für uns auch tun." Die Schildkröte biss mit aller Anstrengung in die ledernen Riemen, während der Specht die Hütte des Jägers fand und dort wartete. Als der Jäger in der Morgendämmerung die Hütte verließ und seinen Speer nahm, stürzte der Specht auf den Jäger los und gab den Weg nicht frei. Der Jäger dachte sich dabei: „Ein Unglücksvogel hat mich besucht. Da ist es wohl besser, wenn ich nicht auf die Jagd gehe. Ich lege mich wieder hin und geh später auf die Jagd." Nach einem Weilchen dachte sich der Jäger, er würde mehr Glück haben, wenn er sich diesmal durch die Hintertür auf den Weg macht. Aber der Specht dachte sich schon so etwas Ähnliches und positionierte sich in der Nähe der Hintertür. Als der Jäger aus der Hintertür herauskam, stieß der Specht ein Schrei aus und versperrte ihm wiederholt den Weg. Der Jäger verstand den erneuten Angriff des Spechts wiederum als Zeichen, das Jagen für diesen Tag gut sein zu lassen und kehrte in seine Hütte zurück. Der Specht indes blieb bei der Hütte. Als der Jäger bei Sonnenaufgang aus der Hütte trat, flog der Specht zum Teich zurück, um Gazelle und Schildkröte vorzuwarnen. Die Schildkröte musste noch den letzten Riemen durchbeißen, obwohl ihr Maul mit Blut verschmiert war. Der junge Jäger aber war blitzschnell unterwegs, und kaum hatte die Schildkröte den letzten Riemen durchtrennt, konnte die Gazelle noch flüchten. Die Schildkröte aber war zu erschöpft und langsam, um ins Wasser zu verschwinden. Sogleich packte der Jäger die Schildkröte und steckte sie in einen Sack, den er an einem Ast aufhängte. Die Gazelle aber beobachtete diesen Vorgang aus der Ferne und dachte sich: „Ich muss den Jäger vom Teich weglocken. Wenn ich Schwäche vorspiele, wird er glauben, er könnte mich doch noch erwischen." Da machte die Gazelle durch ungelenkige Bewegungen auf sich aufmerksam, sodass der Jäger sogleich seinen Speer packte und losstürmte. Die Gazelle hingegen rannte immer nur so weit weg, dass der Jäger die Gazelle in einiger Entfernung im Blick hatte. Als der Jäger weit genug weggelockt worden war, rannte die Gazelle blitzschnell zur Schildkröte und holte den Sack mit ihren Hörnern herunter. Die Schildkröte kroch sogleich aus dem Sack, und der Specht war auch schon herbeigeflogen. Da sprach die Gazelle zu den beiden: „Ihr seid wahrlich großartige Freunde. Unter Einsatz eures Lebens habt ihr mich befreit. Ich danke euch sehr. Nie werde ich euch das vergessen. Jetzt aber müssen wir schnell handeln, denn der Jäger wird bestimmt zurückkehren, um wenigstens die Schildkröte in seinem Sack zu holen. Um euer Leben und eure Familie vor dem Jäger zu schützen, müssen wir uns trennen. Lieber Specht, such dir einen sicheren Platz tief im Wald, wo niemand deine Familie stört. Und du, liebe Schildkröte, such dir an einem anderen Ufer ein Platz für deine Familie. Lebt wohl Freude. Ich werde euch vermissen. Aber um euer Leben willen müssen wir vorsichtig sein."

Voller Vertrauen und Dankbarkeit trennten sich die drei Freunde, aber der Jäger war schon bald wieder zurück, um wenigstens die Schildkröte zu holen. Als er den leeren Sack am Boden liegen sah, fluchte und tobte er. Unzufrieden und verärgert kehrt er heim.

Nachdem Buddha diese Geschichte beendet hatte, erklärte er: „Ja, ihr lieben Nonnen und Mönche. Zu der Zeit wollte der Jäger, welcher Devadatta war, mich, die Gazelle, töten. Aber dank meiner Freunde gelang ihm dies nicht." Da zeigte Buddha auf Mahamoggallana: „Denn die Schildkröte war Mahamoggallana, der kluge Specht aber war Shariputra", und blickte dabei Shariputra lächelnd an.

 Vielleicht möchtest du eine tolle Geschichte über deine Freunde oder Freundinnen erzählen.
Was würdest du sagen? Was ist das Wichtigste in einer Freundschaft? Was liebst du an deiner besten Freundin oder deinem besten Freund am meisten?

 Bring deine Lieblingsszene auf Papier!

 Verwandelt die Geschichte in ein Theaterstück und führt es auf!

 Lest die Geschichte mit verteilten Rollen!

3. Mitgefühl – als der Bodhisattva eine Baumgottheit war – (J 465)

Buddha erzählte diese Begebenheit seinen Nonnen und Mönchen, nachdem er sein Volk vor dem Angriff vom König von Kosala, Vidudabha, beschützt hatte, und die Mönche voller Bewunderung über sein Mitgefühl redeten.

In Benares, das ist heute noch eine heilige Stadt in Indien, regierte ein mächtiger König namens Brahmadatta weise und gerecht. Dieser König dachte sich, dass er einen Palast erbauen möchte, der nur von einer Säule getragen wird. Er wollte etwas bauen, das einzigartig war. Paläste mit vielen Säulen gab es überall. Da rief er die besten Baumeister und Architekten zu sich und sagte: „Erbaut mir einen prächtigen Palast, den die Welt noch nie gesehen hat. Aber Bedingung ist, dass der Palast nur von einer Säule getragen wird." Die Baumeister nickten erstaunt und sagten: „Großer König, das ist eine vortreffliche Idee. Wahrlich, bisher hat niemand eine solche Idee verwirklicht. Wir werden unverzüglich an die Planung gehen." Da schickten die Baumeister die Zimmerleute in den Wald, um nach geeigneten Bäumen Ausschau zu halten. Sie mussten aber feststellen, dass die passenden Bäume in einem sehr problematischen Gelände standen. Als der König von diesem Problem hörte, war er zuerst ungehalten und wollte nichts davon wissen. Die Zimmerleute erklärten dem König aber genau, warum es unweise wäre, die Bäume von dort zu holen. Worauf der König einen anderen Vorschlag hatte: „Nun denn, in meinem Park gibt es auch viele Bäume. Sucht euch dort die geeigneten aus."

Im Park fanden die Zimmerleute sehr bald einen sehr schön gewachsenen und prächtigen Baum, der den Ansprüchen des Königs am besten entsprach. Der Baum war aber so schön, dass ihm die Leute der Stadt und sogar die Königsfamilie Opfer darbrachten. Die Zimmerleute getrauten sich kaum, den König auf diesen Baum anzusprechen. Aber als er davon hörte, welcher Baum der Beste für den Palast wäre, zögert er keine Sekunde: „Worauf wartet ihr noch. Der beste Baum ist gerade gut genug. Es wird ein Palast, wie ihn die Welt noch nie gesehen hat."

Aus Respekt und Achtung vor dem Baum nahmen die Zimmerleute Priester mit und gingen mit Blumenschmuck und Räucherwerk zum Baum, wo sie allerlei Opfergaben darbringen wollten. Lichter wurden entzündet und heilige Gesänge angestimmt. Zuletzt sprachen die Zimmerleute mit den Priestern: „In sieben Tagen, so hat es der König befohlen, wird der Baum gefällt. Die in diesem Baume wohnenden Gottheiten mögen sich eine andere Wohnstätte suchen. Unsere Schuld ist es nicht. Bitte verlasst diesen Baum!" Der in dem prächtigen Baum wohnende Baumgott war nicht wenig erschrocken, als ihm nach den herrlichen Opfergaben diese schlechte Nachricht mitgeteilt wurde. Er dachte sich: „Diese Zimmerleute machen sicher ernst. Mein Leben ist an diesen Baum gebunden. Aber auch das Leben meiner jüngeren Verwandten ist gefährdet. Stürzt meine Wohnung zu Boden, werden sämtliche kleine Bäume erschlagen. Ich muss etwas für ihre Rettung unternehmen."

Zu Mitternacht erschien der Baumgott im Schlafgemach des Königs und erfüllte alles mit seinem göttlichen Glanz. Das Schlafgemach leuchtete goldenhell und Glück erfüllte den Raum, sodass der König erwachte. Für den ersten Moment erschrak der König, aber die Schönheit und das Glück, das den Raum erfüllte, ließen den König schnell Vertrauen schöpfen. Betrübt begann der Baumgott zu sprechen: „Großer König, verzeiht mir bitte mein nächtliches Eindringen, mein Name ist Bhaddasala. Viele Generationen schon ist der mächtige Baum in deinem Park meine Heimstätte gewesen, und viele Könige zollten mir Verehrung. Aber mir wurde gesagt, dass der große Baum in wenigen Tagen gefällt werde. Das bereitet mir große Sorge." Der König horchte auf und schlug vor: „Der Stamm des Baumes soll als zentrale Säule im neuen Palast Verwendung finden. Du kannst dort für immer wohnen." Der Baumgott erwiderte: „Das ist ein freundliches Angebot, dennoch wird mein Leben zu Ende gehen. Aber wenn ihr den Baum fällen wollt, bitte ich euch sorgsam vorzugehen. Zerlegt den Baum kleinweise. Beginnt bitte in der Baumkrone und schneidet die Äste behutsam ab. Lasst sie nicht einfach auf den Boden stürzen." Der König schüttelte den Kopf: „Warum willst du die Qual hinausziehen? Es wird dir große Schmerzen bereiten, dich kleinweise zu zerlegen." Der Baumgott dankte dem König: „Es geht mir vielmehr um die kleineren Bäume, die um den großen herumstehen. Fallen der große Stamm oder große Äste zu Boden, so erwischt es auch die kleinen Bäume. Dort hausen aber ebenfalls Gottheiten, die umkommen würden. Diese sind mir sehr wichtig, ihnen soll kein Leid widerfahren."

Da verstand der König, worum es dem Baumgott Bhaddasala ging. Tief gerührt über das Mitgefühl der Baumgottheit für die Seinigen sprach der König: „Bhaddasala, deine Liebe für deine Verwandten ist außerordentlich. Großes Leid würdest du auf dich nehmen, um sie vor dem Tod zu bewahren. Du hast mir großen Respekt eingeflößt und mich etwas Wichtiges gelehrt. Ich verspreche dir, dass dein Baum und deine Verwandten unbeschadet bleiben."

Hoch erfreut und voller Dankbarkeit verabschiedete sich der Baumgott Bhaddasala. Der König aber wurde durch das Vorbild Bhaddasalas noch großherziger und tat dem Volk viel Gutes. Buddha erklärte abschließend, dass er der Baumgott und Ananda der König gewesen sei. Die vielen Verwandten aber waren die Mönche und Nonnen seines Sangha.

Gefällt dir die Geschichte, und was gefällt dir besonders gut?
Welche Rolle spielt das Mitgefühl in dieser Geschichte?

Stell dir vor, dass du an einem schönen See spielst und unbemerkt eine wundersame Situation beobachten darfst. In einiger Entfernung wirft ein kleiner Junge Plastikmüll ins Wasser. Dann plötzlich hörst du ein Donnern und mitten im See steigt eine grünlichsilberne Meerjungfrau auf. Sie schwimmt auf den Jungen zu, der sich nicht sonderlich um die Wasserschönheit kümmert. Sie spricht den Jungen an: „Hey du Junge, weißt du eigentlich, was du da tust?" Der Junge zog nichtsahnend seine Schultern hoch. „Komm, gib mir deine Hand! Ich will dir etwas zeigen." In dem Moment, als sie seine Hand nimmt, funkelt der ganze See, die umstehenden Bäume und die mächtigen Felsbrocken, die das Seegestade umgeben. Und plötzlich wird eine andere Welt sichtbar. Man sieht andere Meerjungfrauen im Wasser plantschen, auf den Bäumen schwirren Baumgottheiten umher, und in einer Höhle bearbeiten lustige Zwerge bunte Edelsteine. Nachdem der Junge mit offenem Mund all die märchenhaften Wesen betrachtet hat, spricht die Meerjungfrau: „Siehst du das alles, mein kleiner Freund? Das ist mein Geschenk an dich, weil du ein gutes Herz hast. Verstehst du jetzt, dass du unseren Lebensraum verschmutzt, wenn du Müll ins Wasser wirfst? Bitte, denke immer daran! Die Natur ist der Lebensraum vieler Naturwesen. Sieh nur, wie sie den Pflanzen Kraft und Schönheit geben." Der Junge nickt und sagt: „Ach du meine Güte, wenn ich das gewusst hätte. Danke, dass du mir dein Reich gezeigt hast. Künftig will ich achtsamer sein." Die Meerjungfrau streicht dem Jungen zum Abschied sanft über den Kopf und legt mit einem Fingerschnippen wieder den Lichtschleier über die ganze Seelandschaft, sodass all die Naturwesen wieder unsichtbar sind.

Bring deine Lieblingsszene zu Papier!

Führt die Geschichte als Theaterstück auf!

Lest die Geschichte mit verteilten Rollen!

4. Das salomonische Urteil (J 546,5)

Buddha erzählte von dieser Begebenheit, als die Mönche und Nonnen sich über seine Weisheit erfreuten und um eine Geschichte baten, die ihnen helfen sollte, seine Weisheit noch besser zu begreifen. Die Geschichte handelt von einer Frau, die sich mit ihrem Sohn beim „Lotusteich der Weisen" waschen wollte. Als sie dort angekommen waren, war auch eine Dämonin anwesend, die an dem Kind Gefallen gefunden hatte, dass sie ihn gar auffressen wollte. Unbemerkt verwandelte sich die Dämonin in eine Frau und näherte sich der Frau und dem Knaben. Die Dämonin begann ein freundliches Gespräch, so dass die Frau Vertrauen schöpfte. Großzügig bot sie dem Kind etwas zu trinken an und spielte mit ihm. Die Mutter war ahnungslos und bat die Dämonin, auf das Kind ein wenig aufzupassen, während sie sich wusch. Alles schien in Ordnung, und die Mutter war froh, dass sie sich in Ruhe waschen konnte. Die Dämonin aber wartete nur den richtigen Zeitpunkt ab, um mit dem Knaben davonzurennen. Als sie losstürmte, schrie das Kind aber, und die Mutter rannte augenblicklich hinterher. Als sie die Dämonin eingeholt hatte und nach dem Knaben verlangte, sagte sie: „Was willst du von mir? Das ist mein Sohn. Dir händige ich ihn sicher nicht aus." Die Mutter konnte es nicht fassen und wurde laut. Während sie so stritten, kamen sie an einer Halle vorbei, in der ein Weiser saß und den Streit mitangehört hatte. Er rief den beiden Frauen zu: „Was ist denn da los? Warum streitet ihr denn so fürchterlich? Kann ich euch helfen?" Da traten sie an den Weisen heran. Beide behaupteten, sie wären die Mutter des Knaben und gaben noch so manche Begründungen ab. Mittlerweile hatte sich ein Publikum angesammelt, das den Streitfall beobachtete. Nachdem sich der Weise alles angehört hatte, fragte er die beiden Frauen: „Wollt ihr euch meinem Urteil beugen? Dann will ich gerne hier für Aufklärung sorgen." Nachdem sie zugestimmt hatten, zog er mit einer Kreide einen Strich auf den Boden und sagte zur echten Mutter: „Du hältst die Hände des Knaben", zeigte zur Dämonin, „du aber hältst die Füße! Haltet den Jungen so, dass der Nabel über dem Strich liegt!" Die Frauen taten, was der Weise vorgab und warteten auf weitere Anweisungen: „Gut, haltet den Knaben und zieht, so fest ihr könnt. Wer den

Knaben ganz hinter den Strich gezogen hat, soll ihn bekommen." Kaum hatten die beiden Frauen gezogen, begann der Knabe zu schreien und zu weinen. Die Mutter gab sofort nach, die Dämonin aber zog erbarmungslos weiter, bis der Knabe zur Gänze auf ihrer Seite war. Die Mutter schrie laut auf, weil sie glaubte, ihr Herz zerbräche gleich. Die Dämonin aber grinste siegessicher und hielt den Knaben fest. Da wandte sich der Weise an die umstehenden Leute: „Was glaubt ihr, wer ist die wahre Mutter? Die Siegerin, die den Knaben in Händen hält oder diese weinende Frau?" Die Menge antwortete einmütig: „Das Kind gehört der weinenden Frau!" Der Weise aber ergänzte: „Sehr wohl, denn diese Frau erträgt es nicht, wenn ihr Kind leiden muss. Sie hat das wahre Herz einer Mutter. Wie ist es aber mit dieser Frau, kennt ihr diese Knabendiebin?" und zeigte auf die Dämonin. Die Leute aber sagten: „Nein, diese Frau kennen wir nicht." Der Weise aber sagte: „Ja richtig. Könnt ihr auch nicht, denn diese Frau ist eine Dämonin. Warum ich das weiß? Wenn ihr genau hinseht, werdet ihr feststellen, dass sie keinen Schatten wirft. Sie blinzelt nicht und hat eine seltsame Röte in ihren Augen. Sie ist furchtlos und ohne Mitleid." Die umstehenden Leute sagten darauf: „Tatsächlich, er hat recht." Dann wandte er sich an die Dämonin: „Wer bist du und warum hast du den Knaben an dich gerissen?" Die Dämonin antwortete: „Ich bin eine Dämonin und wollte ihn fressen." Der Weise drang nun auf sie ein: „Du Närrin, weil du früher schon Böses getan hast, wurdest du als Dämonin wiedergeboren. Dein Unglück nimmt kein Ende, wenn du so weitermachst. Verstehst du?" Die Dämonin war einsichtig und zeigte erste Anzeichen von Reue. Da erklärte der Weise der Dämonin die fünf Gebote und entließ sie. Die Mutter des Knaben aber bedankte sich beim Weisen mehrmals und wünschte ihm ein langes Leben.

 Was gefällt dir an dieser Geschichte besonders gut?
Wo siehst du die Weisheit in der Geschichte am besten aufleuchten?
Findest du in dieser Geschichte auch Anhaltspunkte für Mitgefühl?

 Bringe eine tolle Szene der Geschichte aufs Papier!

 Verteilt die Rollen und führt die Geschichte als Theaterstück auf!

 Lest die Geschichte mit verteilten Rollen!

5. Der Ärger fressende Dämon (S 22,11)

Diese Geschichte erzählte Buddha selbst, sie gehört also nicht zu den Jatakas. Sie sollte den Nonnen und Mönche zeigen, welche Probleme Wut und Ärger mit sich bringen. Er erzählte, wie sich eines Tages ein Dämon auf den Thron des Gottes Sakka setzte. Dieser Dämon war von äußerst hässlichem Aussehen. Als die Diener Sakkas, das waren ebenfalls Gottheiten, den Dämon auf dem Thron entdeckten, waren sie entsetzt und sagten sich: „Was ist denn das für eine Frechheit, was erlaubt sich dieser hässliche Bursche überhaupt?" Sie kamen überein, sie müssten den Dämon verjagen und befahlen ihm, den Thron sofort zu verlassen: „Was fällt dir ein? Du sitzt auf dem Thron von König Sakka, der hohen Gottheit. Du bist hier nicht erwünscht." Den Dämon ließ diese Ansage völlig kalt und genoss seinen Platz. Da wurden die Diener Sakkas wütend und begannen den Dämon übel zu beschimpfen: „Du hässliches Biest! Verschwinde endlich! Dieser Thron gebührt nur unserem König. Deine Hässlichkeit beschmutzt den göttlichen Thron." Die Diener waren vor lauter Wut ganz außer sich, aber plötzlich geschah etwas, womit sie gar nicht gerechnet hatten. Der Dämon verwandelte sich nämlich allmählich und wurde immer schöner. Er begann sogar zu leuchten und wurde mächtiger. Jetzt kannten sich die Diener Sakkas, die ja auch Götter waren, überhaupt nicht mehr aus. Wie konnte es sein, dass der Dämon schöner wurde, anstatt endlich zu verschwinden? Ihr Ärger nahm noch mehr zu, und sie platzten fast vor Wut und Verzweiflung, denn sie wollten den Übeltäter unbedingt vor der Rückkehr Sakkas verjagt haben.

Es half aber alles nichts. Je mehr sie schimpften und tobten, desto lebendiger und schöner wurde der Dämon. Er schien sich immer wohler auf dem Thron zu fühlen. Um König Sakka eine schlimme Überraschung zu ersparen, suchten die Diener ihn im Garten auf und erklärten ihm, was sich im Thronsaal zugetragen hatte. Wie er seine Diener so erzählen hörte und sah, wie aufgewühlt sie waren, konnte er sich schon vorstellen, was da los war. Da sagte Sakka zu seinen Dienern: „Das wollen wir uns doch gemeinsam anschauen. Folgt mir in den Thronsaal und beobachtet gut, was geschieht!" Als Sakka mit seinen Dienern im Thronsaal angekommen war, saß der ungebetene Gast immer noch auf dem Thron. Als Sakka in Richtung Thron trat, wollten ihn die Diener zurückhalten und beschützen. Er aber gab ihnen ohne Worte zu verstehen, dass sie sich einfach ruhig verhalten sollten. Sakka schritt leise und respektvoll vor den Thron und sank auf die Knie. Er legte die Hände zusammen und sagte: „Ich bin Sakka, der Herr der Götter." Dann senkte er sein Haupt. Kaum hatte er sein Haupt wieder gehoben, leuchtete der Dämon weit weniger als vorher. Sakka wiederholte erneut: „Ich bin Sakka, der Herr der Götter", und verbeugte sich wiederum. Der Dämon hingegen wurde immer hässlicher und begann zu schrumpfen. Als Sakka das Ganze ein drittes Mal wiederholt hatte, war der Dämon plötzlich verschwunden.

Sakka setzte sich nun auf den Thron und winkte seine Untertanen zu sich: „Hört mir genau zu, damit ihr gut versteht, was hier vor sich gegangen ist. Der ungebetene Gast war ein Wut fressender Dämon. Er ernährt sich an der Wut und dem Ärger anderer. Es macht ihm Spaß, wenn ihr ihn anbrüllt oder euch über ihn ärgert. Das ist eine schlimme Sache, denn er freut sich über euer Leid. Leider ist es so, dass es auch uns manchmal Lust bereitet, andere zu beschimpfen. Wir können aber Fürchterliches anrichten, wenn wir unserem Zorn freien Lauf lassen. Andere können so verletzt werden, dass Freundschaften und gute Beziehungen zerstört werden. Es war nicht immer so. Aber ich habe gelernt, mich nicht mehr zu verletzten, und lasse mich nicht mehr leicht von der Wut erfassen. Spüre ich Wut in mir, lass ich keine verletzenden Worte über meine Lippen. Ich verwende nur positive Worte und konzentriere mich auf meine Fehler. Versteht ihr mich?" Die Götter und Göttinnen nickten einsichtig und lächelten erfreut. König Sakka aber setzte fort: „Statt mich über den Dämon zu ärgern, habe ich ihm Respekt erwiesen, aber dennoch habe ich gewusst, wer ich bin und habe ihm das gesagt. Diese Wahrheit auszudrücken, erfreut mich, zeigt dem Dämon aber auch, wo sein Platz ist." Seine Untertanen freuten sich sehr über die Erklärungen und waren sehr froh, dass sie einen so weisen König hatten.

Was wollte Buddha mit dieser Geschichte erklären?
Wer ist der Leidtragende, wenn Ärger aufkommt?
Was ist zu tun, wenn man Ärger in sich spürt?

 Übe nach den Meditationsanweisungen auf Seite 196!
Vielleicht entspannt dich das Betrachten des rechten Bildes.

 Vielleicht bist du von der Geschichte angetrieben, ein schönes Bild
zu malen. Viel Spaß beim Malen!

 Führt die Geschichte als Theaterstück auf!

 Lest die Geschichte mit verteilten Rollen!

C.
Wichtige
Lehrpunkte

1. Zuflucht nehmen zu den drei Juwelen „Buddha – Dharma – Sangha"

Die Zufluchtsformel wird in Pali gesprochen. Das ist die Sprache, in der die Lehrreden Buddhas aufgeschrieben wurden.

Buddham saranam gacchami
Dhamma saranam gacchami
Sangham saranam gacchami

Ich nehme Zuflucht zu Buddha
Ich nehme Zuflucht zur Lehre Buddhas
Ich nehme Zuflucht zur Gemeinschaft Buddhas

Dutiyampi Buddham saranam gacchami
Dutiyampi Dhamma saranam gacchami
Dutiyampi Sangham saranam gacchami

Zum zweiten Mal nehme ich Zuflucht zu Buddha
Zum zweiten Mal nehme ich Zuflucht zur Lehre Buddhas
Zum zweiten Mal nehme ich Zuflucht zur Gemeinschaft Buddhas

Tatiyampi Buddham saranam gacchami
Tatiyampi Dhamma saranam gacchami
Tatiyampi Sangham saranam gacchami

Zum dritten Mal nehme ich Zuflucht zu Buddha
Zum dritten Mal nehme ich Zuflucht zur Lehre Buddhas
Zum dritten Mal nehme ich Zuflucht zur Gemeinschaft Buddhas

2. Heilsames tun, Unheilsames unterlassen

Heilsames tun:

Jeder Mensch sucht nach bleibendem Glück. Buddha lehrt, dass man Glück erlangt, wenn man das Gute mit den Gedanken, der Sprache und mit dem Körper tut. Wenn du Gutes mit deinem Verstand tust, wird dein Geist mit Frieden und Gelassenheit erfüllt. Mit einem guten Geist wirst du zudem mit deinen Mitmenschen freundlich reden sowie Tiere und Natur achtsam behandeln. So erfährst du nicht nur Glück, sondern die Menschen und Tiere werden dich auch schätzen und lieben.

Gedanken:

- Wünsche dir Gutes wie Glück, Gesundheit und Frieden
- Wünsche anderen nur Gutes
- Achte dich selbst als wertvoll und denke liebevoll über dich selbst
- Sei dankbar
- Überlege dir, wie du anderen helfen kannst oder Gutes tun kannst
- Hege Mitgefühl für andere
- Übe immer wieder Momente der Achtsamkeit
- Stell dir vor, du wärest in der Gegenwart Buddhas
- Meditiere – z.B. achte auf den Atemfluss, spüre deinen Körper
- Richte deine Gedanken auf die Zuflucht – Buddha, Dharma und Sangha
- Wenn es dir nicht gut geht, stell dir vor, Buddha würde dir helfen und dir beistehen
- Denk über Buddhas Leben nach
- Nimm dir Buddha zum Vorbild
- Freue dich über das Glück anderer mit
- Gönne anderen Glück
- Schau und höre dir Dinge an, die deinen Geist friedvoll machen

Sprache:

- Hebe das Gute bei anderen hervor
- Bringe deine Dankbarkeit und Wertschätzung zum Ausdruck
- Grüße freundlich
- Sprich die Wahrheit mit Achtsamkeit
- Sprich Gebete und lese laut heilige Texte
- Rede mit deinen Eltern oder Vertrauenspersonen, wenn es dir nicht gut geht
- Erzähle vertrauenswürdigen Personen deine Fehler

Handlungen:

- Bewahre andere vor Leid oder versuche das Leid anderer zu lindern
- Gib anderen aus Freude

- Hilf anderen – z.B. beim Abwaschen, Holz stapeln, aufräumen
- Nimm eine respektvolle Körperhaltung ein
- Bleib eine Weile im Meditationssitz
- Schenk anderen eine herzliche Umarmung
- Besuche Freunde und Kranke
- Ernähre dich gesund
- Sorge dafür, dass du und andere gesund bleiben
- Verbring deine Zeit mit liebevollen und freundlichen Menschen
- Behandle Tiere und die Natur achtsam und liebevoll

Unheilsames unterlassen:

Wenn du Unheilsames tust, wirst du für dich selbst und für andere Schaden verursachen. Deshalb halte dir gut im Gedächtnis, welche Dinge du unterlassen sollst.

Gedanken:
- Wünsche niemandem etwas Schlechtes
- Denke nicht schlecht über dich und andere
- Mach dir nicht unnötige Sorgen
- Male dir keine angsteinflößende Zukunft aus
- Denk nicht immer wieder an schlimme Dinge, die dir passiert sind
- Verlier dich nicht in Wunschträumereien
- Bei Hassgefühlen halte inne und spüre, ohne auszuagieren
- Bei starken Giergefühlen halte inne und spüre, ohne auszuagieren
- Vermeide Stolz, Neid und Eifersucht
- Nimm dich nicht zu wichtig
- Sei achtsam bei Dingen, die deinen Geist aufwühlen

Sprache:
- Lüge nicht
- Beschimpfe andere nicht
- Verfluche andere nicht
- Verbreite keine Gerüchte
- Schädige nicht den Ruf anderer

Handlung:
- Töte kein Lebewesen
- Verletze keine Lebewesen
- Stiehl nicht
- Nimm keine berauschenden Dinge zu dir
- Respektiere die körperlichen Grenzen anderer
- Verletze dich nicht selbst
- Meide Personen, die dich zu Schlechtem verleiten oder dich nicht respektvoll behandeln

3. Die 5 Silas – die 5 ethischen Pflichten

Dir fällt wahrscheinlich auf, dass für dich als Kind nur die ersten drei Silas, das vierte und fünfte Sila aber für Erwachsene zusätzlich sehr wichtig sind.

1. Ich übe mich darin, keine Leben zu nehmen.
2. Ich übe mich darin, nicht zu stehlen.
3. Ich übe mich darin, nicht zu lügen.
4. Ich übe mich darin, kein sexuelles Fehlverhalten zu begehen.
5. Ich übe mich darin, keine Rauschmittel einzunehmen.

In erster Linie soll man sich der Verfehlungen enthalten. Besser ist es aber, wenn man nicht nur Schlechtes unterlässt, sondern auch Gutes tut.

1. Statt Lebendiges zu verletzen oder zu töten, will ich mich bemühen, Mitgefühl zu hegen, Lebendiges zu behüten und zu beschützen.

2. Statt zu stehlen, will ich mich bemühen, die Dinge anderer mit Respekt zu behandeln und Großzügigkeit zu entwickeln.

3. Statt mit Worten andere zu belügen oder zu verletzen, will ich mich bemühen, anderen mit Worten hilfreich zu sein und wahr zu sprechen.

4. Statt meine Sexualität falsch einzusetzen, will ich mich bemühen, mit Mitgefühl die Gefühle anderer zu achten.

5. Statt mich mit Rauschmitteln zu benebeln, will ich mich mit der Kraft der Natur stärken und meinen Geist reinigen.

4. Die Vier Edlen Wahrheiten

Die Vier Edlen Wahrheiten sind das Kernstück in der Lehre Buddhas. Sie stellen den fünften Schritt des Lehrprogrammes dar und sind nicht so leicht zu verstehen. Hier siehst du vorerst, wie sie lauten. Deine Lehrerin oder dein Lehrer kann dir dazu mehr sagen.

1. Die Wahrheit vom Leiden (dukkha – schwer zu ertragen)
2. Wahrheit von der Entstehung des Leidens
3. Wahrheit von der Befreiung vom Leiden
4. Wahrheit vom zur Befreiung führenden Achtfachen Pfad

Rechte Erkenntnis
Rechte Gesinnung
Rechte Rede
Rechtes Handeln
Rechter Wandel (Lebenserwerb)
Rechtes Bemühen
Rechte Achtsamkeit
Rechte Sammlung

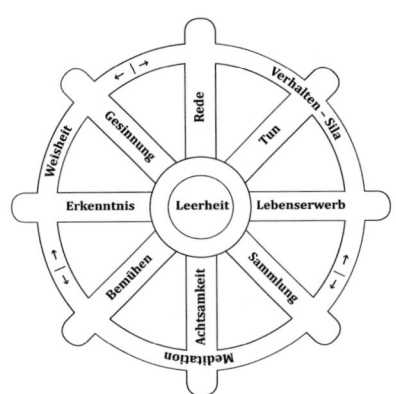

5. Die drei Grundübel und die drei Daseinsmerkmale

Die drei Grundübel:

Gier (Anhaftung)
Hass (Ablehnung)
Nichtwissen

Die drei Daseinsmerkmale:

dukkha – der leidvolle Aspekt des Lebens
anicca – die Vergänglichkeit aller Phänomene
anatta – Nichtexistenz des Ichs

6. Wichtige Tugenden und Gebete:

Brahma Viharas – die vier göttlichen Verweilungen:

Liebe (metta)
Mitfreude (mudita)
Mitgefühl (karuna)
Gleichmut – Gelassenheit (upekkha)

Mantra des Mitgefühls:

Juwel im Herzen des Lotus

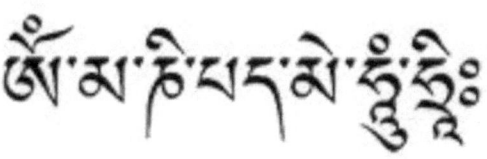

OM MANI PADME HUM

Juwel im Herzen des Lotus

Tibetisch

Imee Ooi

Gebet der vier göttlichen Wünsche:

Mögen alle fühlenden Wesen sich am wahren Glück und den Ursachen wahren Glücks erfreuen.
Mögen alle fühlenden Wesen frei sein von Leid und von den Ursachen des Leides.
Mögen alle fühlenden Wesen jenseits des Leidens in der großen Freude ruhen.
Mögen alle fühlenden Wesen frei sein von Gier, Hass und Unwissenheit und mögen sie im großen Gleichmut verweilen.

Einige Paramitas (Vollkommenheiten):

Großzügigkeit
Entschlusskraft
Verzicht
Ausdauer
Geistige Stabilität – Konzentration
Unterscheidungsfähigkeit

Gebet um Hilfe der Bodhisattvas und Buddhas

Mögen mir die Bodhisattvas und Buddhas in schwierigen Situationen beistehen.
Mögen die Bodhisattvas und Buddhas mir behilflich sein, von Unheilsamem abzusehen.
Mögen mir die Bodhisattvas und Buddhas behilflich sein, weise und heilsam zu handeln.
Mögen mir die Bodhisattvas und Buddhas behilflich sein, Heilsames und Unheilsames zu unterscheiden.
Mögen mir die Bodhisattvas und Buddhas behilflich sein, eine heilsame Geisteshaltung zu entwickeln.
Mögen mir die Bodhisattvas und Buddhas behilflich sein, auf dem Weg zur Erleuchtung voranzuschreiten.
Mögen mir die Bodhisattvas und Buddhas behilflich sein, Mitgefühl für alle fühlenden Wesen zu entwickeln und deren Befreiung vom Leid zu unterstützen.

Gebet der besten Wünsche:

Mögen alle fühlenden Wesen frei sein von Gier, Hass und Unwissenheit.
Mögen alle fühlenden Wesen nie getrennt sein von wahrem Glück und den Ursachen für wahres Glück.
Mögen alle fühlenden Wesen frei sein von Leid und von den Ursachen für Leid.
Mögen alle fühlenden Wesen alle Hindernisse und Verdunkelungen überwinden und schnell das vollkommene Erwachen erlangen.

D.
Meditationsübungen

1. Achtsamkeit – unser Atem

Buddha hat der Beobachtung des Atems große Bedeutung beigemessen. Wenn die Nonnen oder Mönche aufgeregt oder aufgewühlt waren, empfahl er oft die Atemmeditation. Er sagte, dass die Atemmeditation sehr lohnenswert ist und eine tiefe Wirkung hat. Er empfahl, sich einen ruhigen Platz zu suchen, sich aufrecht mit gekreuzten Beinen hinzusetzen und den Atem zu beobachten. (M 118)

Vorbereitung:

Richte dir einen Meditationsplatz her. Am besten sitzt du am Boden auf einem Meditationskissen, um gut geerdet zu sein. Überkreuze die Beine. Vielleicht weißt du schon, wie man die Beine in den Lotussitz bringt. Es darf aber nicht schmerzen. Der halbe Lotus oder der Schneidersitz sind völlig ausreichend. Der burmesische Sitz ist auch sehr gut geeignet. Deine Lehrerin oder dein Lehrer zeigt dir die verschiedenen Möglichkeiten. Wichtig ist eine aufrechte Sitzhaltung. Vielleicht hast du schon gesehen, dass Buddha die Hände oft im Schoß ineinander gelegt hat. Die linke Hand liegt in der rechten. Man nennt diese Handstellung „Geste des Gleichmuts".

Atembeobachtung:

Wenn du nun richtig und entspannt sitzen kannst, schließe deine Augen und nimm für einige Momente wahr, wie du dich fühlst. Jetzt richte deine Aufmerksamkeit auf den Atem. Du atmest völlig natürlich. Dabei konzentrierst du dich auf jene kleine Fläche bei den Nasenlöchern, die sehr zart und sanft die Atemluft wahrnimmt. Das ist eine sehr kleine Fläche. Du hast nichts weiter zu tun, als dort zu spüren, wie die Atemluft ein- und ausströmt. Versuch deine Konzentration möglichst lange dort zu halten, aber bleibe dabei entspannt.
Es ist ganz normal, dass du nach einiger Zeit mit deinen Gedanken ganz woanders bist. Wenn du das gemerkt hast, beginnst du wieder mit der Beobachtung des Atems bei den Nasenlöchern.

Bauchdecke:
Falls du eine verstopfte Nase wegen Schnupfen oder aus anderen Gründen hast, kannst du die Bauchdecke beobachten. Das funktioniert ebenfalls wunderbar.

Schlussbetrachtung:
Wenn du deine Meditation beenden möchtest, ist es interessant, wie du dich im Vergleich zum Beginn fühlst. Nimm dir also einige Momente Zeit und stell den Vergleich her. Manchmal bist du ruhiger geworden, vielleicht bist du auch so entspannt, dass du fast eingeschlafen wärst. Das sind gute Zeichen. Es ist auch gut, wenn du gemerkt hast, dass du ganz unruhig bist und kaum die Konzentration halten konntest. Es ist schon ein großer Gewinn, wenn man feststellt, wie es einem gerade geht.

Widmung:
Wenn du möchtest, kannst du deine Meditation einer bestimmten Person widmen. Das hat eine sehr heilsame Wirkung auf deinen Geist.

2. Metta – liebende Güte Meditation

Die Schatzkisten-Meditation stammt von Marina Jahn und hilft uns, liebende Güte zu entwickeln.

Nimm einen guten Meditationssitz ein und beobachte, wie dein Atem natürlich fließt. Nachdem du schon ein wenig ruhiger geworden bist, stell dir Folgendes vor:

In deinem Herzen gibt es eine wunderschöne Schatzkiste aus Licht. Stell dir vor, wie du sie langsam öffnest und darin funkelnde Juwelen in allen Farben vorfindest. Mit diesen Juwelen kannst du nichts kaufen. Aber es sind Juwelen des Mitgefühls, der Liebe, der Freude, des Gleichmuts und des Vertrauens.

Bleib ein wenig in der Betrachtung der Juwelen und nimm dir Zeit dafür.

Nimm dir jetzt das Juwel, das dir am besten gefällt. Dieses Juwel schenkst du dir selbst und spürst, wie sich Liebe und Mitgefühl in deinem Herzen ausbreiten. Dann sagst du dir in dein Herz: Möge ich glücklich und voller Frieden sein, möge ich glücklich und voller Frieden sein, ... Das sagst du dir einige Male (wenn du möchtest, kannst du das auch aussprechen, aber es sollte niemanden stören).

Nimm dir Zeit, deinen Herzraum zu spüren.

Stell dir deine Eltern vor und suche ein schönes Juwel für sie aus. Das schenkst du ihnen. Damit schenkst du ihnen deine Liebe und wünscht ihnen Frieden und Glück. Dann sagst du dir in dein Herz: Möget ihr glücklich und voller Frieden sein, möget ihr glücklich und voller Frieden sein, ...

Nimm dir Zeit, deinen Herzraum zu spüren.

Stell dir deine Geschwister vor, sofern du welche hast und suche dir auch für deine Geschwister ein schönes Juwel aus. Das schenkst du ihnen. Damit schenkst du ihnen deine Liebe und wünscht ihnen Frieden und Glück. Dann sagst du dir in dein Herz: Möget ihr glücklich und voller Frieden sein, möget ihr glücklich und voller Frieden sein, ...

Nimm dir Zeit, deinen Herzraum zu spüren.

Stell dir deine allerbeste Freundin oder deinen allerbesten Freund vor und such dir für sie oder ihn ein schönes Juwel aus. Das schenkst du ihr oder ihm. Damit schenkst du ihnen deine Liebe und wünscht ihnen Frieden und Glück. Dann sagst du dir in dein Herz: Mögest du glücklich und voller Frieden sein, mögest du glücklich und voller Frieden sein, ...

Nimm dir Zeit, deinen Herzraum zu spüren.

Denke an jemanden, den du nicht gut kennst. Vielleicht denkst du an jemanden aus deiner Klasse. Zu dieser Person spürst du weder Zuneigung noch Abneigung. Auch diesem Menschen suchst du dir ein schönes Juwel aus. Damit schenkst du deine Liebe und wünscht dieser Person Frieden und Glück. Dann sagst du dir in dein Herz: Mögest du glücklich und voller Frieden sein, mögest du glücklich und voller Frieden sein, ...

Nimm dir Zeit, deinen Herzraum zu spüren.

Nun stell dir jemanden vor, mit dem du Probleme hast. Vielleicht streitest du mit dieser Person sogar manchmal. Auch für diese Person suchst du ein schönes Juwel des Mitgefühls, der Liebe und des Gleichmuts aus. Das Juwel schenkst du dieser Person. Damit schenkst du deine Liebe und wünscht dieser Person Frieden und Glück. Dann sagst du dir in dein Herz: Mögest du glücklich und voller Frieden sein, mögest du glücklich und voller Frieden sein, ...

Nimm dir jetzt genügend Zeit, deinen Herzraum zu spüren.

Dein Herz ist jetzt erfüllt von liebender Güte und die Juwelen strahlen noch mehr in deiner Schatzkiste. Wenn du sie brauchst, kannst du sie hervorholen, und es werden immer genug schöne Juwelen für dich da sein.

Wenn du diese Übung täglich machst, wirst du mit der Zeit feststellen, dass du mit deinen Freunden mehr Spaß hast, dein Selbstvertrauen zunimmt und du dich weniger schnell wegen Kleinigkeiten aufregst.

3. Metta Sutta – Lehrrede über liebende Güte (Sutta Nipata I,8)

Mantra:

SABBE SATTA SUKHI HONTU

Mögen alle Wesen glücklich sein!

Metta Sutta:
Darum behüte dich, wenn du das Gute suchst, nachdem du Stille und Einsicht gefunden hast:

Sei energisch, aufrichtig, ehrlich, sanft, ansprechbar, ohne Stolz, genügsam, bescheiden und zufrieden. Tue nichts Böses und nichts, was die Weisen nicht tun würden.

Mögen alle Wesen glücklich sein.

Mögen sie in Frieden und Sicherheit leben. Alle Lebenwesen, ob stark oder schwach, ob in hohen, mittleren oder in tiefen Welten, groß oder klein, sichtbar oder unsichtbar, nah oder fern, geboren oder nicht geboren:

Mögen alle Wesen glücklich sein.

Hintergehe niemanden und verachte niemanden, wo immer sie sich auch befinden mögen. Lass dich nicht durch Wut und Ärger dazu verleiten, anderen etwas Schlechtes zu wünschen.

So wie eine Mutter ihr einziges Kind umsorgt und sogar ihr eigenes Leben aufs Spiel setzt, um es zu beschützen, so behüte auch du mit einem unbegrenzten Geist alle fühlenden Wesen und lass deine Liebe über die ganze Welt verströmen: Nach oben und nach unten und in alle Himmelsrichtungen.

Ob stehend, gehend, sitzend oder liegend: Wann immer du wach bist, bemühe dich um diese Gesinnung. Jenseits von Ansichten und Verlangen, mit einem klaren Geist erzeugst du kein Leiden mehr für dich und andere.

Widmung:
Wir haben das Metta-Sutta rezitiert und widmen dieses Bemühen dem Wohlergehen und Erwachen aller fühlenden Wesen.

4. Eine einfache Meditation bei Ärger:

Wenn wir uns ärgern, ist es oft so, dass unsere Gedanken um das Problem kreisen und wir das ärgerliche Ereignis nicht loslassen können. Da hilft es, wenn man sich mit Meditation beruhigt, um wieder ein ruhiges Gemüt zu bekommen.

Bring dich in eine gute Meditationsposition. Lass zuerst den Atem natürlich fließen. Falls du recht laut atmest, versuch den Atem langsam leiser werden zu lassen. Das kann ein bisschen dauern. Gut ist, wenn der Atem sanft und nicht mehr hörbar fließt. Du wirst merken, dass dich das schon ein bisschen beruhigt hat.

Jetzt beginne mit dem Lichtatem. Gut ist, wenn du an der frischen Luft bist oder frische Luft durchs Fenster rein kann. Stell dir vor, du würdest beim Atmen Licht in deinen Körper bringen. Atme sehr tief und lange ein und fülle dabei deine Lunge vollständig. Gleichzeitig stellst du dir vor, durch den Atem würde dein Körper mit heilsamem Licht gefüllt. Dann atme sehr langsam aus und leere deine Lunge. Nimm dir Zeit und atme sanft und liebevoll, sodass es für dich ein Genuss ist und keine große Anstrengung. Das tust du am Anfang fünfmal und nimmst dir dann Zeit in deinen Körper zu spüren.

Versuche deine Aufmerksamkeit und deine Gedanken auf Dinge zu lenken, die dir gut tun.

Dann kannst du die Lichtatmung wiederholen. Wenn du dich gut dabei fühlst, kannst du die Anzahl erhöhen, aber steigere nicht über 15 lange Atemzüge. Nimm dir einfach Zeit dazwischen, die Entspannung zu genießen.

5. Meditation zur Entspannung:

Bring dich zuerst in eine gute Meditationsposition. Lass den Atem natürlich fließen und beobachte, wie die Atemluft sanft ein- und ausströmt. Dann bring deine Aufmerksamkeit in die Mitte deiner Brust und stell dir vor, wie dort ein goldener Lichtball leuchtet. Es fühlt sich angenehm warm an, und du siehst eine wunderschöne Lichtkugel nach allen Seiten strahlen. Genieß für einige Momente diese Wärme in der Brust. Dann geh in diese Kugel hinein, und plötzlich bist du in einem kleinen Raumschiff mitten im Weltraum. Du siehst um dich herum die faszinierende Sternenpracht, den Mond, die Sonne und den blauen Planeten Erde. In diesem Raumschiff hat es eine große Couch. Dort legst du dich gemütlich auf den Rücken und entspannst dich, als wärst du zuhause in deinem Wohnzimmer. Nach einer Weile taucht ein kleines Licht über deinen Füßen auf, das dich angenehm warm anstrahlt. Das Licht ist aber nicht nur warm. Du spürst auch Freundlichkeit und Liebe. Irgendwie hast du das Gefühl, das Licht ist auch weise, es kennt dich, weiß um deine Ängste und sieht, wie wertvoll du bist. Du fühlst dich ganz angenommen. Dann bewegt sich das

Licht auf deine Brust zu und verschmilzt mit deinem Herzen. Dein Herz leuchtet in dieser Qualität der Liebe, Freundlichkeit und Weisheit. Das Licht breitet sich immer weiter aus, sodass deine ganze Brust in diesem Licht badet. Das Licht breitet sich in den Hals, Kopf, in die Schultern, Arme, Hände, in den Bauch, ins Becken, in die Beine und Füße aus. Du bist von dem heilsamen Licht erfüllt. Genieße das warme Licht in deinem ganzen Körper. Dann wird das Licht noch viel intensiver und dehnt sich nach allen Seiten in den Raum aus. Entspann dich hinein in den grenzenlosen Raum des Lichts. Genieß die Weite und Wärme. Nach einer Weile spüre bewusst deinen Körper und bewege dich sanft.

6. Übersicht einiger Themen und angeleitete Meditationen

E.
Mantra
und QR-Codes

1. Dreifache Zuflucht:

Buddham saranam gacchami
Dhamma saranam gacchami
Sangham saranam gacchami

Dutiyampi Buddham saranam gacchami
Dutiyampi Dhamma saranam gacchami
Dutiyampi Sangham saranam gacchami

Tatiyampi Buddham saranam gacchami
Tatiyampi Dhamma saranam gacchami
Tatiyampi Sangham saranam gacchami

2. Mögen alle Wesen glücklich sein:

Mantra:
SABBE SATTA SUKHI HONTU

Mögen alle Wesen glücklich sein!

3. Mitgefühl:

Mantra des Mitgefühls:

Tibetisch

OM MANI PADME HUM

Juwel im Herzen des Lotus

Imee Ooi

4. Medizinbuddha:

OM BHEKANDZE BHEKANDZE /
MAHA BHEKANDZE /
RANDZA SAMUNGATE SOHA

F.
Theatertexte

1. Prinz Siddhartha und der Schwan

Personen festlegen:

Erzähler/in:
Prinz Siddhartha
Devadatta
König Shuddhodana
1 Minister/in – Jäger/in
2 Minister/in – Jäger/in
3 Minister/in – Ärzt/in
4 Minister/in – Straßenbau
Ananda

Erzähler/in:

Vor gut 2500 Jahren lebte ein Prinz namens Siddhartha, der als Bodhisattva das große Erwachen anstrebte. Ein Bodhisattva ist ein erleuchtetes Wesen. So zeigten sich schon in seinen Kindesjahren besondere Qualitäten, sodass er bei allen sehr beliebt war, weil er mit jedem freundlich und liebevoll umging. Das galt auch für die Tiere, die sich bei ihm sehr wohl fühlten.

Als Siddhartha eines Tages wie so oft im Garten die Schönheit und Stille der Natur genoss, zerschnitt ein lautes Zischen die Stille.

(Schrei eines Schwanes, Polster oder Plüschtier fällt von der Decke)

Siddhartha:

Ach du meine Güte. Da ist ein großer Vogel vom Himmel gefallen. Das muss ich mir genauer ansehen.

(Rennt zum Vogel, um nachzusehen)

Ein Schwan ist es. Was ist denn bloß mit dir passiert?

Ganz ruhig mein schöner Schwan, ich tu dir nichts. Lass mal sehen, was mit dir geschehen ist.

(Dreht ihn um und sieht einen Pfeil im Flügel stecken)

Uuuh, ein Pfeil steckt in deinem Fügel. Das ist ja schrecklich.

(Streichelt den Schwan)

Mein armer schöner Schwan. Den Pfeil müssen wir entfernen. Es wird jetzt ein bisschen weh tun, aber ich bin ganz vorsichtig.

(Zieht Pfeil raus, und wirft ihn weg.)

Ist schon gut, du warst ganz tapfer. Jetzt hülle ich dich in meine Jacke, dann kannst du dich ausruhen.

(Aus der Ferne ruft Devadatta laut)

Devadatta:

Helft mir den Schwan zu suchen! Irgendwo muss er runtergekommen sein. Mit Sicher-

heit habe ich getroffen. Mit dem Pfeil kann er nicht weit gekommen sein.
(Kommt in den Garten und sieht Siddhartha)
Hey Siddhartha, hast du hier vielleicht einen Schwan gesehen, der von einem Pfeil
getroffen wurde?"
(Kommt näher)
Du Siddhartha, was ist das in deiner Jacke? Ist das mein Schwan?
(Zeigt auf den Pfeil)
Da liegt mein Pfeil. Ja, das muss mein Schwan sein. Der gehört mir.

Siddhartha:
Devadatta, sieh doch. Der Schwan ist verletzt und braucht jetzt Ruhe.

Devadatta:
Das interessiert mich nicht. Der Schwan gehört mir und ich will ihn jetzt. Gib ihn mir!

Siddhartha:
Und was willst du dann mit ihm tun? Pflegst du ihn gesund?

Devadatta: (erregt)
Das kann dir egal sein. Der Schwan gehört mir. Was ich mit ihm mache, geht dich
nichts an.

Siddhartha: (erwidert ruhig aber bestimmt)
Nein, nein, ich habe den Schwan gefunden und ihn vom Pfeil befreit. Schau ihn dir an!
Er braucht nur ein bisschen Ruhe und Pflege, dann kann man ihn wieder in die Frei-
heit entlassen.

Devadatta:
Sicher nicht, der Schwan ist meine Jagdbeute. Ich habe ihn erledigt, also gehört er mir.

Siddhartha:
Devadatta, du kannst sagen, was du willst, aber solange der Vogel nicht gesund ist,
gebe ich ihn nicht heraus.

Devadatta:
Du wirst mich nicht los, bis ich das Tier bekommen habe.

Erzähler/in:
So ging es eine Zeit lang hin und her und keiner der beiden wollte nachgeben, bis Siddhartha eine Idee hatte.

Siddhartha:
Gut, es scheint so, dass wir auf keinen grünen Zweig kommen. Machen wir es doch
wie die Erwachsenen. Wenn sich zwei Leute nicht einig werden, suchen sie einen Richter auf. Lass uns zu meinem Vater gehen und die Minister befragen. Vielleicht können
sie klären, wem der Schwan gehört.

Devadatta:
Na, meinetwegen. Vielleicht glaubst du dem Ministerrat mehr.

Erzähler/in:
Während sich die Beiden auf den Weg zum Gerichtssaal machen, geht die Diskussion hitzig weiter.

Minister/in 4: (im Gerichtssaal)
Die Straßen sollten unbedingt ausgebessert werden. Die Unfälle auf der Marktstraße haben sich in der letzten Zeit immer mehr gehäuft.

Devadatta: (sehr angespannt und laut)
Ist doch klar. Ich habe den Schwan abgeschossen, also gehört der Schwan mir.

Siddhartha: (laut zurück)
Aber was tust du mit dem Schwan? Dir ist egal, was mit ihm geschieht. Hauptsache du hast deine Jagdtrophäe.

König Shuddhodana:
Seid bitte still! Ich höre vor der Tür meinen Sohn. Bitte schaut nach, was da los ist. Öffnet das Tor!!!
(Soldaten öffnen das Tor)

König Shuddhodana:
Siddhartha, mein Sohn. Was ist so wichtig, dass ihr unsere Ratssitzung stört?

Siddhartha:
Lieber Vater, verehrte Minister, verzeiht vielmals, aber Devadatta und ich können uns nicht einigen und dabei geht es um das Leben dieses Schwanes. Da haben wir gedacht, die Erwachsenen könnten uns bei dieser Angelegenheit helfen.

König Shuddhodana:
Das ist eine gute Gelegenheit für unsere jungen Prinzen, etwas über die Rechtsprechung zu lernen. Bitte tragt uns euer Problem vor!

Devadatta: (zeigt den Ministern einen blutigen Pfeil)
Seht ihr diesen blutigen Pfeil? Das ist mein Pfeil, mit dem ich den Schwan im freien Flug getroffen habe. Das ist mein Beutetier, der Schwan gehört also mir.
(Die Blicke richten sich auf Siddhartha)

Siddhartha: (hat Schwan in den Armen)
Das mag ja alles so sein, aber schaut euch diesen schönen Schwan an. (zeigt ihn in die Runde)
Ich habe diesen verwundeten Schwan gefunden und ihn vom Pfeil befreitet. Er braucht

nur ein wenig Ruhe und Pflege, dann kann er wieder in die Freiheit entlassen werden. Es muss doch wichtiger sein, ein Leben zu erhalten, als sich mit einer Jagdtrophäe zu schmücken.

Erzähler/in:
(Minister stehen zusammen und diskutieren leiser)
Nun begannen die Minister untereinander zu diskutieren. Einige der Minister verstanden Devadatta, weil sie selbst Jäger waren. Andere wiederum hatten viel für die Heilberufe übrig und fanden Siddharthas Argument richtig. Dann traten sie an den König heran.

Minister/in 1:
Großer König, also für mich ist klar. Wenn wir auf Jagd sind, gehört das Tier jenem, der den Pfeil abgefeuert hat. Von wem das Tier gefunden wird, ist belanglos.

Minister/in 2:
Ja, ja, genau. Für mich ist das genau so. Da gibt es keine Frage.

Minister/in 3:
Werte Minister. Dem kann ich nicht beipflichten. Für mich als Arzt ist klar, dass ein Lebewesen vor dem Tod bewahrt werden muss. Das Tier sollte Siddhartha zugesprochen werden.

Erzähler/in:
Es dauerte nicht mehr lange und die Minister begannen wieder miteinander zu diskutieren. Aber es schien, dass sich die Mehrheit für Devadatta entschied.
(Man hört immer wieder Devadatta)
(Der König bemerkt dies und räusperte sich laut)

König Shuddhodana:
Hhhhrrrrhhh!!! Meine Minister. Ich danke für eure Vorschläge. Aber ich befinde, dass Siddhartha der Schwan gehört, weil er das Leben des Schwanes bewahren will.
(Minister schrecken auf und neigen dann ihre Häupter)

Alle Minister/innen zusammen:
Sehr wohl eure Majestät. Das ist weise.
(Devadatta stapft aus dem Gerichtssaal)

Devadatta:
Es ist immer dasselbe. Immer bekommt Siddhartha Recht.
(Soldaten schließen die Tore)
(Vor dem Gerichtssaal kommt gerade Ananda, Siddharthas Lieblingsvetter vorbei)

Ananda:
Hey, Siddhartha. Was hast du denn da unter dem Arm? Und warum machst du denn so ein finsteres Gesicht?

Siddhartha:
Oh Ananda, das ist schön, dass gerade du des Weges kommst. Ich war wegen dem Schwan im Gerichtssaal.

Ananda:
Hast du verloren? Warum machst du denn so ein Gesicht?

Siddhartha:
Nein, nein. Gewonnen hab ich schon, aber wiiieeee. Ich habe nämlich nicht gewonnen, weil meine Argumente überzeugt haben, sondern weil mein Vater die Minister überstimmt hat. Nur wenigen sinds Mitgefühl und Vernunft wichtig. Das ist irgendwie erschütternd.
Aber du hast recht. Hauptsache der Schwan ist gerettet.
Komm lass uns gut für den Schwan sorgen. Wollen wir ihm einen Namen geben? Hast du eine gute Idee?

Ananda:
Wie wärs mit K A R U N A – Mitgefühl?

Siddhartha:
Oh ja, das klingt sehr gut. Karuna, mein wunderschöner Schwan!!!
(Spazieren fröhlich davon!)

2. Angulimala – wie ein Massenmörder zum Heiligen wurde

Sprecher/in:
Die Geschichte, von der ich heute erzählen will, ist ziemlich verzwickt, darum bitte ich euch gut aufzupassen. Zur Zeit Buddhas lebte ein gefürchteter Massenmörder namens Angulimala.

Als er zur Welt kam, standen die Sterne ganz schlecht. So setzten seine Eltern alles daran, ihn zu einem freundlichen und klugen Mann heranzuziehen. Alles schien zu klappen, denn er war äußerst freundlich, klug und sehr stark geworden. An der Universität war er der Beste und beim Lehrer sehr beliebt. Die Mitstudenten wurden aber ganz neidisch und machten ihn beim Lehrer schlecht. Mit der Zeit glaubte der Lehrer selbst, Angulimala möchte seinen Platz einnehmen. So forderte er von Angulimala als Abschlussgeschenk eine Kette mit 1000 Fingern. Der Lehrer glaubte nämlich, Angulimala würde so sicher bald verhaftet werden, und das Problem wäre damit aus der Welt geschafft.

Aber Angulimala war viel zu kräftig und zu schlau, sodass ihn niemand erwischte. Selbst in den Dörfern war niemand mehr sicher, deshalb suchten die Bewohner beim König im Palast Schutz. Jetzt musste der König etwas unternehmen und zog mit 500 Soldaten aus, um Angulimala zu fassen.

Angulimalas Vater war Priester am Hofe des Königs. Zuhause erzählte er von der Unternehmung des Königs.

Vater Angulimala:
Mantani, liebe Frau, stell dir vor, der König ist gerade ausgezogen und versucht diesen schrecklichen Mörder zu fassen, der seinen Opfern jeweils nur einen Finger von der rechten Hand abschneidet. Er trägt die Finger als Kette um den Hals. Die Leute nennen ihn nun schon Angulimala, Fingerkette.
(Mantani geht in die Knie und hält die Hände vors Gesicht)

Mutter Angulimalas:
Bhaggava, du weißt genau, wer dieser Mörder ist. Das ist unser Sohn, Ahimsaka. Es ist so gekommen, wie es das Horoskop vorausgesagt hat. Trotz all unserer Liebe ist er auf die schiefe Bahn geraten. Wenn der König ihn erwischt, wird er umgebracht. Ich muss ihn aufhalten.

Angulimalas Vater: (Bhaggava schüttelt den Kopf)
Nein, nein, nein. Das ist nicht dein Ernst. Das ist nicht mehr unser Sohn. Er hat sich in ein Monster verwandelt. Verhalte dich lieber ruhig, sonst fällt das Ganze auch noch auf uns zurück.

Angulimalas Mutter:
Das ist doch nicht zu fassen. Was redest du denn da? Das ist unser Sohn, wir dürfen ihn nicht im Stich lassen. Ich muss hier raus und ihn finden.
(Bhaggava versucht sie zurückzuhalten, aber Mantani kann sich losreißen und will Angulimala finden.)

Sprecher/in:
Zu selben Zeit blickte Buddha mit seinem himmlischen Auge über die Erde, um nach hilfebedürftigen Menschen zu sehen.

Buddha (in Gedanken):
Ach du meine Güte. Dieser Angulimala ist total verrückt geworden. Und seine Mutter ist auf dem Weg, um ihn zur Besinnung zu bringen. In seinem Blutrausch wird er nicht einmal vor seiner Mutter zurückschrecken. Er braucht nur noch einen Finger. Ich sehe es in seinen Gedanken. Das muss ich verhindern. Ich mache mich gleich auf den Weg.

Sprecher/in:
Als Buddha in jene Gegend kam, wo Angulimala sich aufhielt, warnten ihn die Leute.

Leute:
Buddha, bitte geh nicht diesen Weg weiter, dort hält sich Angulimala, der Massenmörder auf. Bring dich sofort in Sicherheit.
(Buddha hingegen bleibt ruhig und geht still weiter.)
(Als Angulimala seine Mutter in der Ferne erblickt, kann selbst ihr freundlicher Blick ihn nicht erweichen. Unmittelbar darauf kommt Buddha des Weges und geht dazwischen.)

Angulimala (in Gedanken):
Warum meine Mutter töten? Dieser Asket tut es auch.
(Er zieht sein Schwert und stürmt auf Buddha los, doch dieser aktiviert seine magischen Kräfte und ist plötzlich unheimlich schnell. So sehr sich Angulimala anstrengt, Buddha ist schneller aber trotzdem entspannt.)

Angulimala sagt sich:
Das gibt es doch nicht. Ich bin schneller als die Gazellen oder die Pferde. Bisher ist mir niemand entwischt. Dieser Asket aber scheint ganz entspannt zu gehen, ist mir aber immer voraus. Da geht etwas nicht mit rechten Dingen zu.

Angulimala schreit zu Buddha:
Bleib stehen Asket, bleib stehen!
(Buddha bleibt stehen, blickt Angulimala an und erwidert mit ruhiger Stimme)

Buddha:
Angulimala, ich bin schon längst stehen geblieben. Du aber bist ohne Rast und Ruh.

Angulimala:
Sag Asket, was meinst du? Du bist schneller als ich und sagst, du wärest schon längst stehen geblieben. Wie soll ich das verstehen?

Buddha:
Ich habe für alle Zeiten innegehalten, anderen Gewalt anzutun. Du aber kennst kein Erbarmen und hältst nicht still, andere zu töten.

Sprecher/in:
Diese Worte drangen tief in Angulimalas Herz und rüttelten ihn auf. Wie von einem Blitz getroffen war er von Buddhas ruhiger Erscheinung und Worte in seinem Innersten getroffen. Die Zeit schien still zu stehen.
(Einige Momente Stille. Er schleudert seine Waffen in einen Abgrund, darauf wirft er sich Buddha zu Füßen.)

Angulimala:
Oh ehrwürdiger Asket, ich weiß, du bist der Buddha. Du hast mir die Augen und mein Herz geöffnet. Bitte nimm mich in den Orden auf. Ich will alles zurücklassen und ein untadeliges Leben beginnen.

Buddha:
Nun, es wird nicht leicht für dich. Schreckliches hast du den Menschen dieser Stadt angetan. Aber viel gute Kraft wartet in dir. Steh auf und sei ein Mönch meiner Sangha.
(Gehen weg)

Sprecher/in:
Da der König sich später selbst davon überzeugen konnte, dass Angulimala eine unglaubliche Verwandlung vollzogen hatte, ließ er von einer weiteren Verfolgung ab und

gestattete ihm in der Gemeinschaft Buddhas weiterzuleben.

Als Angulimala künftig ins Dorf ging, um Almosen zu erhalten, versteckten sich die Leute aus Angst. Kein Reiskorn fand in seine Almosenschale. Und immer wieder musste er Prügel beziehen. Diese Zeit war für Angulimala sehr schwierig, weil ihn Gewissensbisse plagten.

Angulimala:
Ach, es ist schrecklich. Die Meditation ist unerträglich. Sobald ich mich hinsetze und meditieren will, plagt mich das Gewissen. Was habe ich doch den Menschen Fürchterliches angetan. Buddha hat schon recht, jetzt muss ich eben das schlechte Karma ertragen.

Sprecher/in:
Eines Tages war Angulimala auf Almosengang, da kam er an einem Haus vorbei, wo eine Frau in den Wehen lag und fürchterliche Schmerzen hatte. Das Kind wollte nicht auf die Welt kommen. Als Angulimala von dieser Frau im Kloster erzählte, sagte Buddha:

Buddha:
Angulimala, du bist von großem Mitleid bewegt, das ist ausgezeichnet. Suche die Frau erneut auf und mache eine Wahrheitsbezeugung. Sage ihr: >Schwester, seitdem ich geboren wurde, kann ich mich nicht erinnern, dass ich mit Absicht ein Lebewesen getötet habe. Aufgrund dieser Wahrheit möge es dir gut gehen und dein Kind möge gesund sein.<

Angulimala:
Aber Buddha, das stimmt doch nicht. So viele Menschen mussten wegen mir ihr Leben lassen.

Buddha:
Sag stattdessen: >Seit ich als Mönch ein neues Leben angefangen habe, kann ich mich nicht erinnern, dass ich mit Absicht ein Lebewesen getötet habe. Aufgrund dieser Wahrheit möge es dir gut gehen und dein Kind möge gesund sein.<

Sprecher/in:
Auf diese Weise wurde Angulimala erst bewusst, dass er als Mönch ein neues Leben begonnen hatte.
Rasch ging Angulimala zurück ins Dorf und fühlte sich wie neugeboren.

Angulimala:
Oh meine liebe Frau, auf Geheiß des Buddha bin ich hier und möchte dir Folgendes sagen. Hör mir gut zu!
(Er hält ihre Hand und sagt ihr)
>Seit ich als Mönch ein neues Leben begonnen habe, kann ich mich nicht erinnern, dass ich mit Absicht ein Lebewesen getötet habe. Aufgrund dieser Wahrheit möge es dir gut gehen und dein Kind möge gesund sein.<

(Die Frau atmet dreimal tief durch, macht einen gewaltigen Schrei und das Kind ist auf der Welt. Mutter und Kind sind gesund und alle bedanken sich bei Angulimala.)

Sprecher/in:

Überglücklich berichtete er im Kloster, was sich zugetragen hatte. Bald erfuhr das ganze Dorf davon und vertraute Angulimala allmählich wieder.

Jetzt bekam er auch wieder Almosen und konnte gut meditieren. Auch wenn er manchmal Prügel bezog, ertrug er diese geduldig und nach geraumer Zeit erlangte er sogar das Nirvana.

Und über die Jahrhunderte wurde Angulimala in den buddhistischen Ländern der Schutzpatron der schwangeren Frauen.

3. Buddha und der wilde Elefant Nalagiri:

Sprecher/in:

Vor ungefähr 2500 Jahren lebte Buddha, der vollkommen Erwachte, in Indien und wanderte großteils des Jahres mit seinen Mönchen und Nonnen von Dorf zu Dorf und von Stadt zu Stadt. Viele Menschen folgten ihm zu Lebzeiten und wurden ebenfalls erleuchtet. Es gab aber auch Menschen, die seiner Lehre abgeneigt waren und sogar gegen ihn vorgingen. Feindschaft kam sogar aus seiner eigenen Familie. Sein Vetter Devadatta war Buddha zwar viele Jahre gefolgt und hatte viel gelernt, dennoch war sein Herz von Neid und Argwohn zerfressen, sodass er sogar Mordanschläge auf Buddha gemacht hatte. Dazu hatte er sich mit dem jungen König Ajatasattu zusammengetan.

Als Buddha plante, Rajagaha, der Hauptstadt Magadhas, einen Besuch abzustatten, stieg in Devadattas Geist erneut die Idee für einen Mordanschlag auf. Sein Freund König Ajatasattu sollte ihm dabei behilflich sein. Bei einem gemütlichen Zusammensein hecken sie folgenden Plan aus:

Devadatta:

Lieber König Ajatasattu, leider sind unsere bisherigen Mordanschläge missglückt, aber ich würde dir gerne einen neuen Plan unterbreiten. Ich habe gehört, dass es einen sehr wilden Elefanten unter deinen Palastelefanten hat. Wir könnten den wilden Elefanten betrunken machen. Und wenn Buddha zum Almosengang in die Stadt kommt, lassen wir den Elefanten auf Buddha los. Was hältst du davon?

Ajatasattu:

Ah, du meinst Nalagiri. Ja, der ist wirklich ein schwieriger Bursche. Wenn der betrunken ist, müssen alle in Deckung gehen. Der Plan könnte aufgehen. Du hast meine

Erlaubnis. Suche die Ställe auf und weise die Elefantenwächter an, wie es dir beliebt! Die Einwohner sollen ihre Geschäfte in der Früh tätigen, sodass die Straßen später leer sind. Sie sollen nicht unnötig zu Schaden kommen.

Devadatta:
Oh vielen Dank, mein König. Hoffentlich sind wir diesmal erfolgreich und werden diesen Angeber von Buddha endlich los.

Sprecher/in:
Nun war es aber so, dass einer der Offiziere das Gespräch mitanhören konnte, der ein Anhänger Buddhas war. So ließ er Buddha von Devadattas Plan unterrichten. Aber auch die Leute der Stadt erfuhren davon.

Ananda, ein Cousin und langjähriger Begleiter Buddhas, hörte ebenfalls von Devadattas neuem Mordplan und suchte deshalb Buddha auf.

Ananda:
Buddha, uns wurde mitgeteilt, dass Devadatta in Rajagaha einen wilden Elefanten auf dich loslassen will. Bitte, geh morgen lieber nicht in die Stadt, das ist viel zu gefährlich.

Buddha:
Ah, Devadatta hat also immer noch nicht genug. Hab keine Sorge Ananda. Es wird mir nichts geschehen. Vielmehr werde ich dort ein Wunder tun und viele Ungläubige eines Besseren belehren. Hab keine Angst. Versammelt alle Mönche wie gewöhnlich, damit wir morgen gemeinsam in die Stadt ziehen.

Sprecher/in:
Indessen besuchte Devadatta die Stallungen der Palastelefanten und unterredete sich mit dem Hauptmann der Elefantenwache.

Devadatta:
Herr Hauptmann, bitte zeigt mir euren wilden Elefanten Nalagiri!

Hauptmann/in:
Kommt mit mir, ehrwürdiger Devadatta, dort drüben steht er mit den schweren Ketten.

Devadatta:
Ja, wirklich zum Fürchten ist dieser Fleischberg.
Mit Erlaubnis von König Ajatasattu möchte ich, dass ihr Nalagiri morgen betrunken macht. Was denkt ihr, wieviel Branntwein braucht der Bursche dafür?

Hauptmann/in:
Ja, vielleicht acht Schüsseln voll mit Branntwein dürften reichen.

Devadatta:
Gut, dann gebt ihm morgen 16 Schüsseln mit Branntwein! Zudem sollt ihr Nalagiri mit Speeren und Spießen wütend machen! Und wenn ihr Buddha in die rechte Straße einbiegen seht, lasst ihr Nalagiri frei, so dass er unweigerlich auf den Buddha treffen muss! Ist soweit alles klar für euch?

Hauptmann/in:
Jawohl, ehrwürdiger Devadatta. Alles wird geschehen, wie ihr es wünscht.

Sprecher/in:
Am nächsten Morgen ging Buddha mit all seinen Mönchen in die Stadt Rajagaha. Das Volk begrüßte den Erhabenen voller Freude. Viele standen auf ihren Dächern, um die Begegnung mit Nalagiri mitzuverfolgen.
Als Buddha in der rechten Straße einbog, wurde der betrunkene und wutentbrannte Nalagiri losgelassen.
(Nalagiri stürmt wild tobend durch die Straßen und zerstört, was ihm in den Weg kommt)

Mönche/Nonnen: (Die Mönche/Nonnen sehen die drohende Gefahr und rufen)
Buddha, bringe dich in Sicherheit! Buddha Vorsicht!
(Ananda stellt sich schützend vor Buddha)

Ananda:
Buddha, du darfst nicht sterben. Du bist viel zu wichtig. Begib dich in Sicherheit!

Buddha:
Ananda geh aus dem Weg! Mir wird nichts geschehen. Geh jetzt aus dem Weg!
(Als dieser nicht weichen will, stellt ihn Buddha mit magischer Kraft zur Seite,
sodass er außer Gefahr ist)

(Eine Frau mit Kind an der Brust rennt voller Angst über die Straße und stürzt. Sie versucht vor Nalagiri zu flüchten.)

Buddha:
Bring dich in Sicherheit!
(Buddha ruft Nalagiri zu und blickt ihm in die Augen. Er hebt seine Hände und durchwirkt Nalagiri mit seiner Liebe.)

Buddha:
Holla, Nalagiri, holla Nalagiri. Lass ab von dem wüsten Treiben. Dir wurde Branntwein verabreicht, um mich zu töten. Höre auf, andere zu verletzen. Vielmehr diene anderen mit deiner Kraft. Das wird dir großen Segen und Glück einbringen. Komm, sei ein braver Junge.
(Der Elefant geht in die Knie, wird ganz weich und lässt sich streicheln.)

Sprecher/in:

Das Volk jubelte und klatschte vor lauter Freude. Es heißt auch, dass Leute vor Verzückung Schmuck auf Nalagiri geschleudert hätten, dass dieser von da an Dhanapala – Schmuckhüter genannt wurde.

Nach der ganzen Aufregung sprach Buddha zu den Leuten von Rajagaha:

Buddha:

Wer seinen Schmuck aus Freude gegeben hat, möge ihn wieder bekommen. Aber da ihr heute ein Wunder sehen durftet, ist es nicht angemessen, dass ich um Almosen bitte. Haltet euch an den Buddha-Dharma und euch wird Glück und Segen beschieden sein.

Sprecher/in:

Nach diesem freudigen Ereignis verließ der Buddha mit seiner Schar die Stadt wie ein König und kehrte in sein Kloster zurück. Viele wurden Zeuge der mitfühlenden Kraft Buddhas und selbst Nalagiri war von da an zahm. Die Leute von Rajagaha gingen danach zum Kloster Buddhas und spendeten reichlich Reis und Getränke.

G.
Arbeitshinweise für Religionslehrkräfte

Dieses buddhistische Schulbuch für Primarschüler:innen verfolgt mehrere Absichten. In erster Linie wurde versucht, die wichtigsten Geschichten aus dem Leben Buddhas Primarschüler:innen in einer verständlichen Sprache zugänglich zu machen, die sich eng an den ältesten Quellentexten orientieren. Den Lehrkräften soll damit eine Arbeitsgrundlage in die Hand gegeben werden, mit der sie sicher durch die Lebensgeschichte Buddhas navigieren können. Sollte dennoch eine gewisse Unsicherheit hinsichtlich der wesentlichen Inhalte vorherrschen, kann die Lehrkraft selbst mithilfe der Quellenverweise in Abschnitt „H. Quellenverweise" zu jeder Geschichte auf die Quellentexte zurückgreifen und sich ein eigenes Bild machen.

Die Quellentexte aus dem Palikanon selbst genießen unterschiedliche Grade an historischer Authentizität. Je weiter die Texte von Buddha und seiner Lebenszeit entfernt sind, desto größer die Fehleranfälligkeit und die zunehmenden Ausschmückungen:

> Höchste Verlässlichkeit genießen die Aussagen, die von Buddha selbst stammen und in seinen Lehrreden zu finden sind. Würde man sich nur auf diese berufen, würde die Biografie recht kurz ausfallen.

> Nimmt man hingegen andere Quellen aus dem Palikanon hinzu, werden einige Leerstellen mit interessanten Geschichten gefüllt. Ein Versuch in diese Richtung hat Dr. Julius Dutoit (Das Leben Buddhas, Ullstein, 1921) unternommen.

> Problematisch wird es, wenn als einzige Quelle der jüngste Teil des Palikanons – die „Einleitende Erzählung Nidanakatha" – herangezogen wird. Das trifft zum Beispiel auf die Geschichte mit Sujathas Speiseopfer vor Buddhas Erwachen zu. Sie ist in der buddhistischen Tradition sehr beliebt, hat aber für das Erwachen Buddhas keine große Relevanz.

Darüber hinaus begann die buddhistische Tradition mit der Zeit ergänzend Geschichten der Kindheit und Jugend Siddharthas in die Biographie Buddhas einzuflechten, die nicht mehr Bestandteil des Palikanons waren. Sie sind zwar Fiktion, könnten sich aber in etwa so zugetragen haben, weil sie aus jener Kultur stammen, wo Buddha lebte. Zu diesen Geschichten sind die Kindheitserzählungen, die Geschichte mit dem verletzten Schwan, die Brautschau und der Brautkampf zu zählen. Diese Geschichten erfreuen sich bei den Kindern großer Beliebtheit, entbehren aber jeden Anspruch auf Historizität. Silacaras Text „Die Lebensgeschichte von Buddha für junge Menschen", die in der „Buddhistische Schatzkiste" auf den Seiten 865-925 abgedruckt ist, wurde für diese Geschichten als Vorlage herangezogen. Silacara war ein aus England stammender Mönch, der in Srilanka lebte und die traditionelle Biographie Buddhas in einem nüchternen Stil niederschrieb. Er war ein profilierter Schriftsteller zu buddhistischen Themen. Diesem Schulbuch insgesamt stand aber vor allem das Buch „Das Leben Buddhas" von Hellmuth Hecker (1923-2017) Pate. Bei all den Geschichten wird in den Quellenverweisen auf dieses Buch von Hecker verwiesen, weil es die verschiedenen biographischen und spirituellen Aspekte der Lebensgeschichte Buddhas ausführlich und präzise beschreibt. Jeder buddhistischen Religionslehrkraft kann ich dieses Buch nur wärmstens empfehlen. Hecker ist ein ausgezeichneter Kenner der Theravada-Lehre, übersetzte Texte aus dem Palikanon ins Deutsche und schrieb ausgezeichnete systematische Lehrbücher zum Buddhismus.

Hinsichtlich des Sprachstils wurde versucht, ein Mittelweg einzuschlagen, der für Primaschüler:innen zwar anspruchsvoll ist, aber dennoch der Inhalt nachvollziehbar bleibt. Die Lehrkräfte werden vor allem in den ersten Kapiteln nicht umhinkommen, gewisse Begriffe einzuführen, die wichtig und häufig anzutreffen sind, wie zum Beispiel „Versenkung", „Glückseligkeit" oder „Nirvana". Der Sprachstil soll den Eindruck vermitteln, die Geschichten würden von heiligen Dingen erzählen. Im besten Falle sollten sie sich beim Lesen und Zuhören in die Zeit und Gegenwart Buddhas versetzt fühlen. Freilich ist hier in erster Linie die Lehrkraft gefordert. Fühlt sich die Lehrperson selbst von der Spiritualität dieser Geschichten berührt und bringt das nötige Talent zum Vorlesen mit, stehen die Chancen gut, dass die Schüler:innen von den Geschichten viel profitieren.

Am Aufbau der einzelnen Kapitel ist unschwer zu erkennen, dass im Anschluss an die jeweiligen Geschichten Arbeitsaufträge als Vorschläge für die Lehrkräfte zu finden sind, die zur Themenerschließung und Vertiefung dienen. Spezifische Fragen fordern zum Nachdenken und Diskutieren auf. Oft werden Meditationen angeboten, die von den Lehrkräften aufgegriffen werden können. Viele Geschichten laden die Schüler:innen ein, selbst kreativ zu werden – entweder sich selbst schauspielerisch in einem kleinen Theaterstück in die Geschichten einzufühlen oder bildnerisch die Geschichten zu verarbeiten. Dazu finden die Lehrkräfte die passenden Vorschläge zu den jeweiligen Kapiteln. Selbstverständlich ist Vorbereitung seitens der Lehrkräfte nötig, um die Geschichten ansprechend vorzutragen und für die Aufgaben entsprechend gerüstet zu sein. Es gibt keine fertigen Lösungen auf die Fragen, und manche Fragen fordern die Schüler:innen zur Bildung eigener Positionen auf. In manchen Fällen ist es passend, die Meditationen vor dem Lesen der Geschichten anzuleiten.

Bei den jeweiligen Meditationsvorschlägen wurden die Vorbereitung und Schlussbetrachtung, wie sie auf Seite 192 und 193 genau beschrieben werden, um unnötige Wiederholungen zu vermeiden, nicht angegeben. Selbstverständlich sollte die Lehrperson der Situation angemessen dafür sorgen, dass die Kinder gut vorbereitet den Meditationsanleitungen folgen können und sich nach der Meditation wieder mit dem Körper verbinden und geerdet werden.

Bei den Theaterstücken können die Lehrkräfte durchaus die vielen männlichen Rollen gelegentlich durch weibliche ersetzen, sofern es Mädchen in den Religionsgruppen gibt. Das männliche Übergewicht an Protagonisten in vielen Geschichten ist höchstwahrscheinlich der ausgesprochen patriarchalen Gesellschaft der Zeit Buddhas geschuldet.

Im Abschnitt „C. Wichtige Lehrpunkte" werden lediglich die wichtigsten buddhistischen Lehrpunkte für Kinder nur stichwortartig angeführt, die den Religionlehrer:innen als Besprechungsgrundlage dienen. Hier wird vorausgesetzt, dass die Lehrpersonen die Grundlagen der buddhistischen Lehre beherrschen.

Unter Abschnitt „D. Einfache Meditationsübungen" finden sich wichtige Meditationsanleitungen zu spezifischen Themen.

Abschnitt „E. Mantra und QR-Code" stellt eine Sammlung von Mantren und den entsprechenden QR-Codes dar, die zu Youtube-Videos führen und zum Mitsingen einladen sollen.

Abschnitt „F. Theatertexte" beinhaltet drei fertig ausgearbeitete Theatertexte, die für anspruchsvolle Theateraufführungen herangezogen werden könnten.

Den Abschluss des Buches bilden Kopiervorlagen für die Schüler:innen, die teilweise zu den Geschichten passen.

Aussprache einiger wichtiger Namen, Begriffe, Personen und Orte:

Da der Buddhismus sich im Laufe der Jahrhunderte sehr vielfältig entwickelt hat, haben sich die Namen für wichtige Begriffe, Personen und Orte mit den Sprachen verändert. In diesem Buch hat man sich hauptsächlich an die Pali-Bezeichnungen gehalten, aber gewisse Ausdrücke haben sich bei uns schon so stark eingebürgert, dass ich auf die Pali-Schreibweise verzichtet habe. Zum Beispiel ist man in unseren Breitengraden mit dem Sanskrit-Begriff „Nirvana" recht gut vertraut, der in Pali „nibbana" lautet. Ähnliches gilt für Shariputra, der in Pali Sariputto heißen würde. Dennoch sind für gewisse Palinamen für Begriffe, Personen und Orte Schreibweisen in Gebrauch, die nicht der Aussprache entsprechen. Die kleine Liste unten zeigt die richtige Aussprache auf:

Bodhisattva	–	Bodhisattwa
Nirvana	–	Nirwana
Jataka	–	Tschataka
Tushita	–	Tuschita
Kapilavatthu	–	Kapilawatthu
Pajapati	–	Patschapati
Yashodhara	–	Yaschodhara
Channa	–	Tschana
Shariputra	–	Schariputra
Shuddhodana	–	Schuddhodana
Rajagaha	–	Ratschagaha
Sujatha	–	Sutschatha
Bharadvajos	–	Bhadravatscho
Cinca	–	Tschintsa
Patacara	–	Patatschara
Savatthi	–	Sawatthi
Ajatasattu	–	Atschatasattu

H. Quellenverweise zu den Kapiteln

Abkürzungsverzeichnis der verwendeten Quellentexte

A	Anguttara Nikaya – Angereihte Lehrreden, Palikanon
AS	Abiniskramana Sutra – Leuchte Asiens von Sir Edwin Arnold
BC	Buddha Carita von Asvaghosa, 2. Jh. n.Chr.
Cv	Cullavagga – kleine Gruppe der Ordensregeln, Palikanon
D	Digha Nikaya – Längere Lehrreden, Palikanon
E	Dr. Luigi Suali, Der Erleuchtete
H	Das Leben Buddhas, Hellmuth Hecker
HN	Die Jünger Buddhas, Hellmuth Hecker und Nyanaponika Thera
J	Jatakas – Wiedergeburtsgeschichten, Palikanon
M	Majjhima Nikaya – Mittlere Lehrreden, Palikanon
Mv	Mahavagga – große Gruppe der Ordensregeln, Palikanon
NK	Nidanakatha, Jatakas – Einleitende Erzählung, Palikanon
S	Samyutta Nikaya – Gruppierte Lehrreden, Palikanon
Si	Silacara, Mönch (UK, 1871-1951), Die Lebensgeschichte von Buddha für junge Menschen, Buddhistische Schatzkiste, S. 865-925
Sn	Sutta Nipatta, Bruchstücke, Palikanon
Su	Der historische Buddha, Hans Wolfgang Schumann
Ta	Theragatha – Sprüche der Mönche, Palikanon
Ti	Therigatha – Sprüche der Nonnen, Palikanon
TNH	Wie Siddhartha zum Buddha wurde, Thich Nhat Hanh
U	Udana, Palikanon
Vim	Vimana-vatthu – Götterpalastgeschichten, Palikanon

Quellenverweise für Abschnitt A

1. Wer wir sind und woher wir kommen: NK §B2.1; Su 13-14; H 27-34
2. Mayas Traum und Buddhas Geburt: M 123; AS 1; BC, 1; NK §B2.2, 3; H 35-43
3. Der Seher Asita: Sn 679-701f; NK §B2.3+4; Si 866-868; H 44-48
4. Der Tod Mayas: Ta 534-535; Ud V,2; Si 869-870; H 52-55
5. Siddharthas Kindheit: AS 17-21; E 16-17; H 56-59
6. Der verletzte Schwan: AS 1 (21-24); TNH 35-37; H 56-57
7. Unter dem Rosenapfelbaum: NK §B2.5; M 36; M 85; H 57-59
8. Die Brautschau und der Brautkampf: Si 877-878; A III,39a; E 17-24; H 60-64
9. Die vier Ausfahrten von Prinz Vipassi: D 14; H 65-67
10. Der Auszug: M 36,13; NK §B2.6; Si 896-897; H 75-79
11. Siddhartha als Bettler: Sn 405-425; NK §B2.7; H 80-85
12. Siddharthas Lehrer: M 36,14-15; H 86-92
13. Die Schmerzaskese und der mittlere Weg: M 36,16-32; NK §B2.7; Sn 425-435; H 83-113
14. Siddharthas letzte Mahlzeit vor dem großen Erwachen: NK §B2.8; H 118
15. Maras Angriffe: Sn 436-440; NK §B2.9; H 120-125
16. Das große Erwachen: M 4,27-33; M 19,18-27; H 126-135
17. Nach dem großen Erwachen: Mv 1,2,1 bis 1,5,13; M 26; H 139-173
18. Buddha dreht das Rad der Lehre: Mv 1,6, 1-47; M 26; H 192-207
19. Der reiche Kaufmannssohn Yasa: Mv 1, 7-10, 12; H 211-217
20. Buddha heilt den Stolz von Uruvela Kassapa: Mv 1, 15-21; H 228-232
21. König Bimbisara und das erste Kloster: Mv 1, 22; H 233-238
22. Buddhas Heimkehr: Mv I, 54; J 182; H 261-272
23. Eine Geste der Bescheidenheit – sieben Sakyer folgen Buddha: Cv VII,1; H 273-276.
24. Mahakassapa und die Sache mit den Roben: S 16,11,13-46; Ti 63-66; HN 135-162; Mv 216
25. Frieden stiften und der Tod König Shuddhodanas: J 536; H291-293
26. Der Nonnenorden: Cv X,1; Su 136-138; H 294-298
27. Das Wunderverbot: Cv V, Almosenschalen; J 483; Su 243-244
28. Neid und Verleumdung: J 472; H 300-301
29. Streit unter den Mönchen Kosambis: Mv X, 1,1-3,6; J 428; M 128; H 304-314
30. Angulimala – die große Verwandlung: M 86; HN 335-350
31. Khema – die Weise: S 44,1; J 354; HN 284-290
32. Buddhas Sohn Rahula erlangt das Nirvana: M 61, M 62, M 147; Su 145-146; H 398-399
33. Tiere und Kinder: U II,3; U V,4; H 428-434
34. Buddha kümmert sich um Kranke: S 22,87; Mv VIII,224; H 390-391
35. Sunita der Straßenkehrer: Thera 620-631; H 343
36. Kisa Gotami: Theri 213-223; SN 5,3; HN 294-297
37. Freundschaft und ihre Bedeutung: S 45,2; D 31
38. Uttara und Sirima – Eifersucht und Ärger: Vim 1,15; HN 322-324
39. Sirima und die Vergänglichkeit der körperlichen Schönheit: Vim 1,16; HN 324-327
40. Candali, die Kastenlose und die Brücke zum Himmel: Vim 1,21
41. Patacara: A1, Thig 112-121,125,175,178; Ap. 11 No.20; HN 312-317
42. Devadatta: Cv VII,1-2; S 17,36; H 435-433
43. Der wilde Elefant Nalagiri und Devadattas Untergang: Cv VII,2; J 533; H 439
44. Der Untergang der Sakyer: J 465; H 468-474
45. Buddhas letzte Tage: D 16; Cv XI,1; H 483-514
46. Nach Buddhas Tod: D 16; Cv XI,1; Cv XI,3; H 515-527

Quellenverweis für die Jatakas – Wiedergeburtsgeschichten und andere Erzählungen

1. Prüfe selbst – als der Bodhisattva ein Löwe war: J 322
2. Freundschaft – als der Bodhisattva eine Gazelle war: J 206
3. Mitgefühl – als der Bodhisattva eine Baumgottheit war: J 465
4. Das salomonische Urteil: J 546,5
5. Der Ärger fressende Dämon: S 22,11

I. Literaturverzeichnis:

Die Palikanon-Texte befinden sich auf der Homepage https://www.palikanon.com/

Anguttara Nikaya – Angereihte Lehrreden

Cullavagga – kleine Gruppe der Ordensregeln

Digha Nikaya – Längere Lehrreden

Jatakas – Wiedergeburtsgeschichten

Mahavagga – große Gruppe der Ordensregeln

Majjhima Nikaya – Mittlere Lehrreden

Nidanakatha, Jatakas – Einleitende Erzählung

Samyutta Nikaya – Gruppierte Lehrreden

Sutta Nipatta, Bruchstücke

Theragatha – Sprüche der Mönche

Therigatha – Sprüche der Nonnen

Udana

Vimana-vatthu – Götterpalastgeschichten

Andere Schriften:

Arnold, Edwin: Abiniskramana Sutra – Leuchte Asiens, Phänomen, 2011.

Asvaghosa: Buddha Carita, Reclam, 1894.

Dutoit, Julius: Das Leben Buddhas, Ullstein, 1921.

Hanh, Thich Nhat: Wie Siddhartha zum Buddha wurde. Eine Einführung in den Buddhismus, Theseus, 2010.

Hecker, Hellmuth: Das Leben Buddhas, Buddhistisches Seminar, Bindlach, 2004.

Hecker, Hellmut & Nyanaponika Thera: Die Jünger Buddhas. Leben, Werk und Vermächtnis und der 24 bedeutendsten Schüler:innen des Erwachten, Barth, 2000.

Schumann, Hans Wolfgang: Der historische Buddha. Leben und Lehre des Gotama, Diederichs, 1995.

Silacara, (UK, 1871-1951), Die Lebensgeschichte von Buddha für junge Menschen, in: Buddhistische Schatzkiste, S. 865-925, Buddhistisches Seminar, Bindlach, 1989.

Suali, Luigi: Der Erleuchtete, Rütten & Loeing, 1928.

J
Kopiervorlagen

Ergänze das Bild – Szene „Der verletzte Schwan", Kapitel 6

Ergänze das Bild